Lebensraum
Nordseeküste
und
Wattenmeer

Lebensraum Nordseeküste und Wattenmeer

Text und Fotos von
Willi und Ursula Dolder

Konzeption: Willi und Ursula Dolder
Gestaltung: Heinz Schnieper

ISBN 3-89430-052-3
© 1989 by Verlag Martin Greil GmbH, Grünwald
© 1985 by SILVA-Verlag, Zürich
Schutzumschlag: R.O.S., Leonberg
Gesamtherstellung: Neue Stalling, Oldenburg
Alle Rechte vorbehalten

Bildnachweis:

Bis auf die nachstehend aufgeführten Abbildungen stammen sämtliche Aufnahmen von Willi und Ursula Dolder.
J. Diedrich: Seiten 91 Mitte, 98.
Georg Quedens: Seiten 14, 66, 72, 75 links, 88/89, 102.
Klaus Wernicke: Seiten 36/37, 41, 51, 91 oben, 109 unten.
Die grafischen Darstellungen zeichnete Heinz Schnieper.

Inhalt

Zum Geleit	7
Der geographische Raum	10
Was ist das Watt?	13
Wie entsteht ein Watt?	15
Von kosmischen Kräften bewegt: die Gezeiten	15
Die Meeresströmungen und der Einfluss der Winde	16
Abgetragen und verfrachtet: die Sedimentation	19
Ein Haus mit Etagen: die Wattbereiche	19
Die Entstehungsgeschichte der europäischen Wattenlandschaften	27
Die letzten zehntausend Jahre	28
Küsten- und Inselformen	31
Geestinseln, Marschinseln, Halligen, Sande	32
Wandernde Düneninseln	32
Berge im Meer: die Geestinseln	33
Die Geschichte von Rungholt	33
Wenn der Blanke Hans tobt: die grossen Sturmfluten	34
Vom Meer eingeholt und neu geschaffen: Marschinseln und Halligen	39
Von Wasser und Wind geformt: Eine Düne entsteht	42
Lebensraum auf den zweiten Blick	49
Heiss–kalt, trocken–nass: die Lebensbedingungen im Watt	50
Ein reich gedeckter Tisch	52
Nur wer sich anpasst, überlebt	53
Tischsitten im Watt	54
Pflanzen und Tiere im Watt	59
Die Kleinsten sind am häufigsten: das Mikrophytobenthos	59
Leben in der Strömung: das Plankton	60
Mit Wurzeln und Haken im Meeresgrund verankert: Seegras und Tang	61
Blühende Salzwiesen	62
Von Quallen, Würmern, Krebsen, Schnecken und Muscheln	68
Durchsichtige Jäger: die Quallen	68
Würmer mit Stummelfüssen und Tentakelkronen	69
Seepocken, Garnelen und Krabben: die Krebstiere	70
Ein Käfer kehrt ins Meer zurück	76
Das Heim auf dem Rücken: die Schnecken	77
Sesshaftigkeit als Prinzip: die Muscheln	78
Fünfarmige Banditen und bedächtige Panzer	81

Von Fischen, Vögeln und Seehunden	82
Kinderstube und Schlaraffenland für Flossenträger: Fische im Watt	82
Zu Wasser, zu Land und in der Luft: Vögel im Watt	85
«Wie einem der Schnabel gewachsen ist»: die Arten des Nahrungserwerbs	85
Von Brutvögeln, Mausergästen und anderen Besuchern	90
Aus dem Leben der Seehunde	101
Der Mensch und das Watt	107
Schutz vor dem Blanken Hans: der Deichbau	108
Dem Meer abgetrotzt: die Landgewinnung	116
Die Nordsee bedroht den Menschen	122
Der Mensch bedroht das Watt	124
Robbensterben – Umweltkatastrophe in der Nordsee	126
Sägen am eigenen Ast: die Schattenseiten des Tourismus	129
Wird die Nordsee leergefischt?	130
Die Schutzgebiete an der Nordseeküste und im Wattenmeer	135
Insel Texel (NL)	136
Insel Terschelling (NL)	137
Insel Schiermonnikoog (NL)	137
Niedersachsen (BRD)	137
Schleswig-Holstein (BRD)	139
Insel Helgoland (BRD)	141
Dänemark	142
Literaturnachweis	142
Register	143
Karten und Grafiken	
Der geographische Raum und die Naturschutzgebiete im Watt	10
Die Entstehung der Flutberge	17
Die Entstehung von Spring- und Nippfluten	18
Der Küstenverlauf in Nordfriesland vor den Sturmfluten von 1362, 1634 und heute	38
Festlandküste, Inseln und Halligen im 17. Jahrhundert	39
Pflanzengesellschaften der Dünen	46
Häufige Tiere im Wattboden	56
Pflanzengesellschaften der Salzwiesen	65
Schnabelformen von Wattvögeln	90
Der Herbstzug der Grundelente im Wattenmeerbereich	97
Die Insel Sylt und ihre Vogelschutzgebiete	140

Zum Geleit

Die Zahl unterhaltender, populärwissenschaftlicher und fachspezifischer Veröffentlichungen über den Lebensraum Wattenmeer und Nordseeküste ist in den letzten Jahren – seit dem Erscheinen des ersten deutschen Buches von Rolf Dircksen – stetig gestiegen. Parallel zu dieser begrüssenswerten Woge wuchs jedoch auch die Flut der Gefahren für diesen in der Welt einzigartigen amphibischen Lebensraum Europas unaufhörlich... und eine Sturmflut verhängnisvoller Entwicklungen wird unausweichlich sein, wenn nicht etwas Mutiges geschieht.

Während bis vor gar nicht langer Zeit das Watt neben vielen Bergzügen der Alpen zu den einzigen Lebensräumen zählte, die man ökologisch noch als nahezu intakt bezeichnen konnte, verschwinden heute Teile des Wattenmeeres durch Eindeichung; die Verschmutzung durch Einleitung von Fremd- und Giftstoffen droht alle Nahrungskreisläufe zu vergiften; und die relativ hohe Bevölkerungszahl und die zunehmenden Besucherströme lassen den Freiraum für die Kreatur stetig schrumpfen. Deshalb kann heute eigentlich nicht genug über diesen Naturraum Wattenmeer geschrieben und dokumentiert werden.

So kann ich es nur freudig begrüssen, dass sich ein Naturfotograf von Namen, grossen Kenntnissen und grossem Ernst gegenüber dem Thema zusammen mit seiner nicht minder engagierten Gattin in dem vorliegenden Band mit dem Wattenmeer der Niederlande, Deutschlands und Dänemarks befasst hat. Willi und Ursula Dolder haben bisher viele bedeutende Naturräume und Nationalparks unserer Erde besucht, dort einmalige Bilder «geschossen» und ihre Erlebnisse spannend beschrieben. Es darf als Zeichen der Priorität gewertet werden, wenn sich die Verfasser nun dem europäischen Wattenmeer zuwenden. Bekanntlich gibt es auch Parallelen zwischen dem tropischen Urwald und dem Watt. Beide besitzen eine gewaltige Biomasse, die es zu erhalten gilt, wollen wir nicht jedes Mass an Menschenwürde, Menschenbildung und Ehrfurcht aufgeben.

Ich bin sicher, dass dieses Buch alle Naturfreunde und ganz besonders die Freunde des Watts begeistern wird. Die Zahl derer, die sich für die Erhaltung und Erforschung des Wattenmeeres als Naturlandschaft einsetzen, ist inzwischen erfreulich grösser geworden. Leider haben aber die dringend notwendigen Bemühungen von Parlamenten und Regierungen trotz nationaler und internationaler Konferenzen noch nicht die Erfolge gebracht, die der gefährlichen Situation entsprechen.

So bedeutet das Buch der Dolders eine weitere, eindringliche Dokumentation, die dazu beiträgt, die für das Wattenmeer und seine Zukunft Verantwortlichen – und das sind die politischen Behörden aller Nordsee-Anrainerstaaten – zu überzeugen und aufzurütteln, grös-

---

Das Watt ändert sein Gesicht, das Wasser kommt zurück. Wo während der Ebbe fast Festlandverhältnisse geherrscht hatten, erobert nun die Flut den Wattenraum für das Meer zurück. Die Lebewesen, die das Watt mit seinen ständig ändernden Bedingungen besiedelten, mussten ganz besondere Anpassungsformen und Überlebensstrategien entwickeln, um in dem ständigen Wechsel von Nässe und Trockenheit, Kälte und Wärme bestehen zu können.

seren Gemeinsinn und besseren Sachverstand zu wecken, ehe es zu spät ist.

Die ungestörte Natur im Wattenmeer und auf den Watteninseln ist ja schon lange keine unwägbare Grösse mehr, die allenfalls einige wenige Spezialisten und Romantiker interessiert. Sie ist ja längst unersetzliches, lebendiges Element eines der grössten Erholungsgebiete Europas. Wenn wir nicht in nahezu letzter Stunde Entscheidendes für ihre Erhaltung tun, werden wir diese Landschaft verlieren.

Auch unter diesem Aspekt wünsche ich dem Buch von Willi und Ursula Dolder weite Verbreitung und nachhaltige Wirkung.

Friedrich Goethe

ehem. Direktor des Instituts für Vogelforschung «Vogelwarte Helgoland», Hauptsitz Wilhelmshaven

Neben dem Queller ist das Englische Schlickgras eine typische Pflanze der Verlandungszone. 1927 unternahm man mit dem aus Nordamerika stammenden Gras Anpflanzungsversuche, da man annahm, es fördere die Landgewinnung. Leider wurden die Hoffnungen zunichte gemacht, da das Gras völlig unkontrolliert wächst. Es bildet Büschel oder Bulten, zwischen denen das Wasser Auskolkungen verursacht.

Der geographische Raum

Die Nordsee, englisch auch etwa *German Ocean* genannt, ist ein Randmeer des Atlantischen Ozeans zwischen den Britischen Inseln im Westen, Skandinavien und Jütland im Osten und Belgien, den Niederlanden und Norddeutschland im Süden und Südosten. Im Südwesten verengt sie sich zum Ärmelkanal, im Norden geht sie auf der Höhe der Shetlandinseln auf einer Breite von 315 Kilometern in den Atlantik über. Die rund 575 000 Quadratkilometer umfassende Nordsee ist ein sogenanntes Schelfmeer, das weniger als 200, im Schnitt 94 Meter tief ist. Einzig in der schmalen Norwegischen Rinne, ihrer in den Skagerrak hineinreichenden nordöstlichen Begrenzung, fällt der Meeresboden unter den Kontinentalsockel ab und erreicht eine maximale Tiefe von 809 Metern.

Pflanzen- und Tierwelt der Nordseeküste ebenso wie ihre Lebensbedingungen entsprechen mit fliessenden Übergängen jenen der anschliessenden Atlantik- und Nordmeerregionen. Die einzige, aber dafür um so interessantere Ausnahme ist jener Abschnitt der Nordseeküste, der als Wattenmeer bezeichnet wird. Der vorliegende Band ist deshalb ganz bewusst auf diesen einzigartigen, unverwechselbaren Lebensraum beschränkt.

Das Wattenmeer erstreckt sich auf einer Länge von rund 450 Kilometern im Bereich der südlichen Nordsee. Es beginnt im Norden bei Esbjerg in Dänemark, zieht sich der ganzen schleswig-holsteinischen Westküste entlang nach Süden, folgt dann der niedersächsischen Küste nach Westen und endet in den Niederlanden, etwa zwischen der Insel Texel und der Hafenstadt Den Helder. Das gesamte Wattengebiet umfasst rund 6600 Quadratkilometer, das entspricht etwa 1,1 Prozent der gesamten Nordseefläche; die Küstenlänge macht nur 0,56 Prozent der gesamten europäischen Küste aus. Die Breite des Wattstreifens vor der Küste schwankt erheblich. Sie liegt in Niedersachsen durchschnittlich bei 5 bis 7, maximal bei 15 Kilometern. In Schleswig-Holstein ist das Watt zwischen 10 und 20, maximal 30 Kilometer breit.

Das Wattenmeer ist trotz seiner Einzigartigkeit keine einheitliche Region, sondern ausserordentlich vielschichtig gegliedert. Neben Untiefen und Sandbänken gibt es mehr oder weniger tiefe Wasserstrassen. Neben grossen Inseln mit zigtausend Einwohnern finden wir winzige Halligen mit nur einer einzigen Warft, die von einer Handvoll Menschen bewohnt ist. Neben langen, ununterbrochenen Küstenlinien mit herrlichen Sandstränden ergiessen sich Ströme in die Nordsee, deren Mündungstrichter weit ins Inland hineinreichen. Neben idyllischen und verträumten Kleinstädten wuchern der Beton des Tourismus und der Industrie oder Hafenstädte, die zu den grössten der Welt gehören.

Wegen der Breite des Wattenmeeres und der darin enthaltenen Vielgestaltigkeit unterscheidet man eine innere und eine äussere Küstenlinie. Die äussere Küstenlinie erstreckt sich von den West- über die Ostfriesischen Inseln bis zur Halbinsel Eiderstedt und weiter über die nordfriesischen Inseln Amrum und Sylt bis zur Insel Fanø in Dänemark. Die dem offenen Meer zugewandten Seiten dieser Inseln sind – abgesehen von den durch Menschenhand errichteten Küstenbefestigungen – den Brandungswellen der offenen Nordsee ungeschützt ausgesetzt. Hier finden wir weite Sandstrände und Dünenlandschaften, die Meer und Wind in Jahrtausenden geschaffen haben. Aber hier besteht auch die grösste Gefährdung durch das Meer, wie das Beispiel von Sylt zeigt, wo die Nordsee Jahr für Jahr an der Landmasse der Insel nagt (vgl. Seite 122f.). Wo keine Inseln dem Festland vorgelagert sind, etwa in den Mündungsgebieten von Weser und Elbe, findet man oft die sogenannten Sande, hoch aufgespülte Sandbänke, die im allgemeinen vom normalen Hochwasser nicht mehr überflutet werden.

Die innere Küstenlinie verläuft entlang der Seedeiche und des Vorlands. Im allgemeinen ist sie geschützter als die äussere Küstenlinie. Die Macht der Brandung wird durch die vorgelagerten Inseln gebrochen, so dass Deiche und Vorland nur bei Sturmfluten oder extremen Wind- und Wasserverhältnissen dem Einfluss der Wellen ausgesetzt sind.

Der geographische Raum «Wattenmeer–Nordseeküste» ist also klar abgrenzbar. Aber welches sind eigentlich die Kriterien, die diese Abgrenzung von den anschliessenden Küstenstrichen möglich machen?

Was ist das Watt?

Wie ausgefressen erscheinen die vom Wind geschaffenen Sandformationen auf der Sandbank von St. Peter-Ording, an der Westspitze der Halbinsel Eiderstedt. Der fast ständig wehende Wind reisst den trockenen Sand vom Boden fort und treibt ihn in langen Fahnen über die flache Bank. Wird das bei einer leichten Brise noch als angenehmes Prickeln empfunden, wenn der Sand die Haut der Strandwanderer trifft, so gleicht die Wirkung in starken Böen eher einem Sandstrahlgebläse, und vor allem Kinder leiden dann unter den peitschenden Sandfahnen.

Das Watt ist ein Uferstreifen – nein, das ist es eigentlich nicht nur! Es ist ein Küstengewässer. Ja, aber nicht nur das, denn das Watt wird nicht ausschliesslich vom Meer bestimmt, und das Meer ist gar nicht immer da. Das Watt ist also etwas zwischen Land und Meer – und dieses Dazwischen bezeichnet nicht nur seine Lage, sondern prägt auch sein Wesen. Dazwischen! Wohl jedermann dürfte spätestens in der Naturkundestunde mit den Amphibien bekanntgemacht worden sein. Mit den Fröschen und anderen Lurchen, die sowohl im Wasser wie auf dem Land zu Hause sind – Tieren also, die das nasse Element, ihren angestammten Lebensraum, verliessen und die feste Erde eroberten, jedoch auf das Wasser noch nicht dauernd verzichten können.

Ähnlich verhält es sich mit dem Watt, einer amphibischen Landschaft, die zweimal täglich vom Meer überflutet wird und zweimal am Tag trockenfällt. Während der Flut steigt das Wasser bis zum sogenannten Hochwasser: Jetzt ist das Watt ein Küstengewässer. Während der Ebbe zieht sich das Meer zurück: Bei Niedrigwasser ist das Watt ein Uferstreifen. Der Wechsel von Ebbe und Flut – die Gezeiten, niederdeutsch auch Tiden genannt – bestimmt alles im Watt. Das unaufhörliche Kommen und Gehen des Wassers formt unablässig sein Gesicht und diktiert die Lebensweise jener Tiere und Pflanzen, die sich diesen ständig wechselnden Bedingungen angepasst haben.

Wattenzonen gibt es an allen Gezeitenküsten der Erde. Sie erstrecken sich grundsätzlich zwischen der mittleren Hochwasserlinie (MHW) und der mittleren Niedrigwasserlinie (MNW), auch mittleres Tidenhochwasser (MThW) und mittleres Tidenniedrigwasser (MTnW) genannt. Man kennt noch andere Wattformen, zum Beispiel das Felswatt, die im Gezeitenwechsel wandernde Brandungszone an den Steilküsten Grossbritanniens und Frankreichs, oder die Mangrovensümpfe der tropischen Küstenregionen.

Eine ganz besondere, in ihrer Art auf der Erde einmalige Form des Watts – die dieser Landschaftsform auch den Namen gab – entstand im Lauf der erdgeschichtlichen Entwicklung an der südlichen Nordseeküste. Dieses europäische Wattenmeer ist nicht nur wegen seiner Entstehungsgeschichte einmalig. Hier lassen sich auch heute noch besonders anschaulich jene Vorgänge von Abtragung und Sedimentation beobachten, die seit Jahrmillionen das Gesicht unserer Erde verändern. Vor allem aber gehört das Watt zu den biologisch produktivsten Lebensräumen. So wurden zum Beispiel auf einem einzigen Quadratzentimeter Wattboden von etwa zwei Millimetern Dicke rund eine Million einzellige Algen gezählt, und auf einem Quadratmeter fand man über fünfzigtausend winzige Krebse und Schnecken – kleinste und kleine Lebewesen, die einer Unzahl grösserer Tiere als Nahrung dienen.

Der Lebensraum Watt lässt sich grob in drei Zonen oder Biotope gliedern: das eigentliche Wattenmeer, das wiederum in verschiedene Bereiche unterteilt wird; die Verlandungszone beziehungsweise das sich begrünende Vorland; die Marsch. Eine feinere Gliederung der Wattenmeerbiotope unterscheidet die Sand-, Misch- und Schlickwatten mit den Bewässerungs- und Entwässerungsrinnen sowie die Verlandungszone und die Salzwiesen. In jedem dieser verschiedenen Lebensräume herrschen eigene, ausgeprägte Bedingungen, denen sich manche ihrer Bewohner durch Spezialisierung in so hohem Mass angepasst haben, dass sie nur innerhalb seiner Grenzen gedeihen können.

Hier werden die Entstehung, die besonderen Gesetzmässigkeiten, die Lebewesen und der Mensch im Lebensraum Watt vorgestellt, wobei die Gefahren, die dieses Ökosystem bedrohen, nicht verschwiegen werden sollen. Wir hoffen, dass es uns gelingt, beim Leser das Verständnis dafür zu wecken, dass dieser Lebensraum in seiner Einmaligkeit von uns allen vor den zerstörerischen Eingriffen des Menschen geschützt werden muss, damit er uns und künftigen Generationen erhalten bleibt.

Die zarten Linien und feinen Muster des Sandwellenspiels erinnern an sanfte Dünung in seichten Gewässern. Diese Wellen entstanden jedoch nicht durch das Wasser, sondern durch den Wind, der den Sand in langen Fahnen fortreisst und Hügel und Täler entstehen lässt (Sedimentrippeln).

Wie entsteht ein Watt?

Damit das Watt in seiner heutigen Form entstehen konnte und weiter bestehen kann, waren und sind einige Voraussetzungen notwendig, wie sie auf der ganzen Welt nur an den Küsten Hollands, Deutschlands und Dänemarks, am Rand der südlichen Nordsee, vorherrschten und zum Teil noch heute gegeben sind.

Die geologischen Vorgänge, die zur Entstehung des Watts führten und die im nächsten Kapitel ausführlicher dargestellt werden, reichen weit in die Urzeit der Erde zurück. Hier sei nur soviel gesagt, dass die Eiszeiten mit ihren monumentalen Gletschermassen, die sehr viel Meerwasser in der Form von Eis konservierten und Unmengen von Geröll, Sand, Kies und Erde transportierten, massgeblich an der Entstehung des europäischen Watts beteiligt waren. Das von den Eismassen herangeführte und abgelagerte Material wurde und wird noch immer von den Strömungen im Meer abgetragen, weitertransportiert und wieder abgelagert.

Weiteres Sedimentationsmaterial stammt von den Flüssen, hauptsächlich von Rhein, Ems, Weser und Elbe. Es wird ins Meer getragen, dort von den Strömungen weitertransportiert und wieder abgelagert. Strömungen entstehen in erster Linie durch den Wechsel von Ebbe und Flut, durch einmündende Süsswasserströme und durch den Wind. Damit die Sedimente nicht nur abgelagert werden, sondern auch liegenbleiben, darf die Küstenlinie nicht steil sein, sondern muss sanft und langsam ins Meer führen.

Hauptsächlich diese drei Faktoren – genügend Sedimentationsmaterial, die Gezeiten und eine sanft ansteigende Küstenlinie – liessen das ebene Schwemmsandwatt an der Nordseeküste entstehen.

Von kosmischen Kräften bewegt: die Gezeiten

Die Gezeiten sind eines der phantastischsten Naturschauspiele unserer Erde. Kaum vorstellbar grosse Wassermassen werden zweimal täglich bei Flut und Ebbe hin und her bewegt. Ahnungslose Landratten, die das erste Mal in ihrem Leben die Ferien am Meer verbringen, stehen staunend vor einer endlosen Sand- oder Schlickfläche dort, wo sich noch vor wenigen Stunden das silberglänzende Meer erstreckte. Unter den Küstenbewohnern, für die das Kommen und Gehen des Wassers zum Leben gehört wie das Atmen, wurde der Ausspruch eines kleinen Feriengastes zum vielbelächelten, geflügelten Wort. «Da hat ja jemand das Meer geklaut», soll der Knirps gerufen haben, als er mit seiner Badehose ratlos am Strand stand.

Ja – wo geht das Wasser hin? Als man noch gar nichts wusste, erzählte man von einem Riesen, der tief unten auf dem Grund des Meeres liegt und schläft. Sechs Stunden lang atmet er ein und zieht das Wasser an, die folgenden sechs Stunden atmet er aus und bläst das Wasser von sich weg auf die Küste zu. Wenn er husten oder niesen muss oder sich im Schlaf dreht, dann gibt es eine Sturmflut – eine sehr kindliche und naive Erklärung für die geheimnisvollen und phantastischen Dinge, die sich da im Meer abspielen.

Inzwischen wird in den Schulen gelehrt, dass die Erscheinung der Gezeiten durch die Anziehungskraft des Mondes hervorgerufen wird. Bei dieser Erklärung belässt man es meist, jedoch ist damit viel zu wenig gesagt. Zwei Kräfte sind es nämlich, die Ebbe und Flut hervorrufen: die Fliehkraft und die Anziehungskraft. Die Fliehkraft wirkt in dem Zweikörpersystem Erde und Mond, die Anziehungskraft wird von Mond und Sonne ausgeübt. Müsste man lediglich mit der Anziehungskraft des Mondes rechnen, wäre die Sache recht einfach. Da das Wasser formbar ist, entsteht eine Flutwelle in Richtung Mond, die mit unserem Trabanten um die Erde wandert. Theoretisch sieht das so aus: Wenn der Mond über Nordeuropa steht, ist in Nordeuropa Flut beziehungsweise Hochwasser. Eine gewisse Verspätung muss man natürlich in Betracht ziehen, da ja die Wirkung der Anziehungskraft und die entsprechende Bewegung des Wassers ihre Zeit brauchen. Auf seiner weiteren Umlaufbahn nimmt der Mond die Flutwelle mit; besser gesagt, die Erde dreht sich unter ihr hindurch, und es kommt zur Ebbe beziehungsweise zu Niedrigwasser.

Nun wird die Sache aber dadurch kompliziert, dass die Gezeiten nicht nur einmal, sondern je zweimal pro Tag erscheinen, obschon sich der Mond nur einmal täglich um die Erde dreht. Wie entsteht der zweite Flutberg? Hier wird die Fliehkraft der Erde beziehungsweise Mond–Erde wirksam. Die Anziehungskraft des Mondes nimmt wegen seiner bescheidenen Grösse mit zunehmender Entfernung sehr schnell ab und ist auf der mondabgewandten Seite der Erde praktisch unwirksam. Während nun die Wassermassen auf der mondnahen Seite zum Mond hingezogen werden, verharren sie auf der anderen Seite in der Rotationsbewegung der Erde. Auf sie wirkt die Fliehkraft, die nicht zum Mond hin, sondern von der Erde weggerichtet ist.

Unter dem Einfluss dieser beiden einander entgegengerichteten Kräfte nimmt die Erde eine ellipsenförmige Gestalt an: Zwei Flutberge wandern um unseren Planeten, in dem Rhythmus, der Ebbe und Flut bestimmt.

Eine Zeitspanne von genau 12 Stunden, 25 Minuten und 14 Sekunden liegt zwischen den Flutbergen. Ein Erdentag von 24 Stunden richtet sich nach der Sonne. Da aber der Mond etwas länger braucht, um die Erde einmal zu umrunden, als ein Erdentag währt, nämlich 24 Stunden, 50 Minuten und 28 Sekunden, verschieben sich Ebbe und Flut Tag für Tag um diese Zeitdifferenz. Trotzdem können die Gezeiten nicht mit der Taschenuhr berechnet werden, denn die Meere lassen sich in kein Schema pressen. Küstenformationen, Inseln und andere Einflüsse hemmen den Lauf der Flutberge und führen zu Verzögerungen und oft auf kleinem Raum unterschiedlichen Gezeiten.

Das, was wir an der Nordseeküste als Flut erleben, ist nicht etwa der eigentliche Flutberg, sondern der «überschwappende» Atlantik, dessen Flutwelle sich mit einer gewissen Verspätung in das flache Becken der Nordsee ergiesst.

Eingangs wurde erwähnt, dass auch die Sonne eine gewisse Rolle bei der Entstehung der Flutberge spielt. Wenn man bedenkt, dass unser Zentralgestirn 27 millionenmal grösser ist als der Mond, wird dieser Einfluss verständlich. Allerdings ist die Sonne bedeutend weiter von der Erde entfernt als unser kleiner Trabant, so dass die gezeitenerzeugende Kraft der Sonne nur etwa 46 Prozent von jener des Mondes erreicht. Die Anziehungskraft der Sonne wird besonders deutlich in den Erscheinungen der sogenannten Spring- und Nippfluten oder -tiden. Bei den Springtiden handelt es sich um aussergewöhnlich starke Fluten mit hoch auflaufendem Wasser, bei den Nipptiden um sehr schwache Fluten, bei denen der Wasserstand unter dem Normalniveau zurückbleibt. Springtiden entstehen dann, wenn Sonne, Mond und Erde in einer Linie stehen, also bei Vollmond und Neumond, wenn sich die Anziehungskräfte von Sonne und Mond summieren und extrem hohe Flutberge entstehen lassen.

Das Gegenteil liegt vor bei den Nipptiden. Dann stehen Sonne und Mond im rechten Winkel zueinander, und ihre Anziehungskräfte schwächen sich gegenseitig, so dass kleinere Flutberge entstehen.

Nur die wenigsten Menschen wissen, dass sich die Anziehungskräfte von Sonne und Mond nicht nur auf die Wasser der Ozeane auswirken, sondern dass auch die Landmassen der Kontinente ihren Einflüssen unterliegen. Im Institut für Geodäsie der Universität Bonn konnte man mit sogenannten Neigungsmessern feststellen, dass sich der Boden in der Bundesrepublik synchron mit den Bewegungen des Mondes um etwa 30 Zentimeter (!) hebt und senkt. Die Anziehungskraft der Sonne fügt diesen Schwankungen noch einmal 15 Zentimeter hinzu, und bei Voll- oder Neumond schwankt der Boden unter unseren Füssen zwischen Morgen und Abend und zwischen Tag und Nacht um jeweils einen halben Meter.

Die Meeresströmungen und der Einfluss der Winde

Die Flutwellen, die die Nordseeküste erreichen, sind also Sekundärwellen, Ausläufer der grossen Flutberge des Weltmeeres. Die Nordsee hat keine eigenen Gezeiten, sondern «profitiert» vom Atlantik mit sogenannten Mitschwingungsgezeiten. Da das Wasser eine gewisse Zeit braucht, um von der Hochsee her an die Küste zu gelangen und die zahlreichen Hindernisse wie Untiefen, Sandbänke, Inseln und ganze Landmassen zu überwinden oder zu umgehen, finden die Gezeiten hier mit Verzögerung statt. So wird die Deutsche Bucht von der Springflutwelle erst drei Tage nach Neu- oder Vollmond erreicht.

Die Flutwellen weichen von der Küste zurück in Richtung auf den Atlantik. Da aber Ebbe und Flut an verschiedenen Orten und zu verschiedenen Zeiten auftreten, kann es nicht ausbleiben, dass die zurücklaufenden Flutwellen an bestimmten Orten auf nachfolgende Ebbetäler treffen. An diesen amphidromischen Punkten – unter anderem auch an der Westküste der Niederlande – ist der Tidenhub, der Höhenunterschied zwischen Hoch- und Niedrigwasser, gleich Null.

Der Ausläufer der grossen Flutwelle kommt von Norden her aus dem Atlantik. Er wandert zwischen Norwegen und der Nordspitze Grossbritanniens nach Süden, erhält einen «Seitenstoss» von einer kleineren Flutwelle aus dem Ärmelkanal und folgt dann, in Gegenuhrzeigerrichtung, von Nordwest nach Nordost und Norden der Küstenlinie. Die Ebbeströmung geht den umgekehrten Weg. Natürlich können diese Hauptströmungen der Nordsee nicht ungehindert ihre Richtung beibehalten. Unebenheiten des Meeresbodens und die gesamte, stark gegliederte Küstenlinie hemmen und lenken den Verlauf der Strömung, ebenso wie Winde, Flussmündungen und sogenannte Restströmungen aus dem Atlantik. In den Wattregionen werden die Richtungen der Gezeitenströme vom Verlauf der Küstenlinien und dem morphologischen Gefälle bestimmt.

Alle diese Einflüsse bewirken, dass sich die Gezeiten an den verschiedenen Küstenabschnitten zeit-

Die Entstehung der beiden Flutberge auf der Erde: Durch die Anziehungskraft des Mondes und die Fliehkraft der Erde entstehen zwei einander diametral entgegengesetzte Flutberge auf unserem Planeten. Die auf zwei Seiten aufgestauten Wassermassen verformen die runde Erdkugel zu einer Ellipse.

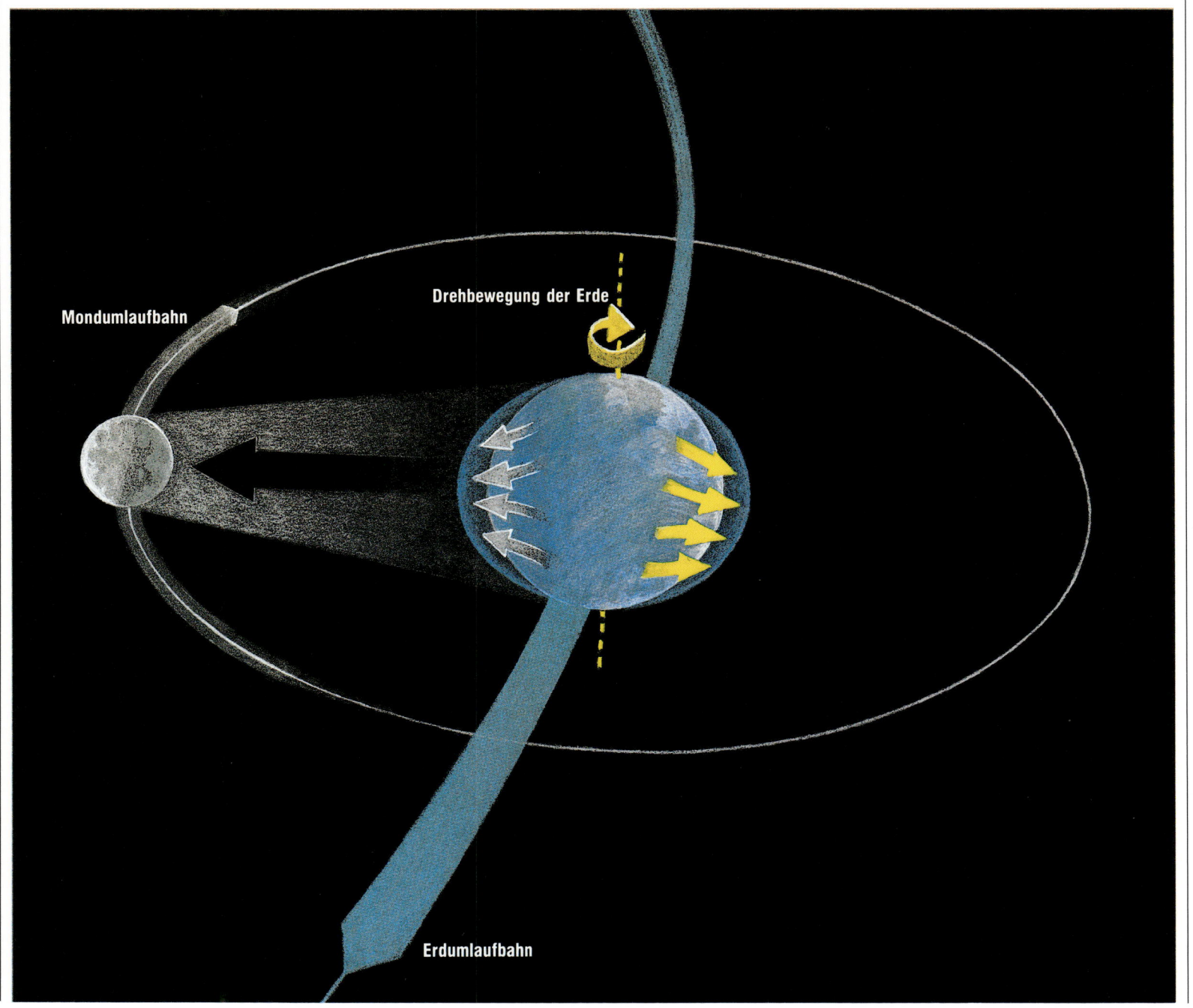

Die Entstehung der Spring- und Nippfluten: Stehen Sonne, Mond und Erde auf einer Linie, so summieren sich die Anziehungskräfte der Himmelskörper, und es entstehen besonders starke Fluten, die sogenannten Springfluten. Befinden sich aber Sonne, Erde und Mond in einem rechten Winkel zueinander, so schwächen sich die Anziehungskräfte gegenseitig, und es kommt zu Nipptiden.

lich verschieben, dass also nicht überall an der Küste zur gleichen Zeit Flut oder Ebbe herrscht. Eine zweite Folge ist das unterschiedliche Ausmass des Tidenhubs, der Differenz zwischen Hoch- und Niedrigwasser. Wenn zum Beispiel auf der Insel Texel vor der niederländischen Küste um 8 Uhr morgens die Flut ihren Höhepunkt erreicht hat, dann tritt das Hochwasser in Norderney, vor der nie-

dersächsischen Küste, erst gegen 11 Uhr und an der dänischen Küste gar erst gegen 14 Uhr ein.

Strömungen und Wind bestimmen aber nicht nur den zeitlichen Ablauf von Ebbe und Flut, sondern auch die Wasserstandshöhe. Auflandige, also auf das Land zu wehende Winde, die an der Wattenmeerküste aus Norden, Nordwesten oder Westen kommen, erhöhen den Wasserstand bei Flut und

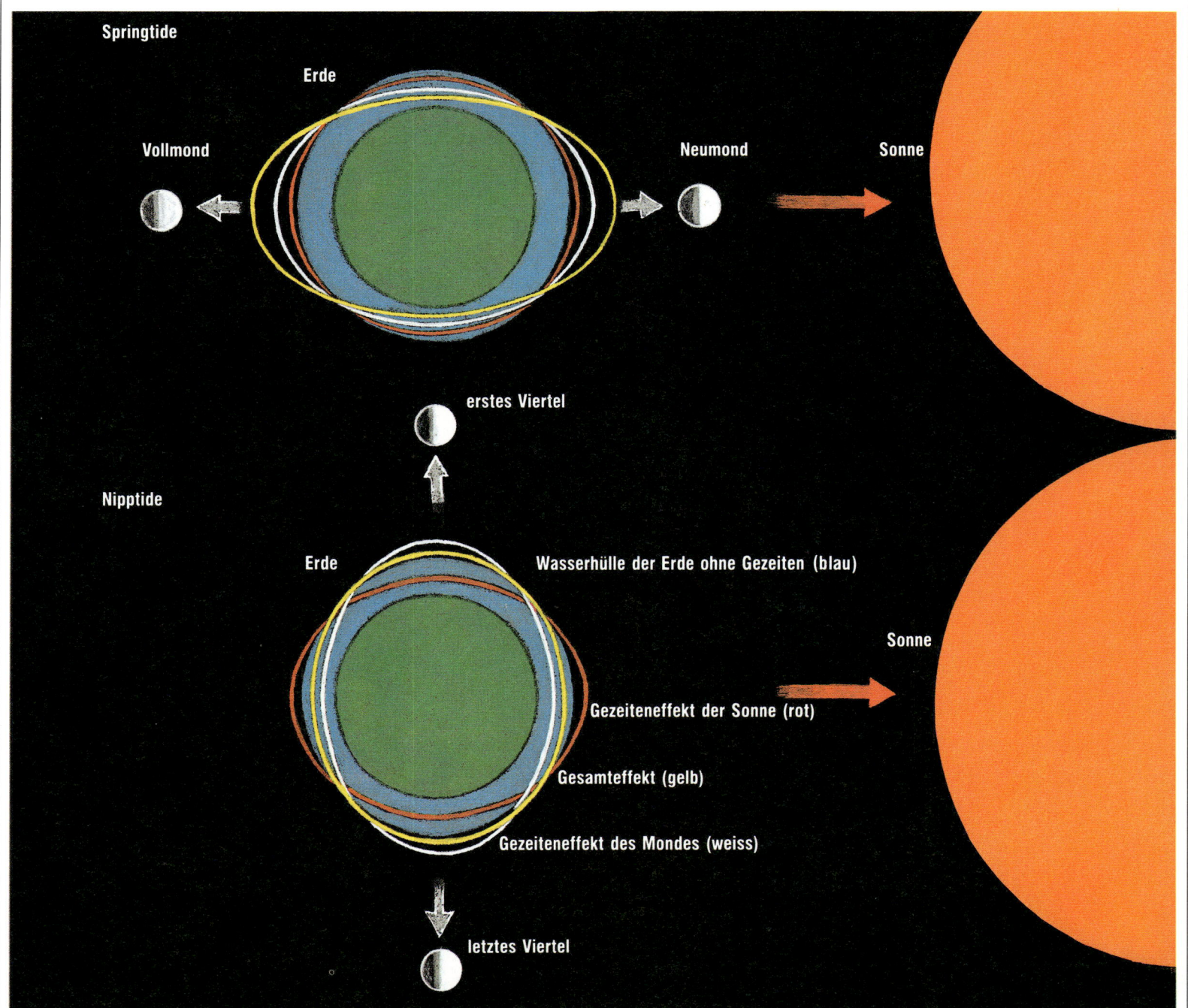

lassen bei Ebbe das Wasser nicht im gewohnten Mass ablaufen. Ablandige, vom Land Richtung Meer wehende Winde aus südlichen bis östlichen Richtungen führen im Meer draussen zu einer Art Wasserstau mit geringen Hochwasserhöhen an der Küste und weit ablaufender Ebbe. Gerade diese Winde haben einen weiteren, bei Badegästen äusserst unbeliebten Effekt: Sie treiben die von der Sonne erwärmten, oberen Wasserschichten ins offene Meer, die dann durch kühlere Wassermassen vom Meeresgrund ersetzt werden.

Lang anhaltende und starke auflandige Winde führen zu einem zunehmenden Wasserstau an der Küste. Sind die Winde besonders stark und fallen sie gar noch mit einer Springflut zusammen, so kann es zu einer der gefürchteten Sturmfluten kommen, bei denen die Vorländer und Halligen überflutet werden: Land unter!

Der Unterschied zwischen Hoch- und Niedrigwasser, der Tidenhub, nimmt in der Nordsee in Richtung des Hauptstromes von Norden nach Süden zu. Am stärksten ist der Tidenhub in Meeresbuchten und trichterförmigen Mündungen, eine Folge der stark einengenden Wirkung der Landmassen (in der südostkanadischen Bay of Fundy erreicht er Höchstwerte von 21 Metern). Vor der Küste beträgt der Unterschied zwischen Hoch- und Niedrigwasser durchschnittlich etwa 2,5 Meter, im Jadebusen 3,6 Meter, vor List auf Sylt nur noch 1,7 Meter und in Nordjütland sogar nur 0,5 Meter. Die effektiven Werte weichen wegen besonderer Wind- und Strömungsverhältnisse praktisch täglich von diesem Mittel ab. So beträgt der Tidenhub beispielsweise im Jadebusen bei Nippflut 3,1 Meter, bei Springflut 4,1 Meter.

Abgetragen und verfrachtet: die Sedimentation

Ein Charakteristikum der Meere ist, dass sie ständig in Bewegung sind. Es gibt keinen Stillstand: In jeder Sekunde verändert sich der Wasserstand durch die Gezeiten, und die Strömungen verschieben und transportieren die Wassermassen. Die Gezeitenströme erreichen unter normalen Bedingungen eine Geschwindigkeit von gut einem Meter, bei Sturm bis vier Meter pro Sekunde.

Wasser ist nicht einfach «leer», sondern es transportiert – abgesehen von Plankton – Sedimente, frei im Wasser schwebende Stoffe organischer und anorganischer Art. Man könnte sich nun vorstellen, dass durch das ständige Hin und Her der Gezeiten die Sedimente praktisch in der Schwebe bleiben und nur verschoben werden. Dass das nicht der Fall ist, beweist die Sedimentation, der Prozess, bei dem die im Wasser schwebenden Teilchen absinken und auf dem Boden abgesetzt werden.

Der Boden der Wattflächen in der heutigen Form ist ausschliesslich aus Sedimenten aufgebaut. Es gibt verschiedene Möglichkeiten, die Sedimente zu klassifizieren. Eine recht differenzierte Einteilung ergibt sich aus der Sortierung nach Korngrössen

	Korngrösse	
Kies	über 2	mm
Sand	0,063–2	mm
Grobsand	0,63 –2	mm
Feinsand	0,063–0,2	mm
Schluff (Silt)	0,002–0,063	mm
Ton	unter 0,002	mm

Neunzig Prozent der Wattsedimente bildet Sand mit einer Korngrösse zwischen 0,063 und 0,2 Millimeter, etwa 1 Prozent ist grösser als 0,63 Millimeter, und 9 Prozent sind Schluff und Ton mit Korngrössen bis 0,063 und 0,002 Millimeter. Der verschwindend geringe Anteil des Sedimentationsmaterials mit Korngrössen über 2 Millimetern besteht überwiegend aus Schalenbruchstücken von Muscheln und Schneckengehäusen und aus Geröll. Die geringen Mengen an Kies enthalten meist Feuerstein, Quarzit und Granitbruchstücke aus den eiszeitlichen Geschieben Skandinaviens oder aus der Ostsee. Der weitaus grösste Teil der Schwebestoffe, Sand und Schluff, stammt aus dem Küstenvorfeld der Nordsee, ein geringerer Teil ist Abbruchmaterial von Inseln und Küsten, und Ton wird in erster Linie von den grossen Flüssen herangeführt.

Ein Haus mit Etagen: die Wattbereiche

Das Wasser, das zweimal am Tag die Wattflächen bedeckt, führt Schwebestoffe von unterschiedlicher Korngrösse mit sich. Dank der Schwerkraft sinken die mitgeführten Stoffe mit Abnahme der Wassergeschwindigkeit zu Boden und lagern sich dort ab, die gröbsten, schwersten Teile zuerst und mit der weiteren Verlangsamung der Strömung auch die feineren und feinsten Teile. Umgekehrt kann natürlich die Strömung auch so stark werden, dass Wattboden fortgetragen wird. Allgemein gilt: Je feiner der Boden, desto eher wird er von der Strömung fortgetragen, um erst wieder abzusinken, wenn die Strömung sich verlangsamt.

Deshalb lässt die Zusammensetzung des Wattbodens Rückschlüsse auf die Strömungsverhältnisse zu.

Oben: Die hier gezeigten Schichtungen haben verschiedene Ursachen. Während die Schichtungen im oberen Bild wahrscheinlich während einer Transgressionsphase des Meeres entstanden, sind die Schichtungen des unteren Bildes aus dem Dünengelände von Amrum das Ergebnis der Einwirkungen von Wind und Wetter.

Rechts: Die Priele sind die Lebensadern des Wattenmeeres. Durch sie strömen bei jeder Flut Nährstoffe, Sauerstoff und neue Lebewesen ins Watt. In ihnen sammelt sich das ablaufende Wasser, und hier finden die wasserabhängigen Lebewesen des Watts, die den Anschluss an die Flut verpasst haben, oft die letzten Überlebensmöglichkeiten bis zum nächsten Hochwasser.

Umgekehrt bestimmen die Strömungsverhältnisse Zusammensetzung und Struktur des Wattbodens. Die Unterscheidung des Wattbodens nach Korngrösse der abgelagerten Stoffe erlaubt eine grobe Dreiteilung in Sand-, Misch- und Schlickwatt. Eine weitere Differenzierung erfordert die Einbeziehung der Priele, Tiefs und Rinnen und der Salzwiesen und Verlandungszonen. Die Wissenschaftler bezeichnen diese Bereiche als das Sublitoral (den unteren Wattbereich), das Eulitoral (den mittleren Wattbereich), das Supralitoral (den oberen Wattbereich) und das Epilitoral (den höchsten Wattbereich).

Das *Sublitoral* – der untere Wattbereich – umfasst diejenigen Gebiete, die auch bei Ebbe noch mit Wasser bedeckt bleiben, zum Beispiel Priele, Tiefs und Rinnen, regional auch Gats oder Gatts und Ströme genannt, ferner die vielen Inseln seeseits vorgelagerten, sandigen Flachwassergebiete. Das Sublitoral umfasst etwa ein Drittel der gesamten Fläche des Wattenmeeres. Streng genommen gehört es nicht unbedingt zum Watt, da die ökologischen Gegebenheiten eher mit denen der offenen Nordsee übereinstimmen. Die Umweltfaktoren in diesem unteren Wattbereich sind statisch, das heisst einigermassen gleichbleibend, da immer Wasser vorhanden ist, während sie im eigentlichen Watt ständig wechseln.

Priele, Rinnen und Tiefs sind Wasserstrassen, in denen hohe Strömungsgeschwindigkeiten herrschen. Auf Flugaufnahmen kann man im Watt das System von Prielen erkennen, in denen sich das ablaufende Wasser sammelt und den Rinnen und Tiefs zugeführt wird. Während viele Priele bei Ebbe zu Fuss durchwandert werden können und einige in ihrem

oberen Lauf bei Niedrigwasser sogar trockenfallen, sind Rinnen und Tiefs bedeutend tiefer. Wattströme sind, bei einer Tiefe von 5 bis 10 Metern, in der Regel ständig schiffbar; das Tief bei Norderhever misst 30 Meter und das Lister Tief gar 50 Meter. Der Ebbstrom konzentriert sich sehr schnell in den genannten Wasserstrassen. Der Flutstrom verhält sich etwas anders. Das Wasser tritt bald aus den Rinnen aus und läuft in breiter Front auf das Watt auf. Auf den seichten Wattflächen bewegt sich das Wasser mit 0,1 bis 0,5 Meter in der Sekunde, die kleineren Priele durchströmt es mit einer Geschwindigkeit von rund einem Meter, während es in den tieferen Prielen und den Wattströmen 1,5 Sekundenmeter und mehr erreicht. Diese hohen Strömungsgeschwindigkeiten bestimmen die Konsistenz des Bodens, der hier überwiegend aus grobem Sand, Kies und Geröll besteht.

Das *Eulitoral* – der mittlere Wattbereich – umfasst jenen Abschnitt des Watts, der zweimal täglich dem Wechsel von Ebbe und Flut unterworfen ist. Fast zwei Drittel der gesamten Wattfläche gehören zum mittleren Wattbereich, der gemeinhin als «das Watt» verstanden wird. Die Grenzen zum unteren sowie zum oberen Wattbereich sind fliessend, da das Eulitoral sowohl vom Prielsystem durchzogen als auch gegen die Queller-Region und die Salzwiesen nicht klar abgegrenzt ist.
Die Bedeutung der Strömungsgeschwindigkeit und der Sedimentation wird im mittleren Wattbereich deutlich. Vereinfacht dargestellt, liegen vor der Küste und parallel zur Küstenlinie drei Wattformen, vom Meer her gesehen Sandwatt, Mischwatt und Schlickwatt. Auf den ersten Blick

Sandstrand (linke Seite) und Sandwatt sind bei den Besuchern des Wattenmeeres besonders beliebt. Dabei sind sowohl Sandstrand als auch Sandwatt nicht unbedingt typisch und alles andere als lebensfreundlich, sie sind nährstoffarm und trocknen relativ schnell aus. Trotzdem hat auch das Sandwatt, vor allem mit einem gewissen Schlickanteil, seine ganz speziellen Bewohner, die sich bevorzugt hier ansiedeln, wie die ausgewachsenen Sand- oder Pierwürmer, deren charakteristische Kothaufen das Sandwatt von Westerhever (links) kennzeichnen.

Mit der Weltabgeschiedenheit der Halligbewohner ist es vorbei. Vor allem in den Sommermonaten kommen tagtäglich Ausflugsschiffe von den grossen Seebadeorten, und für ein, zwei Stunden herrscht ein – allerdings sehr beschaulicher und gemässigter – Touristenrummel auf der Hallig. Nach der Abfahrt der Schiffe ist man wieder «unter sich», vielleicht noch mit ein oder zwei Stammgästen, die schon seit Jahren die Hallig besuchen und fast mit dazu gehören. Das Bild zeigt ein Ausflugsschiff vor der Hallig Langeness.

unterscheiden sie sich durch ihre Farbe: Sandwatt ist hell, Schlickwatt dunkel bis fast schwarz, Mischwatt liegt im Farbton dazwischen.

Das *Sandwatt* erstreckt sich nahe der Niedrigwasserlinie, wo Strömungen und Brandungswellen noch besonders stark einwirken können. Infolgedessen lagert sich hier nur recht grobkörniges Material ab mit einer Korngrösse von mehr als 0,63 Millimeter. Da das Wasser im Sandwatt schnell versikkert, liegt der Bodenwassergehalt nur bei etwa 25 Prozent. Dadurch ist der Boden fest und gut begehbar, stellenweise kann er sogar eine solche Festigkeit erreichen, dass Fahrzeuge darüber fahren können. Allerdings ist diese Festigkeit oft trügerisch, denn auflaufendes Wasser kann den Sandboden sehr schnell wieder erweichen. Entsetzte Feriengäste müssen dann hilflos zuschauen, wie ihr Wagen plötzlich ein Stück in den Boden einsinkt oder mit durchdrehenden Rädern steckenbleibt. Der Boden des Sandwatts weist oft eine deut-

liche Rippelstruktur auf, die nicht – wie viele Besucher annehmen – vom Wind hervorgerufen wird, sondern durch die ständige Umschichtung des Bodens durch Strömung und Wellen entsteht.

Das *Mischwatt* ist in weiten Teilen gekennzeichnet durch die wurmförmigen Kothaufen und die Fresstrichter des Sand- oder Köderwurms *(Arenicola marina)*, seines häufigsten Bewohners. Die Korngrösse des Sedimentationsmaterials liegt zwischen 0,063 und 1,0 Millimeter. Der Boden ist also

bereits wesentlich feiner als im Sandwatt und nicht mehr so sauerstoffreich. Der Wassergehalt beträgt 25 bis 50 Prozent, und das Watt ist meist noch gut begehbar. Während die Fauna des Sandwatts sich bereits durch auf diesen Lebensraum spezialisierte Arten (etwa Borstenwürmer) auszeichnet, findet man im Mischwatt sowohl Bewohner des Sand- als auch des Schlickwatts.

Das *Schlickwatt* schliesslich ist – als Lebensraum gesehen – der interessanteste Teil des Watts. Es liegt landnah unmittelbar vor der Küste und wird bei Flut oft nur noch einige Zentimeter hoch mit Wasser bedeckt. Die Strömungsgeschwindigkeit im Schlickwatt ist normalerweise sehr gering, so dass hier feinste Sedimente mit einer Korngrösse von weniger als 0,063 Millimeter – Ton und Silt oder Schluff – abgelagert werden können. Die Feinporigkeit des Materials verhindert das Versickern des Wassers. Mit einem Wassergehalt von 50 bis 70 Prozent ist der Wattboden hier sehr weich – je nach Temperament zum Vergnügen oder zum Leidwesen der Wattwanderer, die zumeist knöcheltief, an manchen Stellen auch bis zu den Knien im schwarzbraunen Matsch versinken.

Obwohl sich das Schlickwatt dem Betrachter als eher undifferenzierte Fläche präsentiert, gibt es hier doch eine ganze Anzahl recht verschiedener Lebensräume, die von der Stabilität des Bodens, der Härte, der Kornzusammensetzung und anderem abhängen und die jeweils von besonderen Tierarten bevorzugt bewohnt werden.

Eine Besonderheit des Bodens im Schlickwatt ist, dass er sehr streng riecht. Schlicht gesagt: er stinkt nach faulen Eiern. Das Schlickwatt ist nämlich besonders reich an organischen Substanzen,

etwa 10 Prozent des Bodens bestehen aus den abgelagerten Überresten von Tieren und Pflanzen. Diese organischen Substanzen werden zunächst von Bakterien abgebaut, die für diese Arbeit Sauerstoff verbrauchen. Da aber der Wattboden ohnehin sauerstoffarm ist, führt die Tätigkeit dieser Bakterien zu Sauerstoffmangel im Boden. Unter diesen Bedingungen können andere Bakterien tätig werden, die den Abbau der organischen Substanzen ohne Sauerstoff leisten können. Als natürliches Endprodukt dieses Abbaus entsteht Schwefelwasserstoff, der auch in faulen Eiern den charakteristischen Geruch bewirkt.

Schwefelwasserstoff verbindet sich mit dem im Schlickwatt vorhandenen Eisenhydroxid zu Eisensulfid, das den tieferen, sauerstofffreien Bodenschichten die typische blauschwarze Färbung verleiht. Diese Reduktionsschicht beginnt im Schlickwatt bereits wenige Millimeter unter der Oberfläche, während sie im Mischwatt bei 1 bis 2 und im Sandwatt erst bei 5 bis 10 Zentimetern Tiefe beginnt. Nur die rotbraune bis graue, wenige Millimeter dicke Oberfläche des Schlickwattbodens ist ausreichend mit Sauerstoff versorgt.

Das *Supralitoral* – der obere Wattbereich – umfasst die Verlandungszone und Salzwiesen, die infolge von Strömungsänderungen und Sedimentation über die Linie des mittleren Hochwassers hinausgewachsen sind. Das Supralitoral wird nur noch unregelmässig überflutet. Etwa 5 Prozent der gesamten Wattenmeerfläche gehören in diese Zone, davon entfällt etwa eine Hälfte auf Salzwiesen, die andere auf Sandstrände und Sandwälle. Salzwiesen gedeihen auf ehemaligem Schlick- oder Mischwattboden. Man findet sie auf den Landseiten der Inseln, auf nicht eingedeichten Halligen und an der Festlandküste, wo sie auch Heller oder Groden genannt werden. Zur Landseite hin wird das Supralitoral meist durch Deiche begrenzt, die erst in den letzten hundert bis zweihundert Jahren angelegt wurden.

Das *Epilitoral* – der höchste Wattbereich – wird ausser bei extrem hohen Sturmfluten nicht mehr überflutet, ist jedoch durch das salzhaltige Grundwasser und durch vom Wind herangetragenen Wasserstaub immer noch den maritimen Einflüssen unterworfen. Es besteht aus den Dünenregionen, einigen Halligen und Sommerkögen, die nur durch niedrige Sommerdeiche geschützt sind, und den ausgesüssten Marschen.

Alle genannten Lebensräume gehören zum Grosslebensraum Wattenmeer. Jeder ist für sich abgeschlossen, aber die Übergänge sind so fliessend, die Grenzen verändern sich von Tag zu Tag, oft von Stunde zu Stunde, dass man das Wattenmeer als Einheit betrachten muss. Gezeitenströme und Winde hauptsächlich lassen im Watt nie Ruhe eintreten, transportieren Sand, Kies und Erde, lagern ab, schwemmen und reissen an anderen Orten weg und verändern damit den Lauf von Prielen, Rinnen und Tiefs. Beständigkeit und Sicherheit kann es nicht geben, und wenn einmal etwas festgelegt erscheint, so wird es von der nächsten Flut wieder fortgerissen und verändert.

Vorsicht – hier brüten Seeschwalben! Die dunkel gesprenkelten Eier und Küken sind auf dem von kleinen Steinen und Muschelschalen übersäten Sandboden kaum zu erkennen.

Die Entstehungsgeschichte der europäischen Wattenlandschaften

Dass ausgerechnet vor der niederländischen, deutschen und dänischen Küste eine in der Welt einmalige Wattenlandschaft entstehen konnte, ist nicht allein aus dem Wirken von Flut und Ebbe zu erklären, denn mehr oder weniger starke Gezeiten gibt es in allen Ozeanen. Das Wattenmeer entstand vielmehr als Folge bestimmter erdgeschichtlicher Vorgänge.

Die Nordsee zwischen den Shetlandinseln, dem Skagerrak und der Strasse von Dover ist ein sehr junges Meer, das erst im Tertiär, der ersten Formation der Erdneuzeit, vor sechzig bis rund einer Million Jahren seine heutige Form erhielt. Der Meeresboden ist ein abgesunkener Teil der europäischen Kontinentalplatte, die im Erdaltertum und -mittelalter in dieser Region mehrfach überflutet wurde und wieder auftauchte, Vereisungen, Wüsten- und tropisches Klima erlebte. Die folgenden Jahrhunderttausende des Pleistozäns (Altquartär) ebenso wie die ersten Jahrzehntausende des Holozäns, unserer gegenwärtigen erdgeschichtlichen Epoche, waren im Bereich der Nordsee geprägt vom Wechsel der Eiszeiten mit warmen Zwischeneiszeiten. Die Elster-Eiszeit wurde vor ungefähr 300 000 Jahren von der Holstein-Warmzeit abgelöst, dann folgten, vor 85 000 Jahren, die Saale-Eiszeit, vor 70 000 Jahren die Eem-Warmzeit, und vor etwa 10 000 Jahren endete die letzte Phase der Weichsel-Eiszeit (sie entspricht der Würm-Eiszeit).

Während den Eiszeiten herrschten tiefe Temperaturen, die verhinderten, dass die Niederschläge, die über dem Festland als Schnee niedergingen, abschmolzen und über die Flüsse wieder den Ozeanen zugeführt wurden. Im Bereich der Nordsee dehnten sich ungeheure Gletscher von Skandinavien und Grossbritannien her nach Süden aus. Das Wasser wurde dem Meer entzogen und in Form von Eis auf dem Land konserviert. Die Nordsee trocknete während den Eiszeiten im wahrsten Sinne des Wortes aus. Während der Saale-Vereisung lag der Meeresspiegel 120 Meter, während der Weichsel-Vereisung 100 Meter unter dem heutigen Niveau. Inlandeis bedeckte das trockene Becken des flachen Randmeeres.

Über die Vorgänge während den Eiszeiten, die entscheidend zur Entstehung des Wattenmeeres beitrugen, sind wir über einen Zeitraum, der die letzten zweihunderttausend Jahre umfasst, recht gut informiert. Exaktere Bestimmungen früherer Ereignisse im Nordseegebiet scheitern einerseits an den Grenzen der Messmethoden, andererseits daran, dass ältere Schichten nur schwer zugänglich oder gar abgetragen sind.

Die Saale-Vereisung liess grosse Mengen an Geschiebemergel zurück, der im Watt stellenweise an die Oberfläche tritt. Geschiebemergel ist eine Mischung aus Ton, Sand und Kies, aus denen die Grundmoräne der grossen skandinavischen Eiskappe bestand. Diese Eiskappe bedeckte Nordeuropa etwa bis zu der Linie Haarlem–Dortmund–Leipzig. Die Findlinge, erratische Blöcke, die den Menschen früherer Zeiten zur Errichtung der Hünengräber dienten, wurden ebenfalls von dieser Grundmoräne verfrachtet. Auch die sogenannten Texelschen Steine und das Borkumriff bestehen aus Geschiebelehm, aus dem das feine Material, unter anderem Ton, ausgespült wurde. Die braunen, roten und gelben Steine, die man noch heute in grosser Zahl am Strand der holländischen Insel Texel findet, wurden also vor rund achtzigtausend Jahren von den grossen Gletschern hier abgelagert.

Die Interglazialzeit Eem verdankt ihren Namen dem Ästuar, der Trichtermündung, des Flüsschens Eem. Bodenuntersuchungen bei der kleinen Stadt Amersfoort erbrachten erstmals Beweise für diese Zwischeneiszeit. Im Eem dürften die Temperaturen etwas über dem heutigen Durchschnitt gelegen haben, der Meeresspiegel hatte etwa das heutige Niveau. Ein Wattenmeer existierte noch nicht, dafür gab es eine ganze Anzahl Ästuare, die tief ins Land hineinreichten. Ablagerungen aus dem Eem sind meist mit Muscheln durchsetzte Sande. Da viele Muschelarten aus der Eemzeit noch heute vorkommen, ist es oft schwierig zu bestimmen, ob eine am Strand gefundene Muschelschale aus der Zwischeneiszeit stammt oder jüngeren Datums ist.

Die Weichsel-Eiszeit unterschied sich von den vorhergegangenen Eiszeiten dadurch, dass die Vergletscherung nicht die vorherigen Ausmasse erreichte und dass der

Meeresspiegel auch nicht so weit absank. Die Eiskappe erreichte nur den Osten Jütlands und Schleswig-Holsteins und rückte bis zur Linie Flensburg–Hamburg–Berlin vor. Im Bereich der Nordsee bildete sich ein riesiger Schmelzwasserstausee, in den aus Nordwesten – aus Grossbritannien – Themse und Humber-Urstrom und aus Süden und Südosten Weser- und Elbe-Urstrom sowie der Rhein mündeten. Neben Beckentonen in diesem Schmelzwasserstausee bildete sich im Eem-Interglazial eine mehrere Meter dicke Sandschicht, die sogenannten Flugdecksande. Decksande findet man überall im Untergrund des Wattenmeeres, sie sind aber zum Teil von jüngeren Ablagerungen überdeckt. Es handelt sich um Sandmassen, die von starken Winden herangetragen und vor den Gletschern abgelagert wurden.

Die letzten zehntausend Jahre

Während der Schmelzperiode nach der letzten Eiszeit strömte das Wasser wieder in die Ozeane, die schnell anstiegen und bald erneut ihre voreiszeitliche Ausdehnung erreichten. Ausgehend von der Linie Aberdeen–Skagen, bis zu der die Nordsee während der letzten Eiszeit trocken lag, verlief die Küstenlinie der Nordsee bereits um 7000 v.Chr. auf der Höhe der Doggerbank. Um 5600 v.Chr. hatte sie fast ihre vorherige Ausdehnung wieder erreicht. Mit Hilfe ganz bestimmter Messmethoden konnte man feststellen, dass der Anstieg des Meeresspiegels zu Beginn des Holozäns schnell erfolgte und dann immer langsamer wurde.

Aus dem Präboreal, der ältesten Periode des Holozäns, existieren keine Ablagerungen. Das ist nicht verwunderlich, denn der Wasserspiegel der Nordsee lag damals etwa 100 Meter tiefer als heute, sie war also bis etwa nach Aberdeen und Skagen trocken. Trocken lag auch der Ärmelkanal, der ja nur 60 Meter tief ist. Als es wärmer wurde, entstanden in den feuchten Niederungen zunächst Moore, wie es unter anderem Torfreste beweisen, die man bei Bohrungen südlich der Doggerbank entdeckt hat. Zwischen 6500 und 700 v.Chr. stieg der Meeresspiegel so stark an, dass die Moore versanken und mit muschelhaltigen Sanden bedeckt wurden.

Weitere Untersuchungen haben ergeben, dass sich etwa zur gleichen Zeit südöstlich der Doggerbank, 45 Meter unter dem heutigen Meeresspiegel, ein Wattenmeer ausgedehnt haben muss, das durch wenige Seegate mit dem offenen Meer in Verbindung stand. Auch dieses Wattenmeer verschwand, noch bevor die Doggerbank überflutet wurde, die ja in einer Tiefe von lediglich 15 bis 40 Metern liegt. Noch im letzten Jahrhundert zogen in dieser Region Fischer mit ihren Netzen Knochen pleistozäner Säugetiere und eine grosse Anzahl von Mammutzähnen herauf. Auch heute «erbeuten» die Fischer gelegentlich Knochen oder Zähne von prähistorischen Tieren, jedoch meistens in der Gegend der Bruine Bank, 80 Kilometer westlich von Ijmuiden. Besonders interessant sind Werkzeugfunde aus dem Mesolithikum, die zwischen zehntausend und siebeneinhalbtausend Jahre alt sind – Beweise dafür, dass damals zumindest einige Gebiete des heutigen Nordseebodens bewohnt waren.

Vor etwa achteinhalbtausend Jahren war der Meeresspiegel bereits wieder so weit angestiegen, dass das Meer die Strasse von Dover zurückerobern konnte. Zu der nordsüdlich gerichteten Flutwelle kam nun eine schwächere, westöstlich gerichtete hinzu. Beide Gezeitenwellen führten durch Strömungen und Sandtransport – in Verbindung mit dem schnellen Anstieg des Meeresspiegels – zu erheblichen Veränderungen und ständigen Umlagerungen des Bodens im gesamten Nordseeraum. Die Strömungen schoben Sandmassen immer weiter auf die Küste zu. Vor etwa fünftausend Jahren, als der Meeresspiegel nur noch rund 5 Meter unter dem heutigen Niveau lag, entstanden die ersten Strandwälle, langgestreckte Sandbänke, die allmählich über die Hochwasserlinie hinausragten. Durch Windverwehungen bildeten sich Dünen, die die flachen Sandbänke weiter über die Hochwasserlinie hinaus wachsen liessen. Bevorzugt wuchsen die Inseln, die bereits durch Ablagerungen während des Pleistozän einen festen Kern erhalten hatten, wie Texel, Amrum, Borkum und Sylt.

Das Klima wurde feuchter. Zudem stieg auf dem Festland der Grundwasserspiegel an, da das Anwachsen des Meeresspiegels einen Rückstau in den Flüssen verursachte. Weite Moore bedeckten die Küsten im Schutz der Strandwälle. Als das Meer noch weiter anstieg, wurden auch diese Moore überflutet, und es entstand, parallel zur Küste, eine Wattenlandschaft, die zunächst noch wesentlich breiter war als heute, da sie auch das mittlerweile trockengelegte Marschenland einschloss.

Die Inbesitznahme des Landes durch das Meer erfolgte natürlich nicht in einem einzigen Zug und war auch nicht von Anfang an endgültig und unabänderlich. Vielmehr wechselten allein im Boreal, im Zeitraum der letzten achttausend Jahre, mehrere Transgressions- und Regressionsphasen einander ab. Als Transgression bezeichnet man die Phase, in der das Meer eine grössere Landfläche kurzzeitig überflutet. Dabei ist zu bedenken, dass eine kurze Zeitspanne – in erdgeschichtlichen Dimensionen gedacht – durchaus mehrere hundert oder sogar tausend Jahre dauern kann. Die Regressionsphase ist der Rückzug des Meeres aus einem entsprechenden Gebiet. Für den Wattenraum ermittelte man durchschnittlich zehn Transgressions- und Regressionsphasen, die nicht überall und nicht gleichzeitig stattfanden, da Winde, Wellen und Strömungen auf die verschieden gelagerten Küsten jederzeit anders einwirkten. Für die westlichen Niederlande konnten bisher elf, für die niedersächsische Küste zwölf und für Schleswig-Holstein neun Phasen festgestellt werden.

Anhand von Bodenuntersuchungen lässt sich für einige Wattengebiete eine bestimmte Schichtfolge von Ablagerungen feststellen, die die Vorgänge während eines Transgressionszyklus widerspiegeln: Die unterste Lage besteht aus Bruchwaldtorf, einer süsswasserbedingten Ablagerung. Darauf folgt eine Schicht Brackwasserton, der von muschelhaltigem Wattsand überdeckt ist. Aus diesen Gegebenheiten kann geschlossen werden, dass ein ehemaliges Süsswassergebiet gelegentlich überflutet und mit salzigem Meerwasser vermischt wurde, bevor das Meer das ganze Gebiet bedeckte, so dass typische Meeressedimente abgelagert werden konnten. Auf den muschelhaltigen Wattsand folgt dann wieder eine Schicht Brackwasserton, der annehmen lässt, dass das Gebiet von der ständigen Meerwasserzufuhr abgeschlossen wurde und Wasser und Boden durch Niederschläge und Flüsse wieder aussüssten. Die oberste Schicht besteht aus Schilftorf, immer noch Brackwasserregion, aber mit der Tendenz zu Landverhältnissen.

Dieser Wechsel von Meeresspiegelanstieg mit Wattbildung und der Entstehung von Mooren dauerte bis ins hohe Mittelalter an. Wo das Meer die Moore überschwemmte, wurde Material abgetragen und an anderer Stelle wieder abgelagert, so dass dort hochwasserfreie, nur noch gelegentlich überschwemmte Regionen entstehen konnten, die von ursprünglicher Salzvegetation bedeckt sind: die Marschen. Die Moore mit ihren zum Teil salzhaltigen Torfablagerungen spielen in der Besiedlungsgeschichte der Wattenküste eine grosse Rolle, wie später noch ausführlich dargestellt wird.

Eine weitere für die Entstehung des Wattenmeers entscheidend wichtige Bedingung ist die geographische und damit klimatische Lage. Treffen ähnliche Voraussetzungen an einer tropischen Küste zusammen, entstehen die in solchen Regionen charakteristischen Mangrovendschungel. In kälterem Klima hingegen könnten zahlreiche Vertreter der Wattflora und -fauna nicht existieren.

In dem beachtenswerten Werk «Wattenmeer» (Wachholtz-Verlag), Neumünster), an dem Wissenschaftler aus den Niederlanden, Deutschland und Dänemark mitarbeiteten, nennt Hemmo Veenstra als Voraussetzungen für die Entstehung eines Wattenmeeres folgende Punkte:
– Zufuhr von Feinmaterial aus dem Meer,
– Tidenhub in der Grössenordnung von mehreren Metern,
– Inseln als Schutz gegen die Brandungswirkung des Meeres,
– allmählich abfallender Meeresboden,
– gemässigtes Klima mit entsprechender Fauna und Flora,
– in Senkung begriffener Küstenraum,
– Flüsse mit Trichtermündungen,
– flaches Hinterland.

Die beiden letzten Punkte sind insofern von Belang, als ein steil zur Küste abfallendes Hinterland von reissenden Flüssen durchquert wird, die den Küstenregionen grosse Mengen an Grobsand und Kies zuführen, so dass auf weite Strecken der sehr feinkörnige Wattboden überdeckt würde. Die grossen Flüsse mit ihren erheblichen Mengen an Süsswasser verändern aber auch weit über ihre Mündungstrichter hinaus den Salzgehalt des Meerwassers und beeinflussen so die Lebensbedingungen zahlreicher Wattorganismen.

Bei den vielen Einzelfaktoren, die zur Entstehung des Wattenmeeres führten, bei den ständigen Veränderungen, denen dieser Lebensraum unterworfen ist, und bei den unzähligen Einflüssen, die auf ihn einwirken, erscheint es fast unwahrscheinlich, dass ein so feinstausgewogenes Gleichgewicht der hier lebenden Organismen entstehen konnte. Der Mensch ist in dieses Beziehungssystem eingeschlossen, denn seit er am Watt lebt, lebt er vom Watt, und bis heute hat er es noch nicht geschafft, diesen Lebensraum zu zerstören. Wie empfindlich er ihn aber vielleicht doch schon gestört hat, das können wir heute noch gar nicht beurteilen.

Küsten- und Inselformen

Watt ist längst nicht gleich Watt. Nach ihrer Beschaffenheit und Höhenlage unterscheiden wir bereits Sand-, Misch- und Schlickwatt. Nach der Topographie geordnet unterscheidet man Rückseitenwatten, Buchtenwatten und Ästuarwatten sowie die ungeschützten Watten.

Rückseitenwatten sind sozusagen die klassischen Wattlandschaften. Sie liegen – vom Meer her gesehen – auf den Rückseiten der Inseln und sind durch diese vor den starken Meeresströmungen geschützt. Im Wattenmeer sind sie hauptsächlich hinter den West- und Ostfriesischen Inseln zu finden. Hier, auf den oft nur wenige Kilometer breiten Inseln, lässt sich der Unterschied zwischen diesen Wattformen besonders eindrucksvoll beobachten. Auf der Nordwestseite der Inseln, die in der Regel dem offenen Meer zugewandt ist, dehnen sich weite, helle Sandstrände, während sich auf der Rückseite, die dem Festland zugewandt ist, dunkle Flächen von Schlickwatt erstrecken. Mit dem Fahrrad oder Auto lassen sich die wenigen Kilometer Distanz schnell zurücklegen, so dass auch «Landratten» die auffallenden Unterschiede bemerken.

Buchtenwatten liegen, wie schon der Name sagt, in den grossen Buchten Dollart, Leybucht und Jadebusen. Es handelt sich grösstenteils um Schlick- oder Mischwatt, da in den geschützten Buchten feines Material abgelagert wird und auch liegenbleibt. Jedoch kommen – je nach Strömungsverhältnissen – auch Sandwatt oder Mischwatt mit überwiegendem Sandanteil vor.

Ästuarwatten findet man in den Mündungstrichtern der grossen Flüsse Weser, Elbe und Ems. Sie stellen in zweierlei Hinsicht eine Besonderheit dar: Erstens beginnen sie unmittelbar am Meer als normale Salzwasserwatten, gehen dann über in die Brackwasserregionen und werden, da die Gezeitenwellen noch weiter den Flusslauf hinauf auslaufen, zu Süsswasserwatten. Zweitens liegen Ästuarwatten nicht, wie die «normalen» Watten, parallel zum Küstenverlauf, sondern richten sich parallel zum Flusslauf, der meist in einem mehr oder weniger rechten Winkel auf die Küste trifft.

Offene oder *ungeschützte Watten* erstrecken sich vor allem vom Jadebusen bis hinauf zur Insel Amrum. Der fehlende Inselschutz wird hier ausgeglichen durch den ganz allmählich abfallenden Meeresboden, der die Kraft der Brandungswellen bricht. Die südlicheren der Nordfriesischen Inseln, die Halligen, bilden nicht die äussere, schützende Küstenlinie, sondern liegen bereits im eigentlichen Wattenmeer. Auch sind sie nicht, wie die Düneninseln, vom Meer geschaffen worden, sondern bestehen zum Teil aus Resten ehemaligen Festlandes, die bisher den zerstörerischen Wirkungen der Sturmfluten widerstehen konnten.

Selbstverständlich finden sich jedoch auch im Bereich der Nordfriesischen Inseln *Rückseitenwatten*,

Es gibt kaum Wälder und keine nennenswerten Baumbestände im Bereich der Wattenmeerküste. Um so auffallender sind auf den Nordfriesischen Inseln diese angepflanzten Haine, die meist eine sogenannte Vogelkoje, einen ebenfalls künstlichen Teich, umgeben, wie sie schon seit Jahrhunderten zum Entenfang benutzt werden. Das Wäldchen auf der Nordseite der Insel Föhr wurde von dem ständig aus Westnordwest wehenden Wind gezeichnet, es erhielt eine regelrechte Windschur: Die Bäume neigen sich in Windrichtung und werden in Windrichtung grösser.

generell hinter jeder Erhebung im Meer, besonders eindrucksvoll jedoch hinter Amrum, Föhr und Sylt.

Geestinseln, Marschinseln, Halligen, Sande

Durch Gezeitenwellen, Strömungen und Winde ist der gesamte Wattenmeerbereich einer ständigen Wandlung unterworfen. Wohl nirgends wird uns diese Wandelbarkeit eindringlicher vor Augen geführt als im Bild der Küstenlinien und der vorgelagerten Inseln, selbst wenn wir nur den kurzen Zeitraum seit Beginn unserer Zeitrechnung zugrunde legen.

Schon allein aus der Herkunft und der Entstehungsgeschichte der verschiedenen Wattinseltypen lässt sich die ganze Palette der Unstetigkeit der Küsten erkennen. Je nach ihrer Entstehungsart unterscheiden wir zwischen Geestinseln, Marsch- und Düneninseln und Halligen. Geest- und Marschinseln sowie Halligen finden wir vorwiegend in Schleswig-Holstein, Düneninseln in West- und Ostfriesland und in Dänemark.

Wie bereits erwähnt, befinden sich vor der niederländischen Küste Inseln mit pleistozänen Kernen, also Inseln mit einer festen Basis aus Ablagerungen, die im Pleistozän entstanden sind, zum Beispiel Texel. Im Lauf der Zeit entstanden östlich von Texel eine ganze Reihe weiterer Inseln, die sogenannten «Barriere-Inseln» der Aussenküste. Nachdem zu der ursprünglichen, nordsüdlich gerichteten Gezeitenwelle durch die Strasse von Dover eine zweite, westöstlich gerichtete hinzukam, wurden von der wie ein Bulldozer wirkenden Flutströmung ungeheure Sandmassen in Richtung auf die Küste und daran entlang geschoben. Sandbänke entstanden, die sich bald über die mittlere Hochwasserlinie hinaushoben. Von den vorwiegend aus Westnordwest wehenden Winden wurde zusätzliches Material herangetragen, und auf den Sandbänken konnten Dünen wachsen.

Wandernde Düneninseln

Zumindest im niederländischen Bereich – dasselbe dürfte aber ebenfalls für den niedersächsischen Abschnitt gelten – war die Bildung des Strandwallsystems um etwa 3000 v.Chr. abgeschlossen: Vor der Küste lag eine Kette von langgestreckten Inseln, zwischen denen das Meer nur durch schmale Wasserstrassen in das dahinterliegende Watt gelangen konnte. Dass die Strandwallbildung abgeschlossen war, heisst lediglich, dass keine neuen Strandwälle mehr entstanden. Die Strandwallinseln selbst waren alles andere als unveränderlich. Zunächst einmal konnten die Inseln durch Zufuhr von neuem Material sowohl land- als auch seewärts wachsen. Interessanterweise fand das landgerichtete Wachstum vorwiegend dann statt, wenn der Meeresspiegel schnell und stark anstieg, während seeseitiges Inselwachstum in den Epochen erfolgte, die sich durch langsames Ansteigen des Wasserspiegels auszeichneten. Die Inseln des Strandwalls aber wuchsen nicht nur, sie verlagerten sich auch, sie wanderten regelrecht von Westen nach Osten – in geringerem Mass auch nach Süden, auf die Küste zu.

Verursacht wird die Ostwanderung durch den sogenannten Küstenversatz in dieser Richtung. Küstenversatz wird der Vorgang genannt, bei dem Milliarden von Sandkörnern in winzigen Zickzack-Bewegungen parallel zum Strand bewegt werden – und zwar immer entsprechend der herrschenden Windrichtung. Da der Wind hier meist von Westen weht und die Wanderbewegung des Sandes durch die Gezeitenwelle noch verstärkt wird, finden wir vor der niederländischen und niedersächsischen Küste eine starke Westostwanderung und vor der schleswig-holsteinischen Küste eine Nordsüdwanderung.

Küstenversatz und Gezeitenströme können sowohl miteinander als auch gegeneinander arbeiten. Letzteres ist der Fall bei den Tiefs, den Rinnen zwischen den Inseln, in die der Flutstrom mit Macht hineinschiesst, um sich in das dahinterliegende Watt zu ergiessen. Sehr viel Material, das die Flut ins Watt bringt, fliesst bei Ebbe durch das Tief wieder zurück. Diese Vorgänge beeinflussen und verändern Tiefe und Lage einer solchen Wasserstrasse ständig. Man hat errechnet, dass ein Tief etwa dreissig Jahre braucht, um seinen Lauf völlig zu ändern. Fällt der Tidenhub im Tief aus irgendwelchen Gründen unter 1,50 Meter, so verliert der Gezeitenstrom seine Macht. Der Küstenversatz kann seine Arbeit ungehindert durchführen und füllt das Tief vollständig mit Sand auf.

Die Wanderung auf das Festland zu ist eine Folge des Dünenabbruchs auf der Seeseite und der Vorlandbildung auf der dem Land zugewandten Wattseite der Inseln. Seit Bestehen der Inselbarriere, seit Jahrtausenden, konnte das Meer sein Werk des Sandabbaus und des -anlandens ungestört durchführen. Erst dem Menschen gelang es, durch Küstenschutzmassnahmen wie Deichbau, Wellenbrecher, Landbefestigungen und ähnliche Massnahmen die Wanderungen wenigstens zum Teil zu unterbrechen.

Berge im Meer: Geestinseln

Diesen Inseltypus finden wir in Schleswig-Holstein mit Sylt, Amrum und Föhr. Es handelt sich um Festlandreste. Aufwölbungen während des Miozäns hoben die späteren Inseln aus dem sie umgebenden, flachen Geestland heraus, so dass nach dem Anstieg des Meeresspiegels nur noch diese «Geestberge» als Inseln aus dem Wasser ragten. Bevor jedoch diese drei Geestinseln in ihrer heutigen Form entstanden, sah die schleswig-holsteinische Küste noch ganz anders aus.

In der Eem-Zwischeneiszeit blieb der Meeresspiegel etwa um 7 Meter unter dem heutigen Niveau zurück. Sylt, Amrum und Föhr bildeten, mit Eiderstedt zusammen, eine grosse Halbinsel. Lediglich ein Meeresarm drang östlich dieser Halbinsel weit ins Land vor, etwa bis zur Höhe der Stadt Husum. Die Gletscher der nachfolgenden Weichsel-Vereisung, die in Ostjütland zurückblieben, erreichten das Nordseebecken nicht mehr. Ihre ungeheuren Schmelzwassermassen jedoch liessen den Meeresspiegel wieder ansteigen und zerschnitten die grosse Halbinsel.

Die sehr umstrittene Karte des Husumer Kartographen Johannes Mejer aus dem Jahre 1240 zeigt Nordfriesland. Allerdings, dies vermerkt der Kartograph ausdrücklich, handelt es sich nicht um ein Zustandsbild des Jahres 1240. Vielmehr erstellte Mejer die Karte aufgrund mündlicher und schriftlicher Überlieferungen, die teilweise bis zu zweihundert Jahre oder noch älter waren. Auch wenn nicht alles stimmt und kaum noch nachgeprüft werden kann, erkennt man doch deutlich, dass Schleswig-Holstein um die Jahrtausendwende wesentlich grösser gewesen sein muss als heute. Einem bekannten Ort wie St. Peter-Ording, der heute an der Westspitze der Halbinsel Eiderstedt liegt (vgl. die Karten auf Seite 38), waren damals noch zwei bewohnte Insel- oder Halbinselblöcke vorgelagert. Pellworm, darüber, war keine Insel, sondern im Höchstfall eine Halbinsel. Namen wie Campen und Rantum erscheinen. Dort, wo sich heute die schmale, langgestreckte Insel Sylt erstreckt, hiess ein ganzer Inselkomplex Westerherde.

Die Geschichte von Rungholt

Bevor wir auf die beiden weiteren Inseltypen – Marschinseln und Halligen – näher eingehen, wollen wir noch ein wenig in der Vergangenheit verweilen und uns mit der Entstehung der schleswig-holsteinischen Küstenlandschaft näher befassen. Auf Mejers Karte befindet sich nördlich des heutigen Eiderstedt der Heverstrom, der sich bis zur Festlandküste hinzog, unterhalb von Husum auf die Mündung der Eider traf und mit dem Fluss zusammen Eiderstedt umrundete. Nördlich des Heverstroms zeichnete Mejer einen stark zerklüfteten Inselkomplex, bestehend aus den Teilen Wyrichsherder, Pellwormherder, Edomherder und Beltringherder. Herder leitet sich her von Harde, der Bezeichnung für einen dänischen Verwaltungsbezirk.

Am südöstlichen Zipfel von Edomherder ist Rungholt vermerkt – jenes sagenhafte Rungholt, das in einer furchtbaren Januarnacht des Jahres 1362 ein Opfer des Sturmes und der Wellen wurde. Vier Ellen über die höchsten Deiche war das Wasser in jener Nacht gestiegen, auf ganz Nordstrand wurden einundzwanzig Wehlen verwüstet, allein in Edomsherder verschwanden sieben Kirchspiele in den Wogen, und die Zahl der Toten betrug sieben- bis achttausend. Angeblich sind in dieser Schreckensnacht an der gesamten Nordseeküste, zwischen Ribe in Dänemark und Holland, über zweihunderttausend Menschen ertrunken.

Rungholt auf dem «Strand» oder in den «Uthlande» muss eine für damalige Verhältnisse reiche und wohlhabende Stadt gewesen sein. Detlev von Liliencron besingt die untergegangene Stadt in seiner um 1900 entstandenen Ballade «Trutz, Blanke Hans»: «Heut bin ich über Rungholt gefahren...» und vergleicht die alte Hafen- und Handelsstadt sogar mit dem antiken Rom. Auch wenn das übertrieben sein dürfte, war Rungholt doch sicher sehr wohlhabend. Auf der Insel Strand blühten damals Landwirtschaft und Salzgewinnung, deren Erzeugnisse in die Hansestädte und bis nach Flandern gingen, wie urkundliche Erwähnungen bezeugen. Bodenfunde aus jüngerer Zeit beweisen, dass dafür unter anderem Waffen und Keramik importiert wurden. Rungholt war der Umschlaghafen für den lebhaften Handel.

Nach dem Untergang der Stadt und eines grossen Teils der Uthlande war Rungholt verschollen. Kein Mensch wusste mehr genau, wo es gelegen hatte, und mit der Zeit vermischten sich Tatsachen und Phantastereien miteinander, so dass bald nicht mehr zu unterscheiden war, wo die Wahrheit endete und die Dichtung begann.

Das Unglück anderer wird schnell als selbstverschuldet angesehen. Die Rungholter seien stolz gewesen, hiess es bald, und die Sturmflut sei die Strafe Gottes für die Eitelkeit, Hochfahrenheit und Gottlosigkeit der Menschen. Sie verlachten das Meer, spotteten der Gefahren der Nordsee und riefen von ihren hohen, vermeintlich so sicheren Deichen dem Meer entgegen: «Trotz nu, Blanke Hans!» Aber nicht nur das Meer verlachten sie, sie verspotteten sogar Gott und seine Diener auf Erden. Sie gingen sonntags nicht mehr zur Kirche, sondern vergnügten sich lieber und führten einander ihre prächtigen Gewänder und ihren Schmuck vor.

Ganz schlimm trieben sie es an einem Weihnachtsabend des Jahres 1300. (In verschiedenen älteren Quellen wird dieses Jahr als das Katastrophenjahr angegeben. Eine urkundliche Erwähnung aus dem Jahr 1345, die erst in jüngster Zeit im Hamburger Staatsarchiv entdeckt worden ist, beweist jedoch, dass die Stadt 1345 noch existiert hat.) An jenem Weihnachtsabend also, so geht die Sage, machten Rungholter Bauern im Wirtshaus eine Sau betrunken, legten sie ins Bett, setzten ihr eine Nachtmütze auf und schickten nach dem Priester, damit er ihr das Abendmahl reiche. Als der heilige Mann sich weigerte, wollten ihn die Bauern in den Graben werfen. Er aber konnte aus der Stube mit der Sau im Bett fliehen, wurde jedoch auf dem Heimweg von zwei der Buben eingeholt und ins Wirtshaus gezogen. Die üblen Gesellen verlangten von dem Priester die Herausgabe des heiligen Sakraments, übergossen es mit Bier und grölten dazu, wenn Gott bei ihnen sein wolle, so solle er auch mit ihnen saufen. Nachdem sich der Prediger davonschleichen konnte, begab er sich in die Kirche und bat Gott um Bestrafung der Frevler.

In der darauffolgenden Nacht erhielt der Mann ein Zeichen, dass er fliehen solle. Sobald er dem sündigen Land den Rücken gewandt hatte, «erhob sich ein ungestümer Wind und ein solches Wasser, dass es vier Ellen über die Deiche stieg und das ganze Land Rungholt, der Flecken und sieben andere Kirchspiele dazu, unterging, und niemand ist davongekommen...» Eine alte Prophezeiung sagt, dass Rungholt noch vor dem Jüngsten Tag wieder auferstehen wird: «Denn der Ort und das Land steht mit allen Häusern ganz am Grunde des Wassers, und seine Türme und Mühlen tun sich oft bei hellem Wetter hervor und sind klar zu sehen.» (Aus: «Die Nordseeinseln», Ein Heimatbuch, herausgegeben von Albrecht Hansen und Wilhelm Lobsien, Frankfurt.)

Fast sechshundert Jahre lang blieb Rungholt verschollen. An verschiedenen Orten des Wattenmeeres wollen Fischer und Besucher die versunkenen Glocken der Stadt gehört haben, aber alle konkreten Nachforschungen blieben vergebens. Erst 1921 war dem Nordstrander Landwirt Andreas Busch das Glück hold: Im Watt westlich von Nordstrand, unmittelbar vor der Hallig Südfall, fand er Spuren von Pflugscharen und andere Zeugnisse menschlicher Besiedlung. Es war ein seltener Glücksfall, der Busch diese Spuren entdecken liess. Der Wind hatte schon tagelang aus Osten geweht, vielleicht war auch noch Nipptide, auf jeden Fall war der Wasserstand extrem niedrig, als der Bauer vor Südfall durch das Watt lief.

Ein grosser Teil der Reste der alten Stadt liegt noch heute unter der Hallig Südfall verborgen. In den letzten Jahren konnten aber Deichanlagen und Warften, Spuren von Ackerbau und Gräben, Brunnenringe, Keramikscherben, Waffen und anderes freigelegt werden. Eine Töpferei auf Nordstrand hat sich darauf spezialisiert, Tongefässe nach Rungholter Vorbildern herzustellen: wunderschön geformte und geschmackvoll dekorierte irdene Geschirre.

Wenn der Blanke Hans tobt: die grossen Sturmfluten

Die Sturmflut im Jahre 1362 war natürlich nicht die einzige und bei weitem auch nicht die grösste, die die Nordseeküste heimsuchte. Berichte aus früheren Zeiten sind oft lückenhaft und ungenau. Aus dem 12. Jahrhundert stammt eine Beschreibung des Geschichtsschreibers Saxo Grammaticus über Nordfriesland: «Es ist reich an Ackerboden und besitzt eine starke Viehzucht. Als Flachland dehnt es sich unmittelbar am Ozean aus, so dass es bisweilen ganz von seinen Fluten überspült wird. Damit diese nicht hineinströmen, ist das ganze Gestade mit einem Damm eingefasst; wenn sie diesen einmal durchbrechen, so überfluten sie die Felder und begraben Ansiedlungen und Saatfelder, denn dort ist kein Ort von Natur aus höher als der andere... Die Überflutung bringt Fruchtbarkeit, das Land ist überreich an Graswuchs. Die Erdschollen werden gedörrt und damit Salz gewonnen. Im Winter liegt das Land unter beständiger Flut verdeckt, die Felder sehen aus wie ein stehend Gewässer; so hat denn die Natur es beinahe zweifelhaft gemacht, zu welchem Teile der Erdoberfläche man Friesland zählen soll.»

Es sei dahingestellt, ob Saxo Grammaticus damals mehrere Sturmfluten miterlebte oder ob die Überflutungen während des Winters den Normalfall darstellten, da die Deichanlagen noch sehr schwach und primitiv waren.

Etwa vom 13. Jahrhundert an häufen sich die Dokumentationen über Sturmfluten und ihre verheerenden Folgen. Wer im Herbst, Winter oder Frühling – nur ausnahmsweise kommt es auch im Sommer dazu – einmal eine Sturmflut hinter dem sicheren Deich miterlebt hat, kann ermessen, wie es den Menschen zu jener Zeit zumute gewesen sein muss, wenn der «Blanke Hans», die Nordsee als Mordsee, gegen die niederen Deiche tobte und sie wehrlos zusehen mussten, wie all ihr Hab und Gut und oft genug auch ihre nächsten Angehörigen in den Wellen versanken. Wer könnte die Angst und die Verzweiflung, die Verheerungen besser vermitteln als Augenzeugen, Menschen, die die Katastrophen miterlebten und die das Glück hatten, zu überleben. Eine der schlimmsten Sturmfluten seit Menschengedenken war die erste Marcellusflut am 16. Januar 1219 (nach anderen Quellen 1216). Ein Überlebender, Enno von Wittewierum, hinterliess uns ein eindrückliches Zeugnis jener Schreckensnacht:

«Am 16. Januar wurde der Wind zum Sturm und drehte gegen Abend nach Nordwesten. Zwischendurch hagelte es. Es war Neumond (also ohnehin Springflut – eine äusserst gefährliche Kombination mit dem Nordweststurm, Anm.d.Verf.). Zur Zeit des Niedrigwassers trat keine Ebbe ein, vielmehr stieg das Wasser immer höher und überströmte zuletzt die Deiche. Die Einwohner hatten bis Sonnenuntergang, ja einige noch länger, an den Deichen gearbeitet, dann hatten sie sich nichtsahnend zur Ruhe gelegt und wurden grösstenteils in ihren Betten überrascht. Vom Sturm gepeitscht, brachen die Wellen jeden Widerstand. Die Ständer der Wohnhäuser wurden geknickt oder ausgerissen. Kirchen wurden zum Einsturz gebracht. Die Menschen flüchteten auf die Böden und auf die Dächer.» Dreissig- bis vierzigtausend Menschen sollen damals ertrunken sein.

Manntränken hiessen die Sturmfluten im Volksmund, und vom 12. bis ins 17. Jahrhundert hinein folgte eine Manntränke der anderen. Die schwächeren, die nur lokale Schäden anrichteten und nur wenige Menschenleben forderten, sind in kaum einer Chronik erwähnt. Die Aufzeichnungen über die schweren Orkanfluten jedoch werden genauer und ausführlicher.

1230 überschwemmte eine Sturmflut ganz Nordfriesland. Die Zahl der Toten wird mit hunderttausend angegeben – es ist allerdings fraglich, ob damals im Raum Nordfriesland überhaupt so viele Menschen lebten.

Am 4. September des Jahres 1300 griff das Meer, wie zur Warnung, ein erstes Mal die Insel Strand an, vernichtete einige Kirchspiele und forderte zahlreiche Menschenleben. Die Flut, die zur Katastrophe von Rungholt führte, auch Zweite Marcellusflut oder die Grosse Manntränke genannt, richtete an der ganzen Nordseeküste schwere Schäden an: Die grossen Nordseebuchten Dollart, Zuidersee, Harlebucht und Leybucht wurden tief ins Land hinein geschnitten, der Jadebusen brach ein und schickte einzelne Wasserarme bis zur Weser, und von der Insel Strand blieb nur – vorläufig noch – ein hufeisenförmiger Rest bestehen. In «Heda – Chronicon Nordanum» lesen wir: «Im Anfang dieses Jahres, im Januar, am Marcellustage, wütete eine Sturmflut derart, wie man es später kaum glauben wird und wie man es früher nie gehört hat. Kirchen, Türme, Häuser und Deiche wurden umgerissen, und eine unendliche Menge Volks ertrank.»

Die Allerheiligenflut vom 1. November 1436 zerriss die Verbindung zwischen Pellworm und dem, was noch vom alten Strand vorhanden war. Bis 1550 blieben daraufhin diese beiden Inselteile getrennt. Aus dem Jahre 1440 stammt ein Ablassbrief des Basler Konzils, in dem mitgeteilt wird, dass an der Westküste Schleswig-Holsteins seit 1362 mindestens 60 Kirchen «ausgedeicht» wurden, davon allein 28 auf dem alten Nordstrand. Ausgedeicht heisst hier nichts weniger als: von den Wellen zerstört.

Am 26. September 1509 richtete eine Manntränke im Bereich Niedersachsen schwere Schäden an, die Gebiete um den Jadebusen und am Dollart wurden überschwemmt. In einem zeitgenössischen Bericht lesen wir: «Das Wasser stieg höher, als man seit Menschengedenken erlebt hatte, wohl eine Tonne hoch über alle Deiche hinweg, so dass eine grosse Anzahl Menschen ertrank und nicht viel Vieh in Emsland lebendig blieb. Es trug sich auch zu, dass im Oldampt ein Stück Land, auf dem zehn bis zwölf Beesters (Kühe) weideten, mitsamt den Beestern eine halbe Meile weit wegtrieb.»

Weitere Sturmfluten, die wegen ihrer Ausmasse der Erwähnung wert gehalten wurden, sind uns aus den Jahren 1532, 1570, 1573, 1574, 1580, 1590 und 1593 sowie aus dem Beginn des 17. Jahrhunderts bekannt. Obwohl die Menschen jener Zeit die ständigen Angriffe und die Zerstörungen des bewohnten Landes nicht einfach hinnahmen, sondern immer höhere und sicherere Deiche errichteten und sogar Neuland zu gewinnen versuchten, ging doch letzten Endes das Meer siegreich aus diesem Kampf hervor.

Wohl kaum eine andere natürliche Kraft hat die Küsten, Inseln und Halligen in den letzten Jahrhunderten so entscheidend verändert und geformt wie die alljährlich wiederkehrenden Sturmfluten. Erst seit wirksame Deiche das dahinterliegende Land schützen, sind die Kräfte der Stürme und des Meeres gebannt, und der Mensch ist der Willkür der Natur nicht mehr völlig hilflos ausgeliefert.

Auf der «Newe Landtcarte von dem Hertzogthumbe Schleswig, Anno 1650», die uns den Zustand Nordfrieslands vor dem Jahre 1634 zeigt, erkennen wir, dass von der ehemals fast geschlossenen Landfläche vor der Küste Schleswig-Holsteins nur noch einige Inseln und Halligen übriggeblieben sind. Für das alte Nordstrand, so wie es vor 1634 noch erhalten geblieben war, sollte der schwärzeste Tag noch kommen. Die Menschen auf der Insel lebten wieder, ungeachtet der Katastrophe von 1362, hochfahrend, stolz, eitel, verschwenderisch und gotteslästerlich. Immer noch galten in jener Zeit Naturkatastrophen als Strafen Gottes, und der damalige Inselpastor Boetius hielt die Zeit für gekommen, dass den Bewohnern des alten Nordstrand der Untergang gewiss war. 1615, 1617, 1622, 1624, 1625, 1627 und 1631 verursachten Sturmfluten schwere Schäden auf der Insel und bereiteten die Katastrophe der Nacht vom 11. auf den 12. Oktober 1634 vor. In seiner «Nordfresischen Chronick» übermittelt uns der Pastor und Chronist Anton Heimreich die Eindrücke jener Nacht des Schreckens:

«Die finstere Nacht hat vielen die grosse Gefahr verborgen, ihnen auch alle Mittel geraubt, derselben zu entkommen. Viele sind in ihrem Bett im festen Schlaf weggetrieben... andere haben sich, ihre Weiber und Kinder mit Stricken aneinander gebunden, dass sie in Liebe vereint auch durch die grausamen Wellen nicht getrennt werden möchten. Viele haben sich auf die Dächer begeben und sind mit denselben als auf einem Schiff herumgeführt worden, welches aber bald von den Wellen zerschlagen, dass auf dem einen Stück der Vater, auf einem anderen die Mutter, auf einem dritten das zarte Kindlein hinwegtrieben. Und hat es allenthalben ein jämmerliches Ansehen gehabt, wie unzählig viele tote Leute herumgetrieben... wie viele Männer, Weiber und Kinder auf Brettern und Balken hingefahren und Gott und Menschen um Hilfe und Errettung angeschrieen. Und ihr allergrösstes Elend gewesen, dass jene, die solches hörten, ihnen auf ihr kläglich Jammergeschrei nicht haben helfen können.»

Genau 6123 Menschen und über fünfzigtausend Stück Vieh ertranken, 1339 Häuser, 28 Windmühlen und 6 Glockentürme wurden ein Raub der Wellen.

Im ganzen Bereich Schleswig-Holsteins ertranken damals etwa neuntausend Menschen. Das alte Nordstrand existierte nicht mehr, es wurde von Pellworm endgültig losgerissen, und eine bis anhin unbewohnte, hochgelegene Moorlandschaft wurde zur Hallig Nordstrandischmoor. An der Küste brachen fast alle Deiche, und auch die anderen nordfriesischen Inseln mussten Landverluste hinnehmen. Trotz der Verbesserung der Deiche, der Eindeichung von Kögen und einiger Halligen überwog der Landverlust im schleswig-holsteinischen Raum bis in das 19. Jahrhundert hinein.

Die jüngsten Sturmfluten in dieser verhängnisvollen Kette der Katastrophen aus den Jahren 1962, 1976 und 1982 richteten bei weitem nicht mehr so grosse Schäden an wie die «Manntränken» in den vorangegangenen Jahrhunderten. Das ist einerseits

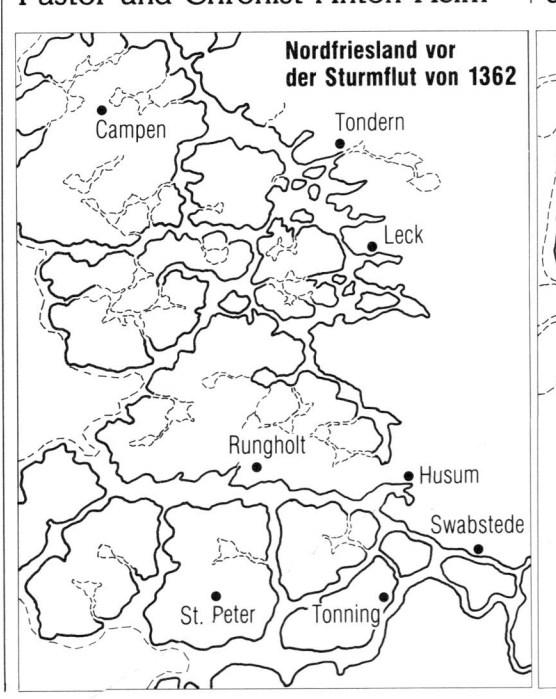

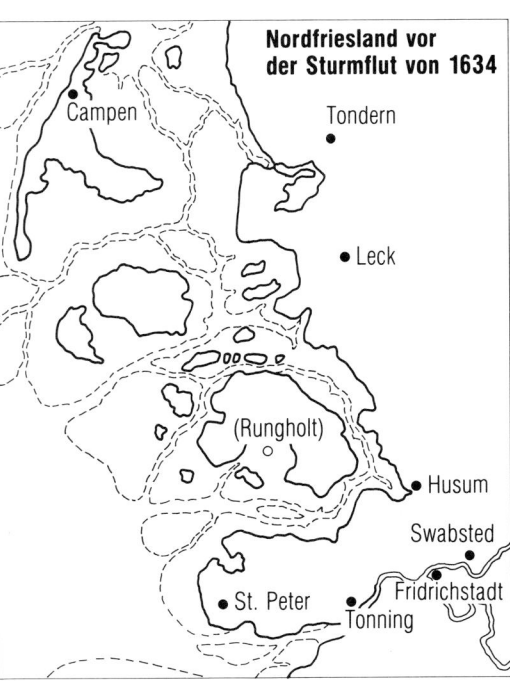

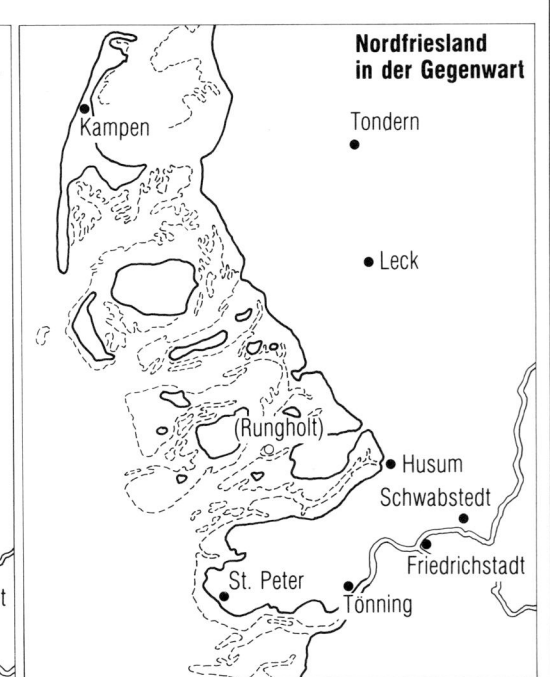

Diese Kartenskizzen geben einen Überblick über die Veränderungen im Halligmeer seit dem 14. Jahrhundert.
Anzahl und Grösse der Halligen und Inseln haben seit dem 17. Jahrhundert sehr stark abgenommen, einzelne Halligen sind völlig verschwunden. Dafür ist die Küste ein ganzes Stück weiter ins Meer vorgerückt, drei ehemalige Halligen gehören heute sogar zum Festland.

auf die recht genauen Wettervorhersagen, andererseits auf die verbesserten Massnahmen des Deich- und Küstenschutzes zurückzuführen. Trotzdem ist es erschreckend, dass in Hamburg 1962 noch 312 Menschen ertrinken mussten, dass einige Deiche brachen, andere schwer beschädigt wurden, dass auf der gesamten westlichen Länge von Sylt 10 Meter Dünen abgetragen wurden und dass schliesslich auf den Halligen fast alle Häuser beschädigt oder sogar zerstört wurden und zahlreiches Vieh ertrank.

1976 gab es gleich zwei schwere Sturmfluten im Abstand von nur zweieinhalb Wochen: am 3. und am 21. Februar. Dank der ausgezeichneten Vorsichts- und Sicherungsmassnahmen und der Evakuierung von mehreren tausend Menschen waren keine Toten zu beklagen, doch die wirtschaftlichen Schäden gingen in die Millionen. Kaum waren die Schäden, die die erste Sturmflut an den Deichen angerichtet hatte, notdürftig behoben, da brandete eine zweite Sturmflut gegen die Küste. Trotz aller Befürchtungen hielten die Deiche jedoch, so dass die ganz grosse Katastrophe damals ausblieb.

Geologische Vorgänge vom Erdaltertum bis in die Neuzeit hinein haben das Wattenmeer und die Küsten entstehen lassen und geformt. Keine natürliche Kraft seit Beginn unserer Zeitrechnung jedoch hat die Insel- und Küstenbildung so sehr beeinflusst wie die Sturmfluten.

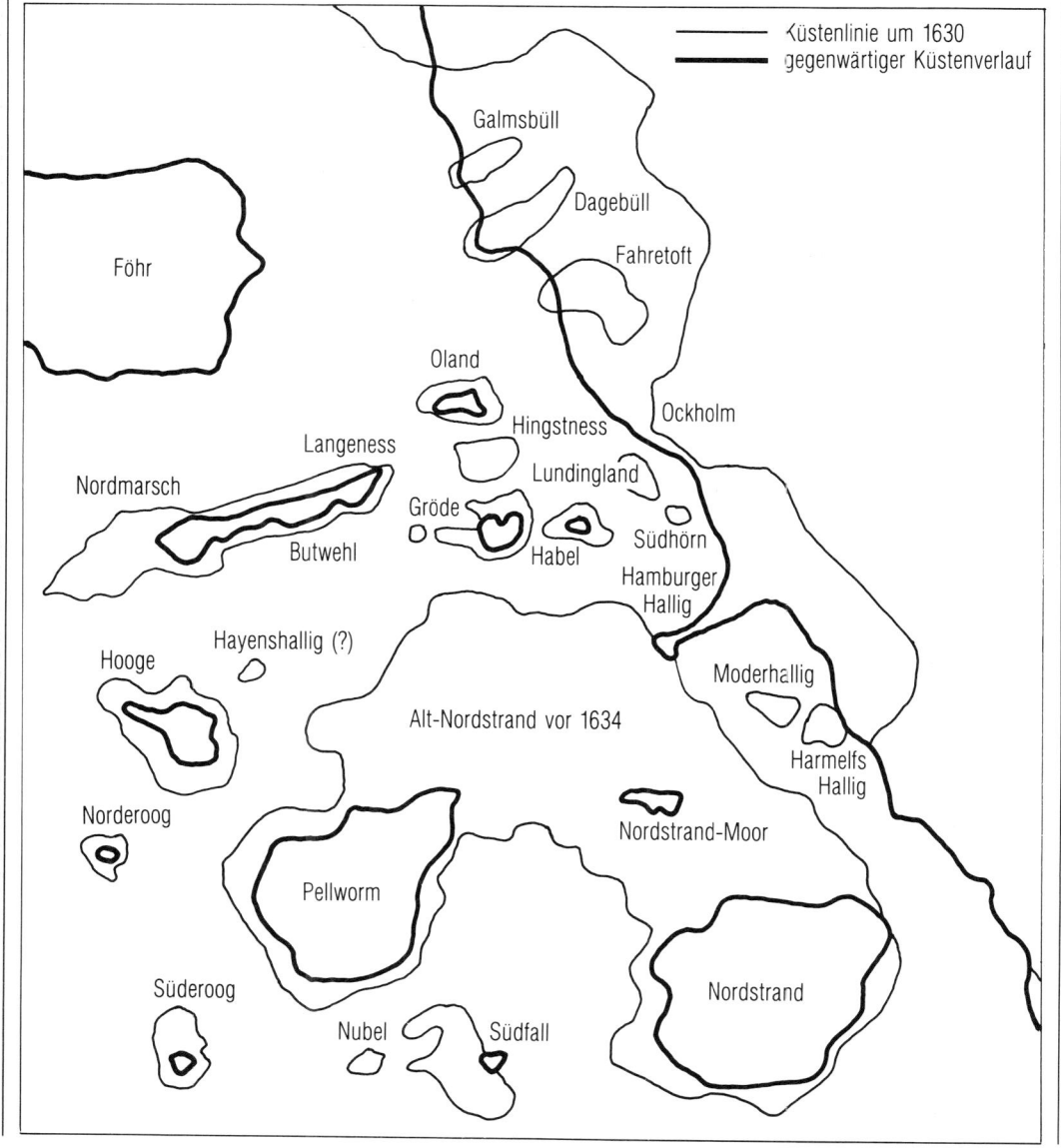

Vom Meer eingeholt und neu geschaffen: Marschinseln und Halligen

Aus dem Vorangegangenen wird deutlich, dass sowohl Marschinseln als auch Halligen sozusagen Kinder der Sturmfluten sind. Die Marschinseln Pellworm und Nordstrand sind die Reste des alten «Strand», die nach den Sturmfluten von 1362 und 1634 übriggeblieben sind. Die ausgedehnte Marschenlandschaft, wie sie die Karte von 1240 zeigt, entstand wahrscheinlich kurz vor Beginn der Zeitrechnung. Während der Litorina-Transgression verlief die Küstenlinie in Nordfriesland westlich von Sylt, über die Amrum-Bank bis nach Eiderstedt. In dieser Periode lagerten sich im Schutz der Inseln grosse Mengen an Sedimentationsmaterial aus Überschwemmungen ab. Durch aufgespülte Sandwälle und eine vorübergehende Senkung des Meeresspiegels stieg das Land über die mittlere Hochwasserlinie und wurde kaum noch überflutet. In dem sehr flachen, zum Teil sogar gesenkten und darum abflussarmen Land staute sich das Regenwasser, und das Grundwasser süsste aus. Weite Hochmoore und ausgedehnte Schilfregionen entstanden, aber auch ganze Wälder mit Birken, Eichen und Erlen gediehen. Um Christi Geburt erfolgte in der sogenannten Dünkirchen-Transgression ein Anstieg des Meeresspiegels um etwa zwei Meter, der weiträumige Überflutungen mit Zerstörungen der Moore und Marschen mit sich brachte. Die Reste dieses Marschenlandes sind die Inseln Pellworm und Nordstrand.

Lange Zeit war man der Ansicht, dass auch die Halligen nichts anderes seien als die Marschinseln, nur wesentlich kleiner. Noch 1917 widersprach Friedrich Müller in seinen Büchern «Das Wasserwesen an der schleswig-holsteinischen Nordseeküste» und «Die Halligen» der früher aufgestellten Theorie des Geologen W. Ordemann, dass die Halligen erst nach dem Mittelalter entstanden seien. Heute ist man der festen Überzeugung, dass die Halligen – bis auf wenige Ausnahmen, wie etwa Nordstrandischmoor – erst zwischen dem 13. und 16. Jahrhundert entstanden sind, dass es sich also um sehr junge Gebilde handelt, die aber trotzdem bereits bis zum Beginn unseres Jahrhunderts mehr als die Hälfte ihrer ursprünglichen Fläche wieder verloren haben. Einige Halligen sind bereits ganz verschwunden.

Im Erdbuch des dänischen Königs Waldemar II. von 1231 finden sich neben der Nennung der Inseln und Landesteile der Uth-

lande erstmals die Bezeichnungen «Hwaelae minor» und «Hwaelae major». Ob damit allerdings Halligen gemeint sind, ist zweifelhaft. Einigermassen sicher ist dagegen, dass «Aland» für die Hallig Oland steht. Eine garantierte Erwähnung der Halligen mit der Anzahl der darauf stehenden Häuser und der Zugehörigkeit zur Harde hinterliess uns erst der Pastor und Chronist Petreus in seiner Chronik aus den Jahren 1565 bis 1597. So nennt er die Halligen Galmsbüll, Dagebüll, Fahretoft und Ockholm, die heute – dank ausgedehnter Küstenbefestigungsarbeiten und Eindeichungen – zum Festland gehören. Nach der Sturmflut von 1634 entstanden aus den Resten der Insel Alt-Nordstrand neue Halligen, von denen nur noch die Hamburger oder Amsinck-Hallig, Nordstrandischmoor und die Pohnshallig übriggeblieben sind. Die anderen, namenlosen, holte sich das Meer bald wieder zurück. Die Pohnshallig wurde 1924 der Insel Nordstrand angeschlossen und eingedeicht.

Woher die Bezeichnung «Hallig» kommt, ist heute nicht mehr festzustellen. Es gibt zwei Deutungen: Die eine leitet Hallig von *hol* = niedrig her, wie wir es in dem Wort Hol-Ebbe, das ist der niedrig- Die Halligbewohner verstanden es, sich vor dem Meer zu schützen. Ein niedriger Sommerdeich umgibt die einzige Warft mit den Wohnhäusern und dem Süsswasserreservoir auf der Hallig Gröde (linke Seite). Sie ist die kleinste bewohnte Hallig, nur eine Handvoll Menschen lebt hier. Auch die Gebäude der Hamburger Hallig (unten) stehen auf einer Warft, einem künstlich aufgeschütteten Erdhügel. Im Gegensatz zu den anderen Halligen ist die letztgenannte über einen befahrbaren Damm mit dem Festland verbunden. Im Winter jedoch, wenn – wie auf unserem Bild – das Watt einer Schnee- und Eiswüste gleicht, ist diese Zufahrt oft tage- und wochenlang unpassierbar.

ste Wasserstand bei Ebbe, finden. Hallig würde dann soviel heissen wie Niedrig- oder Tiefland. Die zweite Deutung führt den Begriff Hallig auf das Wort *hal* = Salz zurück. Beide Möglichkeiten bezeichnen auf jeden Fall Eigenschaften der Halligen.

Ein Charakteristikum der Halligen sind die fast regelmässig wiederkehrenden Überflutungen während der Herbst-, Winter- und Frühlingsmonate. «Land unter» heisst es dann, wenn nur noch die Warften, die künstlich aufgeschütteten Erdhügel mit den Wohnhäusern und Stallungen, aus dem Meer herausragen. Für die Halligbewohner ist dies eine fast alltägliche Begebenheit. Das Vieh, das vielleicht schon auf den saftigen Marschwiesen weidete, kommt dann zurück in die Ställe auf den Warften, und man wartet, bis das Wasser wieder abläuft.

Besucher vom Festland betrachten dieses Ereignis meist mit sehr gemischten Gefühlen. Gefährlich wird es aber nur, wenn das Wasser die Warften überschwemmt, wenn die Süsswasserzisternen versalzen werden und wenn die Wellen in die Häuser, Ställe und Kirchen eindringen.

Von Wasser und Wind geformt: Eine Düne entsteht

Bisher war hauptsächlich vom Sand- beziehungsweise Materialtransport, von den Ablagerungen durch das Meer und von den daraus entstandenen Landschaftsformen die Rede. Die zweite wichtige gestaltende und formende Kraft an der Küste ist jedoch der Wind. Wer einmal über einen weiten Sandstrand oder eine Sandbank wanderte, dem bleibt der Sand in Erinnerung, der überall gegenwärtig zu sein scheint: nicht nur unter den nackten Füssen, wo er ja noch als recht angenehm empfunden wird. Hauchfeine Sandschleier treibt der Wind – je nach Stärke – in Knöchel- bis Kniehöhe über den Strand, wie Nadelstiche peitschen die Körner gegen die Beine. Wenn wir uns in den warmen Sand legen wollen, brauchen wir dringend einen Schutz gegen den Treibsand, sonst halten wir das Vergnügen nicht lange aus. Wer gar am Strand picknicken möchte, dem knirschen bald die sandigen Sandwiches und die Früchte zwischen den Zähnen. Wird der Wind stärker, erreichen die langgezogenen Sandfahnen Kopfhöhe und treffen das Gesicht wie ein Sandstrahlgebläse. Bei entsprechender Heftigkeit transportiert der Wind nicht nur Sandkörner, sondern auch Muschelbruchstücke und kleine Steine, er schleift alles ab, rundet und mattiert die Oberflächen.

Hindernisse auf dem Boden, Halme und Stengel, angeschwemmtes Holz, grössere Muscheln oder Steine unterbrechen die Strömungsrichtung des Windes und verringern seine Transportkraft, so dass das mitgeschleppte Material abgelagert wird. Im Windschatten der Hindernisse lagert sich der Treibsand ab, und es entsteht eine «Mini-Düne», deren Richtung von der des Windes bestimmt wird und die nie über die Höhe des Hindernisses hinauswächst, in dessen Schatten sie entstehen konnte. Eine echte Dünenbildung ist hier noch nicht möglich, da eine Änderung der Windrichtung oder die nächste Flut das ganze Gebilde bereits wieder zerstört.

Eine der wichtigsten Voraussetzungen für die Dünenbildung ist das Vorhandensein bestimmter Pflanzen. Dünen lassen sich nach ihrer Form und ihrer Lage zur vorherrschenden Windrichtung unterscheiden in Sichel- und Querdünen sowie in die bewachsenen Parabel-, Kamm- und Streifendünen. Uns erscheint allerdings die Unterteilung nach der Art der Entstehung und den auf den Dünen vorherrschenden Pflanzengesellschaften sinnvoller.

Die *Urdüne* oder *Vordüne* beziehungsweise der höher gelegene Teil des Sandstrandes, den das normale Hochwasser nicht mehr erreicht, ist das Siedlungsgebiet der Binsen-Quecke (*Agropyron junceum*), auch Strandweizen genannt. Diese blaugrüne Pflanze ist es, die die Dünenbildung einleitet. Mit ihren langen, tief in den Boden reichenden und weit ausladenden Wurzeln hält sie den Sand am Boden fest, und im Windschatten ihrer 20 bis 80 Zentimeter langen Halme und Blätter kann sich Treibsand ablagern. Die widerstandsfähige Pflanze erträgt es ohne weiteres, längere Zeit unter Sand verschüttet zu sein. Sie wächst einfach darüber hinaus. Auf diese Weise kann die Ur- oder Vordüne zu einer Höhe von ein bis zwei Metern heranwachsen. Diese Vorgänge können sich durchaus im Verlauf eines einzigen Sommers abspielen.

Vordünen sind jedoch sehr fragile Gebilde. Die Binsen-Quecke erträgt zwar kurzzeitige, leichte Überflutungen, vermag jedoch mehreren Sturmfluten im Verlauf eines Winters nicht standzuhalten. Auch der abgelagerte Sand wird von der Brandung fortgetragen, bis sich vielleicht im nächsten Sommer der Vorgang der Urdünenbildung wiederholt.

Sehr viele im Wachsen begriffene Urdünen überdauern nicht einmal einen Sommer. Die Binsen-Quecke, die den Angriffen des Windes und des Meeres trotzen

Die dänische Wattenmeerküste besitzt im südlichen, an das nordfriesische Wattenmeer anschliessenden Teil weites Marschenland, das im Norden, etwa zwischen der Insel Rømø und Esbjerg, völlig fehlt. Statt dessen säumt ein flaches Kliff die Küste. Auf den höhergelegenen Strandbereichen, die nicht mehr von jedem normalen Hochwasser überflutet werden, lässt sich der Vorgang der Dünenbildung hervorragend beobachten. Pionierpflanzen wie der Strandweizen halten mit ihren weit ausladenden und tiefreichenden Wurzeln den Sand fest, der sich im Windschatten der derben, blaugrünen Blätter ablagern kann. Werden die Pflanzen verschüttet, so wachsen sie einfach über den Sand hinaus.

Dünensand ist zwar etwas fester als Wasser, aber doch ein sehr unstetes und unsicheres Element. Vor allem Regen und Wind können in relativ kurzer Zeit gewaltige Sandmassen verlagern. Für den Küstenschutz ist es aber dringend notwendig, die Dünenwälle zu erhalten und zu festigen. Eines der hervorragendsten, preiswertesten und dazu noch schönsten Mittel der Dünenbefestigung ist die künstliche Bepflanzung mit Strandhafer. Diese gegen Sandverschüttung ausserordentlich widerstandsfähige Pflanze verkümmert sehr schnell, wenn sie von unachtsamen Füssen zertreten wird. Aus diesem Grund ist in vielen Dünenregionen das Betreten streng verboten!

kann, reagiert äusserst empfindlich auf die Fussstapfen wandernder Badegäste: Halme werden zertreten, die Wurzeln verkümmern, und bald wird der festgehaltene Sand vom Wind wieder weitergetragen. Kenner der einheimischen Flora und Fauna vergleichen die Schäden, die während der Hochsaison durch Badegäste an der Tier- und Pflanzenwelt verursacht werden, mit denen einer mittleren Sturmflut.

Urdünen, die an geschützteren, nicht sturmflutgefährdeten Standorten wachsen, können bestehen bleiben, sie werden unter günstigen Bedingungen weiter wachsen zu Weissdünen.

Die *Weissdüne* oder *Strandhaferdüne* entsteht, wenn die Urdüne eine bestimmte Höhe erreicht hat und sich die Lebensbedingungen für die auf ihr gedeihenden Pionierpflanzen wandeln. Die an der Küste recht häufigen und im Sand rasch versickernden Regenfälle waschen das im Sand enthaltene Salz schnell aus, so dass der Salzgehalt des Dünensandes zur Spitze der Düne hin rasch abnimmt. Dieses Milieu behagt der salzliebenden Binsen-Quecke nicht mehr, und sie verkümmert. Ihre Stelle nimmt der Strandhafer oder Sandhalm (*Ammophila arenaria*) ein, eine 60 bis 100 Zentimeter hohe, ebenfalls graugrüne Graspflanze mit sehr reich verzweigtem und tiefreichendem Wurzelwerk. Der Strandhafer verträgt nur wenig Salz im Boden und ist darum auch ausschliesslich in den Bereichen zu finden, die nicht mehr überflutet werden. Eine Eigenschaft aber prädestiniert diese Pflanze geradezu für die Dauerbefestigung: Sie ist noch übersandungsfester als die Binsen-Quecke und verkraftet ohne weiteres eine jährliche Sandüberschüttung von 30 bis 50, im Extremfall sogar 100 Zentimetern.

Der Sandtransport im Wasser verläuft in der Regel horizontal. Der Wind jedoch kann den Sand auch bergauf, die Dünenhänge hinauf, befördern. Bei genügender Sandzufuhr, wie sie hinter den grossen Sandstränden meist gegeben ist, können die Dünen so eine Höhe von 20 bis 30 Metern erreichen. Da die Sandzufuhr zumeist auf der ganzen Breite eines Sandstrandes stattfindet, bilden die Dünen bald einen zusammenhängenden Wall, der einen ausgezeichneten Schutz für das dahinterliegende Land bildet. Dem Strandhafer gesellen sich noch andere Pflanzenarten hinzu. Der Strandroggen oder Helm (*Elymus arenarius*) verträgt zwar salzhaltigeren Boden als der Strandhafer, ist aber weniger verschüttungsfest. Die wunderschöne Stranddistel (*Eryngium maritimum*), die bevorzugt am seeseitigen Hang der Weissdünen wächst und gerade wegen ihrer Schönheit an einigen Stellen der Nordseeküste, so auf Sylt, praktisch ausgerottet oder zumindest sehr gefährdet ist, steht unter Naturschutz.

Obwohl auch andere Pflanzen an der Dünenbefestigung und -bildung beteiligt sind, wird dieser Dünentyp Strandhaferdüne genannt. Künstliche Bepflanzungen zur Dünenbefestigung werden fast ausschliesslich mit Strandhafer vorgenommen. Die Herkunft des Namens Weissdüne ist nicht schwer zu erraten. Der trockene, im Sonnenlicht oft glänzend weisse Sand, dessen Grelle kaum durch die spärlichen Halme der Dünenpflanzen gemildert wird, spricht für sich.

Die *Graudüne* findet sich meist hinter dem Sandstrand als Teil eines ganzen Dünengürtels: Die Ur- oder Vordünen gehen über in die Strandhafer- oder Weissdünen, denen sich die Grau- und in manchen Fällen auch noch die Braundünen anschliessen. Je höher eine Düne wächst, desto langsamer wird ihr weiteres Wachstum fortschreiten, denn desto weniger Sand wird auf ihre Spitze gebracht. Entstehen zudem vor einer Düne seewärts weitere Dünen, so fangen diese den grössten Teil des Treibsandes ab, und die «alte» Düne gerät in den Windschatten der neu entstandenen. Der abgelagerte Sand wird ruhiger, bleibt liegen, neue Sandzufuhr findet kaum noch statt, die Pflanzen werden nicht mehr verschüttet und an besonders geschützten Plätzen sammelt sich Humus an.

In diesen sich allmählich verändernden Lebensbedingungen siedeln nach und nach andere Pflanzen, während die Pflanzengesellschaft der Weissdüne zurückgedrängt wird und schliesslich verschwindet. Die Vegetation wird artenreicher, die Pflanzendecke dichter, und die Farbe des Bodens wechselt von Weiss- zu Grautönen, die in erster Linie von zersetzten Pflanzenteilen stammen.

In der Graudüne ist die Pflanzengesellschaft der Dünenheide zu Hause, die in erster Linie von Zwergsträuchern bestimmt wird. Auffallendste Art ist die Kriechweide (*Salix repens*), daneben finden sich aber auch die schmalblättrige Sand-Segge (*Carex arenaria*), das derbe Silbergras (*Corynephorus canescens*), die zartfarbene Berg-Sandrapunzel (*Jasione montana*) und zahlreiche weitere Blütenpflanzen.

Auch die Pflanzendecke der Graudüne ist noch sehr anfällig gegen Beschädigungen. Vielerorts ist deshalb, wie in den Weissdünen, das Betreten des Dünengeländes ausserhalb der festgelegten Wege streng verboten. Weist die Pflanzendecke erst einmal Schäden auf, sei es durch unachtsame Spaziergänger, wühlende Hunde oder Kaninchenbauten, so ist es meist nur noch eine Frage der Zeit, bis der Wind das Zerstörungswerk fortsetzt und die Schadstelle vergrössert. Der nur locker geschichtete Sand der Graudüne gerät auf einer immer breiter werdenden Front in Bewegung und verlagert sich landeinwärts.

Auf diese Weise kann eine *Wanderdüne* entstehen. Im Grunde genommen findet eine Wanderdünenbildung überall dort bereits statt, wo Sand von einer Stelle verfrachtet und an anderer Stelle wieder abgelagert wird. Diese Flugsandhaufen, auch Haldendünen genannt, hören auf zu wandern, sobald sie durch Pflanzenwuchs befestigt sind. Zudem handelt es sich hier immer um relativ geringe wandernde Sandmengen und die Gefahren, die eine «richtige» grosse Wanderdüne mit sich bringt, spielen sich nur im ganz kleinen Rahmen ab.

Echte Wanderdünen, bei denen grosse Sandmassen bewegt werden, gibt es an der Nordseeküste nur auf der Insel Sylt. Der stetig von See her wehende Wind treibt den Sand auf der Westseite der Düne den sanft ansteigenden, kahlen Hang hinauf und über den breiten Dünenkamm hinüber. Dort kommt er auf der windabgewandten Seite zur Ruhe. Der Dünenzuwachs findet also auf der Leeseite statt, während der Abbau auf der Luvseite erfolgt. Wie ein Bulldozer begräbt die Düne alles unter sich, was sich ihr in den Weg stellt: Blumen, Sträucher, Bäume, aber auch einzelne Gehöfte, Katen und sogar ganze Dörfer, wie es von Alt-List und Alt-Rantum auf Sylt berichtet wird. Auf Amrum, wo es zwar keine regelrechten Wanderdünen, aber doch wandernde Sandmassen gibt, war im Sommer 1984 eine der vorgeschichtlichen Grabstätten inmitten des Dünengürtels in Gefahr, vom Sand verschüttet zu werden. Vielleicht gelingt es den zuständigen Behörden noch, die prähistorische Stätte vor dem Untergang zu bewahren.

Eine Wanderdüne kann in Windrichtung mehrere hundert Meter lang und quer zur Windrichtung noch beträchtlich breiter werden. Die Westostbewegung kann dabei mehrere Meter im Jahr betragen. Ein Spaziergang auf einer Wanderdüne wird – sofern nicht das Betreten gänzlich verboten ist – zu einem eindrucksvollen Erlebnis. Der Aufstieg auf der völlig pflanzenlosen Luvseite ist ausserordentlich mühsam und anstrengend: Der Sand gibt unter den Füssen nach, und für zwei Schritte aufwärts rutscht man einen wieder zurück. Der breite, flache Dünenrücken wird von wenigen Sandbuckeln mit Strandhafer, sogenannten Kupsten, überragt. Diese Pflanzen gediehen noch vor Jahren, als es hier noch keine Wanderdüne gab, vielleicht

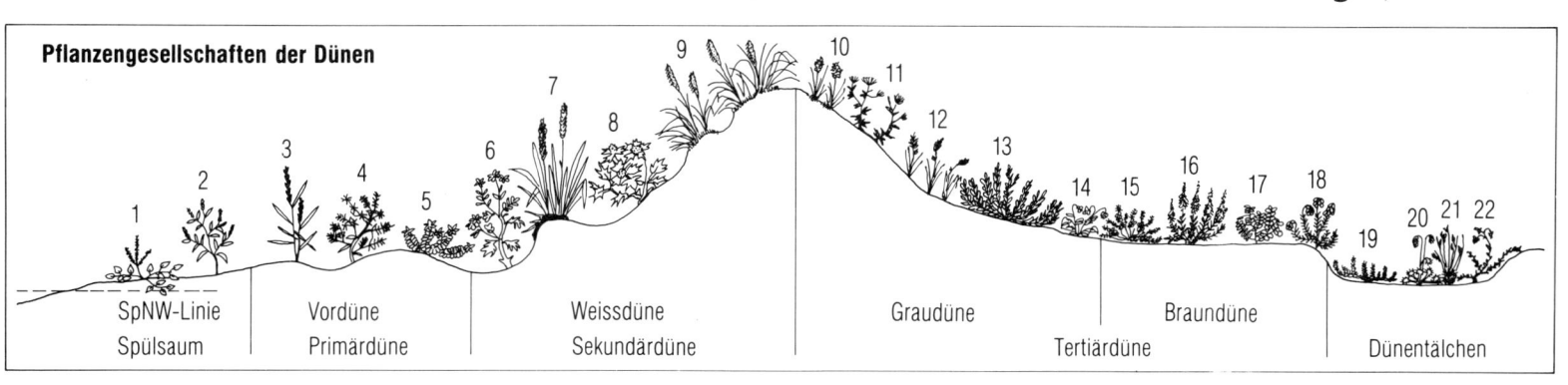

Mit der zunehmenden Entfernung vom Spülsaum und der Dünenhöhe verändern sich die Lebensbedingungen für Pflanzen und Tiere. An Pflanzen finden sich in den verschiedenen Bereichen: 1. Gelappte Melde, 2. Strand-Salzmelde, 3. Binsen-Quecke, 4. Kali-Salzkraut, 5. Strand-Salzmiere, 6. Meersenf, 7. Strandroggen, 8. Stranddistel, 9. Strandhafer, 10. Silbergras, 11. Berg-Sandrapunzel, 12. Strandsegge, 13. Kriechweide, 14. Dünenveilchen, 15. Krähenbeere, 16. Heidekraut, 17. Rauschbeere, 18. Glockenheide, 19. Moorbärlapp, 20. Sonnentau, 21. Binsen-Arten, 22. Moosbeere.

in einem flachen Dünental. Jeder Verschüttung durch die Düne begegneten sie durch verstärktes Wachstum in ihrem Kampf ums Überleben. Trotz seiner Anpassungsfähigkeit aber ist der Strandhafer auf den Kupsten der Wanderdünen zum Absterben verurteilt: Die Düne wird unter ihm weiterwandern, der Wind wird die Wurzeln freilegen, und dieser neuen Anforderung ist die Pflanze nicht mehr gewachsen.

Die *Braundüne* entwickelt sich aus der Graudüne. Je weiter wir auf einem Dünengürtel ins Landesinnere vordringen, desto älter sind die Dünen und desto arten- und individuenreicher wird die Flora. Unter dem dichten Moos- und Rasenkleid der Graudüne sammelt sich vermehrt Humus an. Damit bieten sich Lebensmöglichkeiten für viele Pflanzenarten. Lässt der Mensch der Natur ihren Lauf und greift nicht durch künstliche Bepflanzungsmassnahmen in das natürliche Geschehen ein, so wird in dieser Dünenregion an der Nordseeküste in der Regel eine der verschiedenen Zwergstrauchgesellschaften entstehen. Weit verbreitet ist die Krähenbeere (*Empetrum nigrum*), neben dem Englischen Ginster (*Genista anglica*) und dem Gemeinen Heidekraut (*Calluna vulgaris*).

Eine Dünenlandschaft auf der Insel Amrum mit der typischen Zwergstrauch-Pflanzengesellschaft der Graudüne. Obwohl diese Dünen «ruhiger» und «gesetzter» geworden sind, wirbelt jeder Windstoss Sandfontänen auf und lagert sie an anderer Stelle wieder ab, so dass die Dünen sich ständig verändern.

Lebensraum auf den zweiten Blick

Wer zum erstenmal bei Ebbe auf dem Deich steht und auf das Schlickwatt hinunterschaut, wird sich erstaunt fragen: «Diese öde, graubraune, völlig unbelebte Fläche soll einer der biologisch produktivsten Lebensräume der Erde sein?» So weit das Auge reicht, dehnt sich nach rechts und links das dunkle Watt. In Richtung auf das offene Meer schimmert silbern ein Priel, dahinter dehnt sich gelblichweiss eine Sandbank, und im Hintergrund sind vielleicht die dunklen Umrisse einer Hallig zu sehen. Draussen am Prielrand erkennen wir noch eben die Silhouetten einiger Silbermöwen, die dunklen Flecken im Wasser könnten Eiderenten sein – aber das ist auch schon alles.

Man muss schon näherkommen, ins Watt hineingehen, muss sich bücken, graben, aufheben, vielleicht sogar mit der Lupe umherwandern, man muss sich Zeit lassen und lernen zu sehen und zu beobachten. Das Watt ist ein stiller Lebensraum. Hier singt kein Vogel, und auf das Summen und Brummen der Insekten wird man meist vergeblich lauschen, es sei denn, ein Käfer oder eine Biene hätte sich hier heraus verirrt. Ausser dem gelegentlichen, heiseren Jauchzen der Silbermöwen und dem ewigen Lied des Windes vernimmt man zunächst nichts.

Erst nach einiger Zeit, nachdem man das Horchen und Hören in dieser Stille wieder gelernt hat, vernimmt man ein ständiges, leises Knistern, als ob Tausende und Millionen von Wasserbläschen zersprängen – ein erster Hinweis darauf, dass irgendwo etwas lebt und sich regt. Jetzt fallen einem plötzlich Kriechspuren auf oder kleine, schlickfarbene, wurmförmige Häufchen und oft nur zentimetertiefe, wassergefüllte Mulden. Eine Strandkrabbe, die sich in ihrem selbstgebuddelten Versteck im weichen Schlamm sicher glaubte, flieht vor unseren Schritten im Seitwärtsgalopp. «Dwarslöper», Querläufer, werden sie im Volksmund genannt.

In einer seichten Wasserpfütze huschen sandfarbene, fast durchsichtige, wenige Zentimeter lange Tiere umher. Wir sehen sie nur, wenn sie sich in schnellem Zickzackkurs durchs Wasser bewegen oder wenn eine kleine Sandwolke anzeigt, wo sie eben noch gesessen haben. Garnelen sind es, die den Anschluss an die Flut verpasst haben. Vielleicht hat die Flut auch ein paar Quallen zurückgelassen, die jetzt an der Sonne vertrocknen. Ein paar Muschelschalen liegen noch verstreut umher, halb im Schlick verborgen, andere von zähen Fasern zu Klumpen verbunden.

Ein anderes Bild bietet sich an den in den Schlick hinausgebauten Buhnen: Tausende von Wattschnecken haben sich hier angesiedelt, dazu Miesmuscheln und Herzmuscheln und Büschel von Moostierchen, die wie Pflanzen aussehen.

Leblos und tot wirkt dieses Land auf den ersten Blick, lebensfeindlich und unfruchtbar. Nur ein paar Pionierpflanzen und anspruchslose Gräser konnten sich ansiedeln. Hier ist die Verlandungszone, nicht mehr Wattenmeer und noch nicht Marschland, nicht mehr regelmässig überflutet und zu trocken für die Lebewesen des Meeres, aber auch noch nicht trocken genug, um den Tieren und Pflanzen des Festlandes Lebensmöglichkeiten zu geben.

Auf den zweiten Blick erkennt man also bereits einiges, was da an Lebewesen im Watt kriecht, schwimmt, krabbelt, sich vergräbt oder treiben lässt. Bevor wir uns jedoch mit der Flora und Fauna des Watts befassen, wollen wir uns diesen Lebensraum selbst einmal näher ansehen.

Heiss–kalt, trocken–nass: die Lebensbedingungen im Watt

Das Watt ist ein dynamischer Lebensraum, in dem alles der ständigen Bewegung, dem Wandel und der Veränderung durch die Gezeiten unterworfen ist. Die auffälligste Erscheinung ist natürlich, dass die Flächen des küstennahen Meeresbodens im Rhythmus der Gezeiten zeitweise trockenfallen und zeitweise mit Wasser bedeckt sind. Der stetige Wechsel bedingt jedoch eine ganze Reihe weiterer Veränderungen. Wasserbedeckung und Trockenheit verlaufen ja nicht einfach nach dem Sechs-Stunden-Rhythmus. Die landnahen Regionen werden vom auflaufenden Wasser zuletzt überflutet und fallen bei einsetzender Ebbe zuerst wieder trocken, so dass die Wasserbedeckung hier vielleicht nur ein bis zwei Stunden dauert, während zum Beispiel die Priele, von einer gewissen Tiefe an, ständig Wasser führen.

Auch die Wasserstände bei Flut und Ebbe, die mittleren Hoch- und Niedrigwasserlinien, wechseln von Mal zu Mal, so dass die Lebewesen der höchsten Wattregion manchmal gar nicht von der Flut erreicht werden und jene der tiefsten auch bei Ebbe unter der Wasserlinie bleiben. Die Stärke, mit der die Gezeiten kommen und gehen, kann von Mal zu Mal wechseln, je nach der herrschenden Windrichtung. Bei auflandigem Wind aus Richtung Westnordwest ist der Flutstrom stärker als bei Landwind aus Ostsüdost. Je nach Windstärke wird dann die Flut mit sanften Wellen kommen oder als reissender Strom auflaufen, Pflanzen und Tiere von ihren Standorten los-

reissen und an die Küste werfen oder – bei ablaufendem Wasser – ins offene Meer mitnehmen.

Mit dem Kommen und Gehen des Wassers sind enorme Temperaturschwankungen verbunden. Im Sommer kann die Temperatur in den Pfützen des trockengefallenen Watts über 30°C ansteigen. Die zurückkehrende Flut bringt kühle Wassermassen mit Temperaturen von etwa 14 bis 17 Grad aus dem Atlantik mit, die zwar in den küstennahen Gebieten schnell erwärmt werden, die aber selbst im Hochsommer kaum mehr als 18 Grad erreichen. Die Temperaturunterschiede zwischen Sommer und Winter sind noch weit extremer. Die gleichen Lebewesen, die den hohen Temperaturen des Sommers ausgesetzt sind, überleben im Watt, wenn es sich im Winter bei Ebbe in ganz kurzer Zeit mit einer dünnen Eisschicht überzieht, wenn es unter dicken Treibeisschichten begraben ist, die der Flutstrom aus dem Norden mitbringt, oder wenn es gar gänzlich zufriert.

Ein weiteres Problem für die Bewohner des Wattenraums ist der stark schwankende Salzgehalt in ihrem Lebenselement. Während der Salzgehalt des Wassers in der offenen Nordsee bei 31 bis 35 Promille liegt, schwankt er im Wattenmeer vor allem wegen der Süsswasserzufuhr der Flüsse zwischen 16 und 34 Promille. Doch auch Witterungseinflüsse verursachen

Das Wattenmeer hat zu allen Jahreszeiten seine Reize. Im Frühsommer ist der Strand von Texel (linke Seite) noch relativ unbelebt. Zum Baden ist es zu kalt, aber mit Stiefeln oder hochgekrempelten Hosenbeinen kann man durchs Wasser laufen – wenn einen nicht der eklige Schaum, der unter anderem durch Phosphate im Wasser entsteht, davon abhält. Kenner lieben das Watt im Winter (unten) ganz besonders. Selten kommt es vor, dass es zufriert, aber oft bringen die ersten Frühlingsstürme riesige Eisschollen mit, die sich im Watt meterhoch auftürmen.

beträchtliche Schwankungen: In den bei Ebbe stehengebliebenen Pfützen und im Wattbodenwasser kann sich der Salzgehalt durch starke Verdunstung bei Sonneneinstrahlung um ein Vielfaches erhöhen, während er bei Regen unter Umständen auf 10 bis 5 Promille herabsinkt, so dass bis zur nächsten Flut fast Süsswassermilieu herrscht.

Bis auf einige Bakterienarten benötigen alle Lebewesen Sauerstoff. Der Wattboden jedoch ist mit Ausnahme der nur millimeterdicken Oberflächenschicht ausgesprochen sauerstoffarm, enthält dafür aber reichlich Schwefelwasserstoff, für die meisten Organismen ein gefährliches Gift. Auch die Zusammensetzung des Wattbodens, die aus der Korngrösse der abgelagerten Sedimente resultiert, beeinflusst die Lebensweise der Wattbewohner, da sein Wassergehalt, der Anteil an organischen Substanzen und seine Stabilität davon abhängen. Ein Umstand allerdings wiegt alle diese Nachteile auf und macht das Wattenmeer zu einem überaus attraktiven Lebensraum: das unermesslich reiche Angebot an Nahrung.

Ein reich gedeckter Tisch

Die Gesamtheit aller Tiere und Pflanzen eines Lebensraums wird zusammen mit der zugehörigen unbelebten Umwelt als Ökosystem bezeichnet. In solchen Systemen lassen sich ganz bestimmte Gesetzmässigkeiten des Nahrungserwerbs feststellen, die dem Grundmuster der Nahrungspyramide folgen.

Die breite Basis bilden die blattgrünhaltigen Pflanzen. Sie vermögen als einzige Lebewesen – abgesehen von bestimmten Bakterien – durch die Einwirkung des Sonnenlichts aus anorganischen organische Stoffe aufzubauen. Bei diesem Assimilationsprozess, der Photosynthese, wird Wasser in Wasserstoff und Sauerstoff gespalten. Der letztere wird ausgeschieden; aus dem Wasserstoff und dem ebenfalls aufgenommenen Kohlendioxid entstehen Kohlenhydrate: Zucker oder Stärke, also Energie. Und mit dieser Energie sowie aus dem Boden aufgenommenen anorganischen Stoffen wie Phosphaten oder Stickstoff baut die Pflanze ihre Zellen auf – und wächst.

Kleinstlebewesen und grössere Tiere wie etwa Schnecken und Muscheln verwandeln das aufgenommene Futter in Fleisch. Sie dienen Fischen und Vögeln als Nahrung. Diese werden wiederum von Raubfischen, Raubvögeln und Raubsäugern erbeutet, die im Watt die Spitze der Nahrungspyramide bilden. Da im Kreislauf der Natur nichts verlorengeht, bleiben die organischen Substanzen der Räuber, ihre Ausscheidungen und sterblichen Überreste, erhalten, indem sie von Bakterien abgebaut und wieder in die Ausgangsstoffe Kohlendioxid, Wasser, Phosphor und Stickstoff zersetzt werden.

Natürlich verlaufen diese Vorgänge nicht linear, sondern sind vielfach miteinander verflochten. Die Eingriffe des Menschen sind hier völlig ausser acht gelassen. Dabei sind die Auswirkungen von Fischfang, Muschelsammeln und Jagd, vor allem aber die Gefahren der Zufuhr von Abfallstoffen und Giften so gravierend, dass wir sie heute in ihrer ganzen Tragweite noch gar nicht abschätzen können.

Die grösseren Grünpflanzen des Watts, etwa das Zwergseegras (*Zostera nana*) und das Gemeine Seegras (*Zostera marina*), ferner der häufige Darmtang (*Enteromorpha* sp.), Meersalat (*Ulva lactuca*), das Uferborstenhaar (*Chaetomorpha aerea*) und der Gemeine Blasentang (*Fucus vesiculosus*) spielen bei der Primärproduktion nur eine untergeordnete Rolle. Von überragender Bedeutung sind dagegen das Phytoplankton und das Mikrophytobenthos. Bei diesen pflanzlichen Organismen handelt es sich hauptsächlich um mikroskopisch kleine, einzellige Algen, die sogenannten Diatomeen. Die Plankton-Diatomeen leben freischwebend im Wasser, die der Mikrophytobenthos-Gruppe besiedeln bevorzugt den Boden der bei Ebbe freifallenden Wattflächen. Über die Lebensweise der Diatomeen und ihre Rolle im Ökosystem Watt wird in einem eigenen Kapitel berichtet. Hier sei nur so viel gesagt, dass das Plankton – die Gesamtheit aller im Wasser frei schwebenden Organismen, also Tiere und Pflanzen, die passiv von der Strömung mitgeführt werden – und die bodenbewohnenden Algen in unvorstellbar grossen Mengen vorkommen und als Primärproduzenten die Nahrungsgrundlage für die Tiere des Watts bilden.

Zu diesem reichen Nahrungsangebot kommt noch der Detritus (lat. das Zerriebene) hinzu, die mehr oder weniger stark zersetzten Reste von Tieren und Pflanzen, welche von Bakterien allmählich umgewandelt werden. So dient der Detritus nicht nur einigen Wattieren direkt als Nahrung, etwa den Pfeffer- und Plattmuscheln (Scrobiculariidae und Tellinidae), dem Rasen-Ringelwurm (*Pygospio elegans*) und dem Watt- oder Schlickkrebs (*Corophium volutator*), sondern wird auch durch die Bakterien, zu wasserlöslichen Pflanzennährstoffen abgebaut.

Ein grosser Teil der Nährstoffe wird also im Watt selbst produziert, während ein weiterer Teil, Detritus und Plankton, sowohl aus dem Meer als auch über Flüsse, Schöpfwerke und Siele aus dem Festland zugeführt wird. Eigenproduktion und Zufuhr von Nährstoffen stehen etwa im Verhältnis 3 : 2 zueinander. Das bedeutet, dass das Watt als Lebensraum nicht autark ist, also sich nicht in einem geschlossenen, unabhängigen Kreislauf selbst versorgen kann, sondern dass es auf Nährstoffzufuhr angewiesen ist, die regelmässig – allerdings jahreszeitlichen Schwankungen unterworfen – erfolgt. So finden sich zum Beispiel in den Frühlingsmonaten einige Zehnmillionen von einzelligen Pflanzen – Phytoplankton – in einem Liter Wattwasser. Im Verlauf des Sommers nimmt diese Zahl ab, um im Winter, mit etwa fünfhunderttausend Organismen je Liter Wasser, die niedrigste Rate zu erreichen.

Dieser Nährstoffreichtum des Watts ist leicht verfügbar, er wird den Sekundärproduzenten (Muscheln, Krebsen, Würmern u.a.) vom Meerwasser «serviert». Das macht den grossen Tierreichtum des Watts überhaupt erst möglich. Auf einen Quadratmeter Wattboden kommen im Durchschnitt 300 Gramm tierische Substanz. Das entspricht einem Frischgewicht – ohne Muschelschalen, Schneckenhäuser und andere Hartkörper – von 100 Gramm – oder einer Tonne pro Hektar. Wenn man bedenkt, dass der Körper einer Muschel oder Schnecke nur wenige Gramm wiegt, kann man ungefähr ermessen, welche Heerscharen von Tieren den Boden des Watts beleben. Mit dieser Besiedlungsdichte ist der Wattboden zehnmal produktiver als die Böden des übrigen Nordseeraums und gehört zu den biologisch «ertragreichsten» Lebensräumen der Erde.

Die Sekundärproduzenten, die unmittelbar vom Nährstoffreichtum des Meeres und des Wattbodens profitieren, locken weitere Konsumenten an, etwa Garnelen, Strandkrabben, Fische, Vögel und – den Menschen. Diese «Feinde» sorgen dafür, dass das Watt als Lebensgemeinschaft im Gleichgewicht bleibt. Sie verzehren nämlich sowohl die Sekundärproduzenten als auch teilweise sich selbst untereinander, so dass Zuwachs und Konsumation sich die Waage halten. Dieses Gleichgewicht bleibt erhalten, solange nicht durch irgendwelche äusseren Einflüsse schwerwiegende Störungen entstehen, wenn zum Beispiel die Feinde einer Art plötzlich verschwinden, so dass diese sich ins Uferlose vermehren kann.

Nur wer sich anpasst, überlebt

Die sich ständig verändernden Bedingungen des Watts bringen nicht nur Nachteile für seine Bewohner, sie sind auch die Ursache für den grossen Nährstoffreichtum. Trotzdem müssen sich die Lebewesen des Ökosystems Watt auf diese Bedingungen einstellen, ihnen zu begegnen wissen, bestimmte Eigenschaften, Anpassungsformen und Überlebensstrategien entwickeln. Die Herausbildung dieser Fähigkeiten als Antwort auf extreme Umweltbedingungen ist ein Prozess, der sich über Jahrhunderttausende und unzählige Generationen hinziehen kann.

Das Überleben des Individuums gilt dabei nichts, die Erhaltung der Art hat Vorrang. Die Wattbewohner haben das erforderliche hohe Mass an Spezialisierung auf verschiedene Weise erreicht, allerdings ist das nur relativ wenigen Arten gelungen. Pflanzen- und Tierwelt des Wattenraums sind deshalb im Vergleich mit anderen Biotopen eher artenarm. Das wird jedoch mehr als ausgeglichen durch die unvorstellbar grosse Individuenzahl der einzelnen Spezies.

So stellen Mies-, Klaff- und Herzmuscheln sowie der Sand- oder Köderwurm drei Viertel der Biomasse des Wattenmeeres. Schlickkrebse und Wattschnecken beeindrucken durch ihre ungeheure Individuenzahl: In günstigen Biotopen zählte man vierzigtausend beziehungsweise hunderttausend Exemplare pro Quadratmeter.

Je nach Art lassen sich verschiedene Methoden oder Formen der Anpassung unterscheiden. Einige Wattpflanzen, aber auch Tiere wie der See-Ringelwurm (*Nereis diversicolor*) oder die Strandkrabbe (*Carcinus maenas*) vermögen durch Ausscheiden von Salz beziehungsweise Wasseraufnahme den Salzgehalt ihrer Körperflüssigkeit aktiv der schwankenden Salzkonzentration ihres Umgebungswassers anzupassen.

Andere Arten verfallen in eine Art Trockenstarre, wenn sie für längere Zeit ausserhalb des Wassers überdauern müssen. Dabei verlangsamen sich alle Stoffwechselfunktionen, und bei gewissen Spezies können im Frühstadium der Entwicklung sogar sämtliche Lebensvorgänge für eine gewisse Zeit zum Erliegen kommen.

Geradezu phantastisch erscheinen die Anpassungsmöglichkeiten einiger Algenarten, der Miesmuschel (*Mytilus edulis*), der Klaffmuschel (*Mya arenaria*) und mancher Seesterne. Diese Organismen können ihre Körpergrösse reduzieren, wenn sie längere Zeit einem Milieu mit sehr niedrigem Salzgehalt ausgesetzt sind, wie es etwa im Brackwasser von Flussmündungen der Fall ist.

Bei vielen Arten hängt die Anpassungsfähigkeit vom Entwicklungsstadium des Tieres ab. So sind die Jungtiere der Scholle (*Pleuronectes platessa*) und der Sandgarnele (*Crangon crangon*) den Extremsituationen des Watts besser angepasst als die erwachsenen Tiere, die überwiegend in tieferen Wattzonen leben als die Jungtiere. Bei anderen Arten geht die Anpassung so weit, dass sie überhaupt nur im Watt vorkommen, wie etwa der Köderwurm (*Arenicola marina*), der See-Ringelwurm, die Gewöhnliche Herzmuschel (*Cardium edule*), die Klaff- und die Pfeffermuschel (*Scrobicularia plana*), oder an Küstenbereiche gebunden sind wie die Gemeine Wattschnecke (*Peringia ulvae*) und die Hängende Wattschnecke (*Hydrobis ventrosa*).

Eine andere Möglichkeit ist es, die Extremsituationen des Watts durch Flucht zu vermeiden. Detritus und vor allem Plankton sind im Watt nicht zu allen Jahreszeiten in gleicher Menge enthalten. Deshalb kehren einige Arten im Frühling, wenn das Nahrungsangebot wächst, aus der offenen Nordsee ins Wattenmeer zurück und verschwinden im Herbst wieder. Andere verleben nur ihr Jugendstadium im Wattenmeer und wandern ebenfalls im Herbst in die offene Nordsee oder in den Atlantik. Andere Arten wiederum folgen dem Ebbstrom in die tieferen Priele oder Wattströme und suchen das Watt selbst nur bei Flut auf, um dort von dem reichen Nahrungsangebot zu profitieren, wie viele Fische, Garnelen und Strandkrabben.

Manche Organismen können nur sichere, wenigen Veränderungen unterworfene Lebensräume besiedeln. Zu ihnen gehören die grossen Algenformen wie Darmtang (*Enteromorpha* sp.), Meersalat (*Ulva lactuca*) und Blasentang (*Fucus vesiculosus* und *Fucus serratus*), die sich mit den einfachen Haftorganen, die sie statt der Wurzeln besitzen, nicht im weichen Wattboden verankern können. Grössere Bestände dieser Pflanzen findet man nur an geschützten Stellen, wo sie nicht von der Strömung weggerissen werden können.

Ein weiteres Asyl für die nach Sicherheit strebenden Lebewesen stellt der Boden dar. Die meisten stationären Bewohner des Watts leben im Boden, sie graben sich ein. Er schützt nicht nur vor der Austrocknung, auch Temperatur und Salzgehalt sind hier gleichmässiger. Dafür müssen die Lebewesen, die sich den Wattboden erobert haben, mit anderen Problemen kämpfen: mit der Sauerstoffarmut und mit dem hohen Anteil an hochgiftigem Schwefelwasserstoff.

Die Besiedler der obersten Bodenschicht wie Wattschnecken, Miesmuscheln und Strandschnekken (Littorinidae) haben einen grossen Sauerstoffbedarf. Rasen-Ringelwurm (*Pygospio elegans*), Schlickkrebs und Herzmuschel, die sich 3 bis 7 Zentimeter tief in den Wattboden eingraben, kommen mit weniger Sauerstoff aus, während der Wattwurm, die Pfeffermuschel, die Klaffmuschel, der See-Ringelwurm und der Bäumchen-Röhrenwurm (*Lanice conchilega*), die im Wattboden zwischen 17 und 30 Zentimeter Tiefe vorkommen, sich durch geringen Sauerstoffbedarf und eine grosse Toleranz gegenüber giftigen, anorganischen Substanzen auszeichnen. Sie holen sich ihren Sauerstoff durch eine Röhre, die an die Oberfläche reicht.

Eine weitere Methode, sich in den extremen Lebensbedingungen des Watts durchzusetzen, besteht darin, eine grosse Nachkommenschaft zu erzeugen, die sich in jedem freigewordenen Lebensraum ansiedelt und möglichst schnell für weitere Nachkommen sorgt. Herz- und Miesmuschel zum Beispiel können innerhalb eines Jahres bereits fortpflanzungsfähig sein. Jedes Tier dieser Art erzeugt dann Tausende von Nachkommen, die sich als freischwimmende Larven im ganzen Watt verbreiten. Auch pflanzliche Organismen bedienen sich dieser Methode. Die als Plankton und auf dem Boden lebenden einzelligen Kieselalgen oder der Queller sind in der Lage, jede freigewordene ökologische Nische rasch zu besiedeln. Der Queller (*Salicornia* sp.) nutzt die Situation nach strengen Wintern, wenn viele andere pflanzliche Organismen abgestorben sind, und erobert weite Gebiete. Sobald dann andere Pflanzenarten auftauchen, unterliegt der Queller zwar im Konkurrenzkampf, hat aber bereits wieder so viele Nachkommen erzeugt, dass die Erhaltung der Art gewährleistet ist.

Tischsitten im Watt

Eine besondere Spezialisierung in der Anpassung stellt die Art der Nahrungsaufnahme dar. Mies- und Herzmuscheln sind typische Vertreter der Strudler oder Filtrierer. Die Angehörigen dieser Gruppe pumpen das Atemwasser durch ihre Kiemen, wo tierisches und pflanzliches Plankton zurückgehalten wird. Flimmerhärchen befördern die Nahrung zur inneren Mundöffnung, die ungeniessbaren Stoffe werden ausgeschieden. Strudler sind bei der Wahl ihres Lebensraums auf eine Voraussetzung angewiesen: sie müssen täglich für eine gewisse Dauer mit frischem, nährstoffreichem Meerwasser versorgt sein. In den höhergelegenen Wattbereichen, die nur für kurze Zeit mit Wasser bedeckt sind, finden sich darum keine Herz- und Miesmuscheln und auch keine anderen Strudler. Ideales Siedlungsgebiet für Tierarten mit dieser Art des Nahrungserwerbs sind die Regionen in den ständig Wasser führenden Prielen und in ihrer Nähe. Herz- und Miesmuscheln, die in derart günstigen Bedingungen leben, wachsen schneller als ihre Artgenossen in höheren Wattregionen, die einige Stunden ohne Wasser auskommen müssen. Bei den Herzmuscheln lässt sich die jährliche Wachstumsrate gut an den dicken Jahresringen der Muschelschale erkennen. Bei den Miesmuscheln sind diese weniger deutlich ausgeprägt, jedoch sind die Schalen der langsam gewachsenen Tiere der höheren Wattregionen dicker und verwitterter. In den Miesmuschelbänken leben die Tiere so dicht nebeneinander, dass sie mehr Nahrung brauchen, als durch das Watt selbst produziert werden kann. Die Existenz der Muschelbänke ist also von der Nahrungszufuhr durch die Gezeitenströme aus dem offenen Meer abhängig. Eine erwachsene Muschel ist in der Lage, pro Stunde etwa einen Liter Wasser zu filtern, im Gezeitenbereich also innerhalb von 24 Stunden etwa 10 bis 12 Liter. Für das niederländische Wattenmeer mit einer Grösse von 2300 Quadratkilometern wurde errechnet, dass das gesamte Wasservolumen des Watts jede Woche einmal von den Muscheln gefiltert wird.

Über besonders raffinierte Einrichtungen verfügen die Tell- und die Plattmuscheln (beide Familie Tellinidae) mit ihren Siphonen. Das sind lange, röhrenförmige Kiemen, mit denen die Tiere den Boden in einem grossen Umkreis um ihren Standort herum absaugen. Eine Muschel von etwa zwei Zentimetern Grösse vermag ihren Sipho bis zehn Zentimeter weit auszustrecken.

In ruhigem Wasser können viele Schwebestoffe auf den Boden absinken und liegenbleiben. Neben Sand und Schlick sind dies die organischen Reste von Tieren und Pflanzen, in denen sich zahlreiche, Zersetzungsarbeit leistende Bakterien angesiedelt haben. Womöglich sind diese Bakterien als Nahrung für die den Detritus verzehrenden Tiere wichtiger als der Detritus selbst. Zusammen mit den auf dem Wattboden lebenden einzelligen Algen ergibt der Detritus mit seinen Bakterien die unerschöpfliche Nahrungsquelle des Wattbodens. Die Pipettierer saugen mit ihren Siphonen den Boden ab. Dabei wirkt der eine Sipho wie ein Staubsauger. Über feine Flimmerhärchen wird das Material ins Innere der Muschel, zur Mundöffnung, befördert. Ungeniessbares Material wird über den gleichen Sipho – durch Umkehrung der Flimmerrichtung – wieder ausgestossen. Ausscheidungen verlassen den Muschelkörper durch den zweiten Sipho.

Platt- und Pfeffermuscheln leben in der Regel ganz oder teilweise in den Boden eingegraben, wo sie vor Fressfeinden und extremen Umweltbedingungen relativ sicher sind. Die Attraktivität des Nahrungsangebots auf dem Wattboden wird vermindert dadurch, dass die Siphonen weit aus der schützenden Schale herausgestreckt werden müssen und so leicht von Räubern abgebissen werden können. Vor allem junge Schollen, die bei Flut auf die Wattflächen kommen, scheinen eine besondere Vorliebe für die Siphonen der Plattmuscheln zu haben. Vielleicht ist diese Gefahr mit ein Grund dafür, dass Platt- und Tellmuscheln nicht nur Pipettierer, sondern auch noch Strudler sind. Für die nur wenig ausgefahrenen Siphonen, die das Tier aus seinem selbstgegrabenen Gang nicht über die Wattoberfläche hinausstreckt, besteht keine Gefahr mehr. Die Siphonen leisten in diesem Fall die gleiche Arbeit wie die entsprechenden Kiemenorgane der Strudler.

Eine weitere Ernährungsmethode zeigt der Köderwurm (Arenicola marina), auch Sand-, Watt- oder Pierwurm genannt. Dieser bis zu 35 Zentimeter lange, drehrunde Wurm lebt überwiegend im Misch- oder Schlickwatt, in langen, U-förmig gebogenen, schleimausgekleideten Röhren. In vielen Gebieten wird der Pierwurm von Fischern ausgegraben und als Angelköder für den Fang grösserer Fische benutzt. Im Gegensatz zu den Muscheln, die ihre Nahrung aus dem Wasser herausfiltern, frisst der Köderwurm grosse Mengen von Sand- und Wattboden und verdaut die darin enthaltenen Nährstoffe. Fressgewohnheiten und Ausscheidungsmethode dieses Wurms lassen sich sehr gut an seinen beiden «Wohnungsöffnungen» beobachten. Der «Ausgang» ist gekennzeichnet durch die typischen, wurmförmigen Kothäufchen, deren Entstehen oder Grösserwerden man mit etwas Geduld beobachten kann. Am anderen Ende der Röhre, am «Eingang», befindet sich eine kleine, trichterförmige Vertiefung. Hier liegt das Kopfende des Wurmes, und hier frisst er den Boden. Die Vertiefung entsteht durch das Nachrutschen des weichen Materials.

An und für sich ist der Köderwurm in seiner Röhre gut geschützt. Nur der Mensch kann ihn aus seiner sicheren «Burg» herausgraben. Eine weitere Gefahr droht

55

Der Wattboden ist wegen seiner Sauerstoffarmut nicht gerade ein attraktiver Lebensraum. Jedoch wird dieser Nachteil mehr als ausgeglichen durch den Schutz, den er zahlreichen wehrlosen Tieren bieten kann. Die häufigsten Bewohner – bis in eine Tiefe von etwa 30 Zentimetern – sind (1) Plattmuschel, (2) Wattwurm in seiner Wohnröhre, links erkennt man den Einsturztrichter, rechts den charakteristischen Kothaufen, (3) Wohnröhre des Borstenwurmes, (4) Wattschnecke (die Tiere leben aber auch *auf* dem Wattboden), (5) ein weiterer, kleinerer Borstenwurm, (6) Schlickkrebs, (7) Grosse Pfeffermuschel, (8) Herzmuschel, (9) Klaffmuschel. Nummer 10 zeigt den verzweigten Gang eines See-Ringelwurms.

dem Wurm jedoch, wenn er rückwärts zum Ausgang seiner Röhre kriechen muss, um seinen Darm zu entleeren. Die räuberischen Schollen sind offenbar Spezialisten darin, das herausragende Ende des Wurms zu packen und abzubeissen. Doch der Verlust des Hinterteils wird den Wurm selten töten. In der Regel erwischt eine Scholle die drei breiten letzten Segmente. Dann wachsen die zur Körpermitte folgenden, schmalen nächsten drei Ringe zu Endsegmenten heran. Da ein Köderwurm aus etwa hundert Segmenten besteht, kann er eine ganze Reihe solcher Amputationen überstehen, bevor nichtregenerierbare Organe verletzt werden.

Der Köderwurm verfügt jedoch noch über weitere Anpassungsmechanismen. So sorgen die von hinten nach vorn durch den Körper laufenden Verdickungswellen für die ständige Zufuhr von sauerstoffgesättigtem Frischwasser in der Wohnröhre. Das Wasser führt ausserdem Nährstoffe mit, die der Wurm mit dem Boden aufnimmt. Er versorgt sich also nicht nur mit Sauerstoff, sondern strudelt noch zusätzliche Nahrung herein. Die Larve des Köderwurms lebt auf dem Boden und beginnt erst bei einer Grösse von etwa 8 Millimetern die Lebensweise der erwachsenen Würmer anzunehmen.

Zum Typ der sogenannten Graser oder Äser gehören die Strand- und Wattschnecken, die einzellige Kieselalgen auf dem Wattboden und an Pflanzen abweiden. Bei im Aquarium gehaltenen Sumpfschnecken lässt sich diese Art des Nahrungserwerbs sehr gut beobachten: Mit der beweglichen Raspelzunge kratzen sie den Grünbewuchs von der Glaswand ab.

Während Strandschnecken einen festen Untergrund bevorzugen und nur ausnahmsweise auf dem wei-

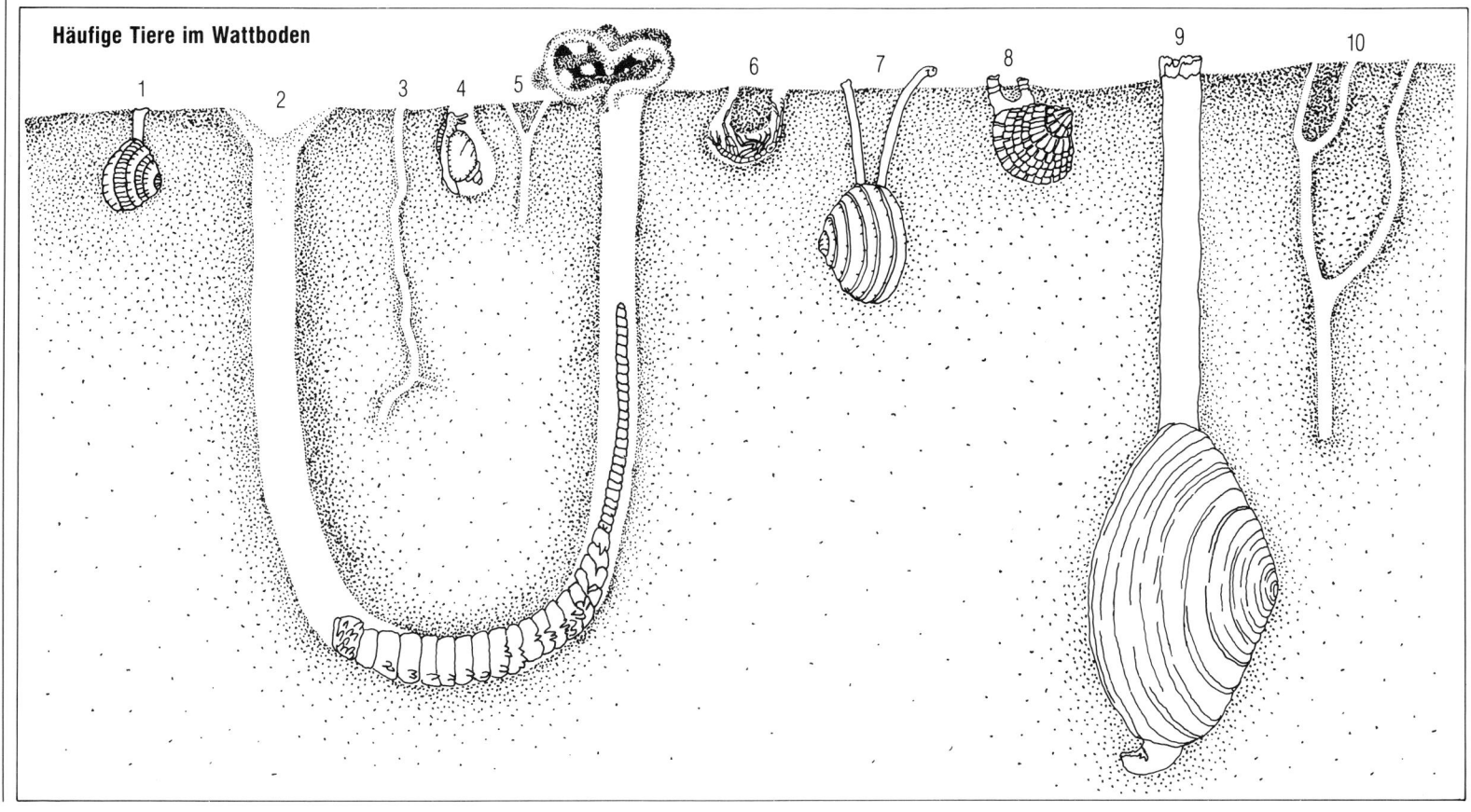

Häufige Tiere im Wattboden

chen Wattboden zu finden sind, haben sich die Wattschnecken auf das Leben im feuchten und nassen Element spezialisiert. Strandschnecken findet man oft in grösserer Zahl an Pfahlwerk oder Steinen von Uferbefestigungen. Nie jedoch trifft man die Strandschnecke in so grosser Zahl an wie die Wattschnecke, von der auf günstigen Weidegründen mehrere zehntausend Exemplare auf einem Quadratmeter vorkommen können. Die grosse Individuendichte bleibt meist nur einige Stunden bestehen, bis die Diatomeen abgegrast sind.

Wattschnecken können sich, wie andere Schneckenarten auch, mit ihrem grossen Fuss an die Wasseroberfläche hängen und sich so aktiv von der Strömung mitnehmen lassen. Jederzeit aber können sie sich von der Oberfläche lösen und zu Boden sinken lassen, um zu grasen oder sich im Sand zu vergraben. Auch Strand- und Wattschnecken fressen den Detritus, verwerten aber womöglich in erster Linie die darin enthaltenen Bakterien.

Die letzte Kategorie des Nahrungserwerbs schliesslich umfasst die Räuber, in erster Linie Vögel und Fische. Von den Schollen wissen wir bereits, dass sie Pfeffermuscheln und Pierwürmer angreifen, aber sie verschonen auch andere Weichtiere und Würmer nicht, wo sie ihrer habhaft werden können. Dasselbe gilt für die anderen Plattfische der Ordnung Pleuronectiformes, wie Steinbutt (*Bothus maximus*), Flunder (*Platichthys flesus*) und die Seezunge (*Solea solea*).

Die Zahl der Vögel im Watt schwankt je nach Jahreszeit erheblich. Fest steht jedoch, dass etwa neunzig der hundert im Watt vorkommenden Vogelarten von tierischer Nahrung, also räuberisch leben. Die restlichen 10 Prozent betreffen einige Gänse- und Entenarten. Die tierische Nahrung umfasst alle Organismen von Kleinkrebsen im Plankton bis zu Fischen, Strandkrabben, Schnecken und Muscheln, wobei bestimmte Arten bestimmte Vorlieben zeigen. Die meisten Vögel sind beim Nahrungserwerb auf die freigefallenen Wattflächen angewiesen, wo sie entweder nach im Schlick vergrabenen Tieren stochern oder sie aus Pfützen oder seichten Prielen holen. Einige Arten, so die Seeschwalben, sind regelrechte Jäger, die ihre Beute – kleine Fische und Krebse – im Flug ausfindig machen und dann wie ein Pfeil ins Wasser stürzen, untertauchen und mit der Beute im Schnabel wieder hochkommen. Die prächtig gefärbten Eiderenten sind hervorragende Taucher, die auch die tieferen Bereiche des Wattenmeeres nach Muscheln absuchen.

Im Gegensatz zu den meisten Vögeln, die das Watt zur Nahrungssuche nur während der Ebbe aufsuchen, sind die Fische auf die Flutperiode angewiesen. Die Plattfische suchen bevorzugt die Bodenregionen nach Nahrung ab, während zum Beispiel Stinte (*Osmerus eperlanus*) und Heringe (*Clupea harengus*) als räuberische Jäger unterwegs sind.

Aber auch unter den Wirbellosen gibt es Arten, die sich von lebenden oder toten tierischen Organismen ernähren. Zwar sind Strandkrabben, Garnelen, Seeigel und Opalwürmer Allesfresser, aber von der Strandkrabbe weiss man, dass sie sehr gerne junge Muscheln verzehrt. Jungkrabben wiederum, die sich nach dem Larvenstadium gern im hochgelegenen Watt ansiedeln, werden nicht nur von Vögeln und Fischen erbeutet, sie müssen sich auch vor ihren eigenen, grossen Artgenossen in acht nehmen. Auch Seesterne können als Räuber in Muschelbänken grosse Schäden anrichten. Wie weit die Borstenwürmer Jagd auf lebende Beute machen, ist noch nicht sicher, aber mit ihren kräftigen Kiefern können einige Arten sogar dem Menschen recht unangenehme Bisswunden zufügen.

Pflanzen und Tiere im Watt

Trotz der erwähnten relativen Artenarmut von Fauna und Flora des Watts findet sich in diesem Küstenstreifen ein faszinierendes Nebeneinander verschiedener Biotope mit jeweils eigener Artenzusammensetzung, wobei der Übergang sowohl fliessend wie scharf abgegrenzt sein kann. Zum Lebensraum Watt gehört ja nicht nur der unmittelbare Wattbereich, er erstreckt sich vielmehr von den Prielen über das Watt zu den Salzwiesen, den höheren Dünenregionen und zum Deichvorland. Da es jedoch zu weit führen würde, alle Tiere und Pflanzen der verschiedenen Biotope vorzustellen, wollen wir uns hier auf die wichtigsten und häufigsten Lebewesen des unmittelbaren Wattbereichs und die Nahrungsgäste beschränken.

Die Kleinsten sind am häufigsten: das Mikrophytobenthos

Die überragende Bedeutung des Mikrophytobenthos und des Planktons für die Primärproduktion der Nährstoffe im Bereich des Wattenmeeres wurde bereits hervorgehoben. Was aber sind das für Organismen, ohne die das Watt ein im wahrsten Sinne des Wortes armer, lebensfeindlicher Raum wäre, wie leben sie und was befähigt sie, auf breitester Basis Lebens- und Ernährungsgrundlage für die anderen Wattbewohner zu sein?

Im Mikrophytobenthos finden wir neben den einzelligen Blaualgen, Flagellaten und Dinoflagellaten hauptsächlich Kieselalgen (Diatomeen). Während die Algen zum Pflanzenreich gehören, zählen Flagellaten und Dinoflagellaten als Geisseltierchen und Panzergeisseltierchen zur Fauna. Von den genannten Gruppen sind die Diatomeen eindeutig die wichtigsten, da sie sowohl die grösste Arten- als auch die höchste Individuenzahl stellen. Sie sind mikroskopisch klein und von einer porendurchsetzten Schale aus Kieselsäure umgeben. Wer einmal Gelegenheit hat, diese Kleinstorganismen im Mikroskop zu betrachten, ist fasziniert von der wunderbaren Formenvielfalt dieser Lebewesen.

Sand-, Misch- und Schlickwatt beherbergen je eine eigene Diatomeenflora. Einige Arten besiedeln Sandkörner, während andere, die hauptsächlich im Schlickwatt vorkommen, in den Zwischenräumen des feinkörnigen Sediments leben. Sie sondern eine Schleimschicht ab, die der Wattoberfläche ihre eigentümlich dunkelrotbraune Färbung verleiht und in der sich die Kieselalgen frei bewegen können. Diese Schleimschicht festigt den Wattboden. Wird sie durch Sedimente überlagert, so kriechen die Kieselalgen einfach durch die Sedimentschicht nach oben.

Die Zahl der Diatomeen ist unvorstellbar gross: Unter günstigen Umweltbedingungen können mehr als eine Million Individuen auf einem Quadratzentimeter Watt-

Die Insel Rømø in Jütland (Dänemark) liegt fast am nördlichen Ende des Wattenmeeres. Sie ist durch einen Damm mit dem Festland verbunden. Dieser Damm trägt eine Asphaltstrasse, die das ganze Jahr befahrbar ist. Dieser Umstand hat wohl entscheidend dazu beigetragen, dass Rømø zu einem der beliebtesten Ferienziele an der dänischen Nordseeküste avancierte. Trotzdem gibt es auch hier noch relativ unberührte Landschaften, die Jahr für Jahr Tausenden von Zugvögeln als Rast- und Ruheplätze dienen.

boden leben. Diese grossen Zahlen trifft man nur bei Ebbe in den obersten Bereichen des Wattbodens, da nur hier genügend Licht für die Photosynthese vorhanden ist. Bereits in einer Tiefe von nur 3 bis 4 Millimetern nimmt die Lichtmenge so stark ab, dass keine Photosynthese mehr stattfindet. Trotzdem besiedeln die Algen den Wattboden bis in eine Tiefe von 10 Zentimetern. Hier gewinnen sie ihre Energie durch die Aufnahme gelöster organischer Stoffe. Die in der Tiefe lebenden Algen bilden ein wichtiges Reservepotential. Wird nämlich die oberste Bodenschicht durch Stürme, starke Strömungen oder andere Umwelteinflüsse zerstört, so wandern die Algen aus der Tiefe nach oben, wo sie sofort zur Photosynthese fähig sind und ihre Rolle als Primärproduzenten übernehmen. Kieselalgen sind also in der Lage, mit Hilfe der Photosynthese anorganische in organische Nährstoffe umzuwandeln oder aber in den tieferen Bodenschichten, wo die Energiegewinnung durch das Sonnenlicht nicht mehr möglich ist, organische Nährstoffe direkt aus dem Boden aufzunehmen.

Die Produktionsfähigkeit der Kieselalgen hängt stark von jahreszeitlich bedingten Umweltgegebenheiten ab. Nach einem Tiefstand in in den Wintermonaten steigt die Leistungskurve im Frühling, mit der Zunahme der Sonnenscheindauer und -intensität, stark an. Drei Faktoren – Sonnenenergie, Temperatur und Nähr- beziehungsweise Baustoffe (Stickstoff, Phosphat und Kieselsäure) – bestimmen den Umfang der Primärproduktion, die im Juni ihren Höhepunkt erreicht, um dann wegen zu hoher Temperaturen im Juli und August wieder abzusinken. Weitere Gründe für den Rückgang sind das Knapperwerden der Aufbaustoffe – vor allem Kieselsäure – und der gestiegene Nahrungsbedarf von Wattschnecken, Muscheln und tierischem Plankton.

Leben in der Strömung: das Plankton

Plankton wird die Gesamtheit aller Organismen genannt, die frei schwebend im Wasser leben und in ihrer Beweglichkeit überwiegend auf die Strömungskraft des Wassers angewiesen sind. Dabei handelt es sich vor allem um kleine und kleinste Lebewesen, da grössere Pflanzen – mit Ausnahme des tropischen Sargassotangs – meist im Meeresgrund verankert sind, während grössere Tiere im allgemeinen aktive Schwimmer sind. Man unterscheidet pflanzliches und tierisches Plankton. Zur ersten Gruppe gehört die Vielzahl der Algen, die wie die Diatomeen zur Photosynthese fähig sind, jedoch pelagisch – frei im Wasser treibend – leben.

Die zweite Gruppe, das tierische oder Zooplankton, gliedert sich in Holo- und Meroplankton. Zum echten oder Holoplankton gehörende Tiere verbringen ihr ganzes Leben im Wasser schwebend, wie etwa Rippenquallen und Ruderfusskrebse. Meroplankter dagegen leben nur während eines bestimmten Entwicklungsabschnitts planktonisch und gehen dann zu festsitzender oder Boden-Lebensweise über. Dies gilt für die Larven der meisten Muschel- und Schneckenarten, der Würmer und der Rankenfüsser sowie der Krabben und Garnelen und in gewissem Grad für sehr viele Jungfische. Bei den grossen Quallen ist es umgekehrt: Sie kommen zwar als schwimmende Planulalarven zur Welt, setzen sich aber für das Jugendstadium fest und gehören erst als erwachsene Tiere dem Meeresplankton an.

Die planktonische Lebensweise der Larven ist für die Arterhaltung verschiedenster Spezies entscheidend. Arten, bei denen sich die erwachsenen Tiere – Muscheln, Köcherwürmer oder Seepocken – nicht mehr oder kaum noch von der Stelle bewegen, können ja nur so neue Lebensräume erobern. Da Eier und Sperma dieser meist in grosser Zahl auf engem Raum lebenden Arten gleichzeitig ausgestossen werden, ist die Chance der Befruchtung recht hoch. Und da die Larven zur gleichen Zeit schlüpfen und in Schwärmen im Wasser treiben, erhöhen sich die Überlebenschancen, auch wenn unermesslich viele Larven gefressen werden.

Pflanzliches und tierisches Plankton leistet innerhalb der Nahrungskette einen wichtigen Beitrag zur Primärproduktion im Wattenmeer. Wegen der günstigen Lichtverhältnisse bei geringer Wassertiefe beginnt die Photosynthese relativ früh. Bereits im März wimmelt es dann von Ruderfusskrebsen, die sich fast ausschliesslich von pflanzlichem Plankton ernähren. Ihnen folgen die Quallen und die Larven von Krabben, Garnelen, Muscheln, Schnecken und Fischen, die nicht nur pflanzliche Stoffe, sondern auch anderes tierisches Plankton fressen. Doch auch ihre Eltern beteiligen sich an diesen «Fressorgien». Im Magen einer einzigen ausgewachsenen Miesmuschel fanden sich innerhalb von 24 Stunden hunderttausend Plankterlarven, und der Magen einer Ohrenqualle enthielt nach der gleichen Zeit unter anderem die Larven von drei Wurmarten, zwei Fischen, 27 Seepocken und 43 Ruderfusskrebsen. Allein schon diese wenigen Zahlen dürften die

Bedeutung des Mikrophytobenthos und des Planktons für die Primärproduktion des Wattenmeeres hinreichend verdeutlichen.

Mit Wurzeln und Haken im Meeresgrund verankert: Seegras und Tang

Eine der häufigsten Pflanzen des Wattenmeeres, das Gemeine Seegras (Zostera marina), wurde von 1930 an innerhalb weniger Jahre durch einen Schimmelpilz an den europäischen Küsten praktisch völlig vernichtet. Vorher waren die riesigen Bestände – allein im westlichen Teil des niederländischen Wattenmeeres gab es einmal fast 15 000 Hektaren Seegraswiesen – wirtschaftlich genutzt worden. Das Seegras wurde als Matratzenfüllung, zum Düngen der Felder und für den Deichbau verwendet. Es war aber auch die bevorzugte Nahrung der Ringelgänse. Nach der Katastrophe, von der sich die Seegrasbestände nur langsam erholen, stellten die Gänse auf andere Futterpflanzen um, was inzwischen zu beträchtlichen ökologischen Problemen führt.

Die anderen Pflanzen des Makrophytobenthos, wie etwa Zwergseegras, Blasentang und Meersalat, spielen für die Primärproduktion des Wattenmeeres nur eine untergeordnete Rolle. Dennoch übertrifft die von einer Seegraswiese erzeugte pflanzliche Biomasse im Schnitt jene einer vergleichbaren Festlandwiese.

Das Zwergseegras (Zostera nana) ist heute praktisch die einzige höhere Pflanze, die im Wattenmeer grössere Bestände bildet. Neben dem Queller und dem Spartinagras, die hauptsächlich in der Verlandungszone gedeihen, festigt

Die Zweigfadenalge (ganz oben) und der Blasentang (oben) gehören beide in das erdgeschichtlich uralte Reich der Lagerpflanzen. Streng genommen haben Algen keine Blätter, sondern lediglich grössere oder kleinere Zellkörper, den sogenannten Thallus. Die Zweigfadenalge gehört mit ihrer kräftig grünen Farbe zu den Grünalgen und wird zwischen 15 und 20 Zentimeter hoch. Der kräftige, derbe, bräunliche Blasentang dagegen kann bis meterlang werden. Er gehört zum Stamm der Braunalgen. Die eigenartigen Blasen sind mit Gas gefüllt.

das Zwergseegras mit seinen Wurzeln den Boden. Es bevorzugt Mischwattböden, auf denen es oft regelrechte Wiesen bildet, die über und unter der Niedrigwasserlinie liegen. Die Blütezeit währt von Juni bis August. Im Herbst werden die Blätter abgeworfen und in grossen Mengen an die Küsten gespült. Die Seegraswiesen sind wichtige Rückzugsgebiete und Nahrungsgründe für die Kleintiere des Wattenmeeres, vor allem für Jungfische und die im ersten Lebensjahr nur millimeter- bis zentimetergrossen Strandkrabben.

Die auffälligsten Grünpflanzen des Watts sind die grossen Algen und Tange. Sie gehören zu den ältesten Pflanzen überhaupt: Unter den Blaugrünen Algen (Schizophyceae) finden sich bakterienkleine und meterlange Arten, die in gleicher Form schon vor 600 Millionen Jahren existierten.

Neben den Grünalgen, deren häufigster Vertreter der Meersalat (*Ulva lactuca*) ist, kommen im Wattenmeer auch Braun- und Rotalgen vor. Bei ihnen ist das Blattgrün oder Chlorophyll durch andere Farbstoffe überdeckt. Algen und Tange besitzen keine Wurzeln, sondern nur einfache Haftorgane am Stielende, mit denen sie sich im Untergrund, an Miesmuschelbänken, an Steinbuhnen und ähnlichem verankern. Sie nehmen die im Wasser gelösten Nährstoffe durch die Körperoberfläche auf und vermehren sich durch mikroskopisch kleine Zellen oder durch Teilung; abgerissene Stücke können sich ohne weiteres wieder zu ganzen Pflanzen auswachsen. Durch starke Strömungen oder Stürme werden sie häufig von ihrem Verankerungsplatz losgerissen und treiben dann als Spielball der Wellen im Wasser, bis sie eines Tages mit der Flut stranden und vertrocknen.

Der bis 80 Zentimeter lange Meersalat wächst als zart hellgrüne Jungpflanze auf festem Untergrund und treibt später mit seinen dunkler gewordenen, unregelmässig gewellten «Blättern» – Tange haben keine Blätter im botanischen Sinn – überall umher. Vor allem in Skandinavien und in der Bretagne wird er gern gegessen, aber auch einige Watt-Tiere verschmähen diese Pflanzen nicht.

An Uferbefestigungen, Buhnen und Muschelbänken finden sich knapp unter der Hochwasserlinie Ansammlungen der nur bis 4 Zentimeter grossen Hellgrünen Kraushaaralge (*Ulothrix flacca*), der dunkelgrünen, buschigen Felsen-Zweigfadenalge (*Cladophora rupestris*), des schmalblättrigen, langen Flachen Darmtangs (*Enteromorpha compressa*) und des kürzeren, gelblichgrünen Gemeinen Darmtangs (*Enteromorpha intestinalis*). Ein weiterer häufiger Vertreter der Grünalgen in der Gezeitenzone ist das Uferborstenhaar (*Chaetomorpha aerea*). Die bis 30 Zentimeter hohen Büschel bestehen aus unverzweigten fadenförmigen Pflanzenkörpern, die sich aus einer Kette deutlich sichtbarer Zellen zusammensetzen.

Der Gemeine Blasentang (*Fucus vesiculosus*) ist eine der häufigsten Braunalgen des Watts. Die etwa meterhohe, büschelartig wachsende Pflanze mit ihren ledrigen Bändern wächst meist auf festem Untergrund unter der Hochwasserlinie. Bei Ebbe liegen die dann schwarzbraunen «Blätter» mit den gasgefüllten Schwimmblasen wie abgestorben auf Muschelbänken und Buhnen, gewinnen aber bei Flut schnell wieder ihr frisches Olivgrün bis Gelbbraun zurück. Vor allem in Gesellschaft der Miesmuschel trifft man den Mucheltang (*Fucus mytili*), dem Blasentang sehr ähnlich, aber meist ohne Gasblasen. Er besitzt kein Haftorgan, sondern wird von den Byssusfäden der Miesmuscheln festgehalten. Auch der kleinere, olivbraune Sägetang (*Fucus serratus*) wächst im Watt an Mauern und Buhnen, jedoch in etwas tieferen Zonen als der Blasentang.

Der Stamm der Rot- oder Braunalgen ist im Wattenmeer nur schwach vertreten, da die Angehörigen dieser Gruppe bevorzugt grössere Tiefen zwischen 50 und 300 Meter Tiefe besiedeln. Angeschwemmt findet man auf dem Wattboden hin und wieder die schön gefärbten «Blätter» des Blutroten Seeampfers (*Delesseria sanguinea*) oder anderer Arten.

Blühende Salzwiesen

Unmittelbar an das bisher besprochene Eulitoral, den mittleren Wattbereich, schliesst sich der obere Wattbereich, das Supralitoral, mit Salzwiesen und Sandstränden an. Da die Vegetation der Sandstrände bereits im Kapitel über die Dünenbildung (Seite 42ff.) behandelt wurde, wollen wir uns hier mit der typischen Salzwiesenvegetation befassen. Salzwiesen entstehen dort, wo die Sedimentation den Boden über die mittlere Tidenhochwasserlinie herausgehoben hat, so dass sie nicht mehr im Bereich der normalen Überflutungen – etwa siebenhundert im Jahr – liegen.

Hat das angeschwemmte Material eine Höhe von etwa 30 Zentimetern über der mittleren Hochwasserlinie erreicht, reduzieren sich die Überflutungen auf 200 bis 250 im Jahr. Dieser Bereich entspricht der Andelgraszone oder unteren Salzwiesenvegetation. Die Region zwischen 35 und etwa 130 Zentimetern über der Hochwasserlinie ist die Rotschwingelzone oder

Zwei Pionierpflanzen der Verlandungszone, der Queller (oben), und des Sandstrandes, die Strand-Salzmiere (links). Beide Arten besitzen eine hohe Salztoleranz und können Salzgehaltsschwankungen ihrer Umgebung mit Hilfe ihrer fleischigen Blätter, in denen sie Feuchtigkeit speichern, ausgleichen.

der obere Salzwiesenbereich, der nur noch etwa zwanzigmal im Jahr überflutet wird, vorwiegend im Herbst und Winter.

Im Übergang vom Watt zum Festland, wo der Boden zwar noch regelmässig, aber jeweils nur kurz vom Wasser bedeckt wird, gedeihen – noch unterhalb der Hochwasserlinie – das Schlickgras (*Spartina townsendi*) und der Gemeine Queller (*Salicornia europaea*). Diese beiden Pionierpflanzen leisten einen beträchtlichen Beitrag zur Festigung des abgelagerten Sedimentationsmaterials, indem die über den Boden herausragenden Pflanzenteile die in diesem hohen Bereich ohnehin nur noch schwache Kraft der Wellen weiter brechen. Die Wurzeln halten den Boden fest. Der Queller ist jedoch eine einjährige Pflanze, die vom Mai bis zu den ersten Frösten im Herbst gedeiht. Die abgestorbenen Pflanzen üben keine Festigungsfunktion mehr aus, so dass der angeschwemmte Boden von den stürmischen Winterfluten wieder abgetragen wird. Nur in geschützten Buchten kann das angelandete Material liegenbleiben und der Groden, das Festland, weiter wachsen.

Äusserlich erinnert der Queller an einen Kaktus mit dicken, fleischigen Stengeln und schuppenartigen, verkümmerten Blättern. Diese interessante Pflanze, die ausser in Australien in allen Schlickregionen der Welt gedeiht, kommt im Watt in verschiedenen Formen vor. Sie wird bis 30 Zentimeter gross und kann von Blaugrün über Grasgrün bis zu einem kräftigen Rotton alle Farbvarianten aufweisen. Die winzigen, unscheinbaren Blüten sind zweigeschlechtlich. Die Bestäubung erfolgt bei Flut, indem das Wasser den Pollen auf die Narben bringt. Die Dickfleischigkeit (Sukkulenz) des Quellers und der landeinwärts folgenden Strandsode (*Suaeda maritima*) hängt mit der hohen Salzkonzentration des Wattbodens zusammen. Die Pflanzen nehmen neben den im Boden gelösten Nährstoffen grosse Mengen Salz auf, die in den Stengeln und Blättern gespeichert werden. Der Queller wird übrigens noch heute Glasschmalz genannt, weil seine alkalireiche Asche bei der Glasherstellung verwendet wurde; aus der Strandsode gewann man Soda.

Als Konkurrenz für den Queller hat sich das Englische Schlickgras (*Spartina townsendi*) erwiesen. Diese Pflanze stammt ursprünglich aus Nordamerika. Eine Bastardform wuchs dann auch an der englischen und französischen Kanalküste und wurde um 1927 in zwölftausend Exemplaren nach Schleswig-Holstein gebracht. Mit dieser Kreuzung, dem Reisgras, nahm man Anpflanzungsversuche vor. Es verbreitete sich stark und verdrängte manchenorts den Queller, aber für die Landgewinnung erwies es sich als ungeeignet, da es bevorzugt unkontrolliert in Bulten wächst, zwischen denen die Strömung Auskolkungen verursacht.

Das Reisgras greift stark in die vom Andelgras (*Puccinellia maritima*) dominierte Zone unmittelbar über der mittleren Hochwasserlinie ein. Die artenarme Andelgraszone ist streng genommen kein natürlich gewachsenes Biotop, denn sie entsteht in ausgeprägter Form nur dort, wo die unteren Salzwiesen beweidet werden. Auf den nicht beweideten Wiesen dieser Region entfaltet sich eine viel grössere Artenvielfalt mit blühenden Blumen und Sträuchern. Bereits vom Mai an sieht man im oberen Quellerwatt und zwischen dem Andelgras die weisslichen oder zart rosaroten Blüten des Strand-Milchkrauts (*Glaux maritima*), eines bis 15 Zentimeter hohen Bodendeckers. Auch die weissen, am Aussenrand tiefrosa gefärbten Blütensterne der Salz-Schuppenmiere (*Spergularia salina*) blühen bereits vom Mai an bis in den späten September hinein.

An Prielrändern, die tief ins Vorland hineinreichen, gedeiht auf unbeweideten Salzwiesen die bis 100 Zentimeter hohe Portulak-Keilmelde (*Halimione portulacoides*). Der kräftige Halbstrauch mit teilweise verholzenden Stengeln und unscheinbaren grünlichen Blüten im Juli bis September wird auch Strand-Salzmelde genannt.

Auf wenig beweideten Flächen der Halligen und Inseln verwandelt der Strandflieder (*Limonium vulgare*), auch Strandnelke oder Widerstoss genannt, die Salzwiesen im August in einen lilafarbenen Teppich. Leider gefährden Entwässerungsmassnahmen ebenso wie seine Beliebtheit als Trockenblume die Bestände. Manchenorts ist diese charakteristische Salzwiesen-

Linke Seite: In den nicht mehr unmittelbar den Einflüssen des Meeres und des Windes ausgesetzten Grau- und Braundünen gedeihen gemischte Zwergstrauchgesellschaften, die sich unter anderem aus Zwergweiden, Krähenbeeren, Erika und Dünenrosen zusammensetzen.

Auch in den Salzwiesen finden sich – wie in den Dünenregionen – verschiedene Pflanzengesellschaften, deren Zusammensetzung sich mit zunehmender Entfernung vom Spülsaum ändert. Die wichtigsten Arten sind 1. Seegras, 2. und 5. Queller, 3. Strandsode, 4. Schlickgras, 6. Andelgras, 7. Strand-Milchkraut, 8. Strand-Dreizack, 9. Tausendgüldenkraut, 10. Salz-Schuppenmiere, 11. Straussgras, 12. Strandflieder, 13. Strand-Beifuss, 14. Salzaster, 15. Strandwegerich, 16. Strand-Grasnelke, 17. Hornklee.

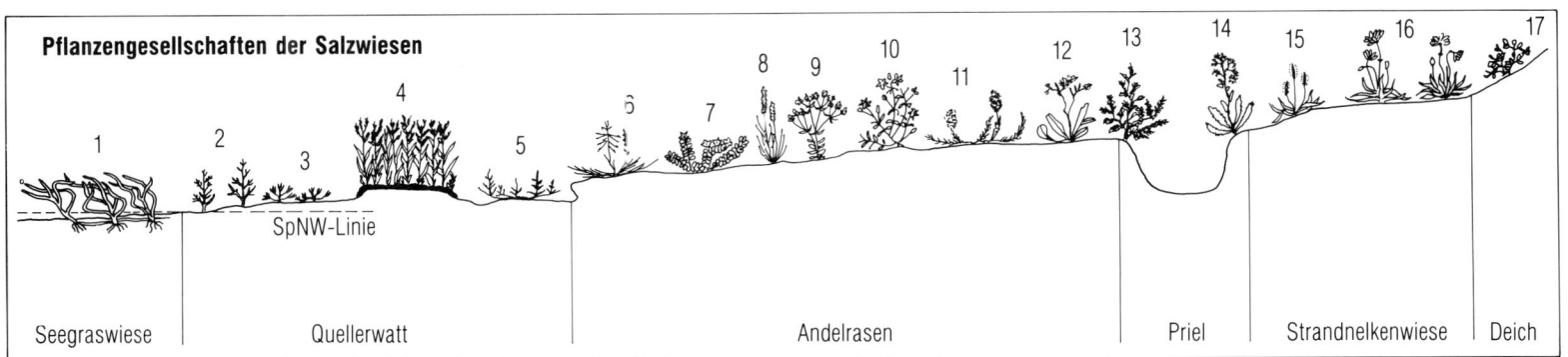

Oben: Hauptsächlich an den dem Wind und dem Meer zugewandten Hängen der Weissdünen gedeihen die wunderschönen Stranddisteln. Sie stehen unter Naturschutz, sind aber trotzdem selten geworden und stellenweise, wie auf der Insel Sylt, ausgerottet.

Rechts: Die Heckenrose, in Friesland Kartoffelrose genannt, stammt ursprünglich aus Ostasien. Inzwischen ist sie auch in den Dünen der Nordseeküste heimisch geworden.

Rechts oben: Ausserhalb der Blütezeit sind die Sträucher der Dünenrose unscheinbar. Im Mai und Juni aber, wenn sie die ganze Pracht ihrer weissen Blütensterne zeigen, sind sie die schönsten Pflanzen der Dünen.

pflanze schon gänzlich verschwunden. Ebenfalls sehr feuchtigkeitsliebend ist die bis 70 Zentimeter hohe Strand- oder Salzaster (*Aster tripolium*), die zwar weit verbreitet ist, aber nur an Prielrändern und Gräben geschlossene Bestände bildet. Die zweigeschlechtlichen violetten Blütenköpfe sieht man von Juli bis September, im Spätsommer umhüllen die reifen Samenstände die Pflanze wie Schaumflocken.

Wie die Andelgras- entsteht auch die Rotschwingelzone der oberen Salzwiese durch Beweidung. Die Strand- oder Gemeine Grasnelke (*Armeria maritima*), deren blassrosa bis purpurfarbene, kugelige Blütenköpfe im Mai und Juni oft ganze Wiesen rosa überhauchen, widersteht wie der Rotschwingel (*Festuca rubra*) der starken Beanspruchung durch weidendes Vieh.

Der einzige Strauch in den jährlich mehrmals überfluteten Zonen der Nordseeküste ist neben der Keilmelde der bis 70 Zentimeter hohe Strandbeifuss oder Strandwermut (*Artemisia maritima*). Er verträgt keine Beweidung, ist aber sonst sehr ausdauernd und gedeiht gern an exponierten Standorten wie Priel- und Grabenrändern. Auffallend ist neben der weissfilzigen Behaarung der typische, aromatische Geruch nach Wermut, mit dem der Strandbeifuss auch wirklich verwandt ist.

Je nach Bodenbeschaffenheit, Salzgehalt, Überflutungshäufigkeit, Windexposition, Beweidung und anderen Umweltbedingungen treten weitere Pflanzenarten auf, während andere fehlen. Generell kann man davon ausgehen, dass der Salzgehalt und die Feuchtigkeit des Bodens mit der Zunahme des angeschwemmten und abgelagerten Sedimentationsmaterials und der Entfernung von der Hochwasserlinie abnehmen, so dass die salz- und feuchtigkeitsliebenden Pflanzen durch solche abgelöst werden, die trockenere, weniger salzhaltige Böden bevorzugen.

Im Vergleich mit dem Eulitoral, dem Watt selbst, fällt auf, dass die Vegetation der Salzwiesen, soweit diese nicht zu stark beweidet werden, in erster Linie durch Blütenpflanzen bestimmt wird. Sie sind fast ausnahmslos Halophyten, salzliebende Pflanzen, die den Nährstoffreichtum des Bodens trotz des hohen Salzgehalts zu nutzen wissen, aber auch auf starke Besonnung angewiesen sind. Salzwiesen sind ein in der Welt einmaliges Ökosystem, das allerdings durch die immer stärkere Beweidung und die grossen Eindeichungsmassnahmen zunehmend gefährdet ist. Natürliche Salzwiesen, in denen das ökologische Gleichgewicht voll erhalten ist, gibt es kaum noch.

Von Quallen, Würmern, Krebsen, Schnecken und Muscheln

Die Fauna des Wattenmeeres ist, wie mehrfach erwähnt, recht artenarm, selbst verglichen mit anderen Meeresregionen. Die Meerestiere stellen überhaupt nur einen Fünftel aller heute lebenden Tierarten; das erdrückende Übergewicht der Festlandfauna geht allerdings auf das Konto der über achthunderttausend Insektenarten, von denen nur die Meerwanze wieder in das salzige Element zurückgekehrt ist. Dennoch ist die Meeresfauna von einer schier unglaublichen Formen- und Farbenvielfalt; sämtliche Baupläne des Tierreichs von den Einzellern bis zu den Wirbeltieren sind hier bereits vertreten. Und selbst für das artenarme Wattenmeer ist es im Rahmen dieses Buches unmöglich, alle vorkommenden Formen auch nur aufzuzählen. Deshalb wollen wir uns hier auf die häufigsten und grösseren Vertreter dieser Fauna beschränken.

Durchsichtige Jäger: die Quallen

Zu den Nesseltieren (Cnidaria) gehören, ausser den Rippenquallen, alle in der Nordsee vorkommenden Quallenarten. Sie treten saisonal in Schwärmen auf und sind dann weder bei Badegästen noch Fischern beliebt. Viele Menschen ekeln sich vor den «quabbeligen» Tieren, obwohl sie bei näherer Betrachtung faszinierend schön sind. Ernster zu nehmen sind die Verletzungen, die die sogenannten «Feuerquallen» mit den Nesselbatterien auf den langen, feinen Fangarmen bei Badenden verursachen können, die ihnen zu nahe kommen. Vor allem die Blaue Feuerqualle (*Cyanea lamarcki*) und die Gelbe Feuerqualle (*Cyanea capilluta*), mit Schirmdurchmessern von 35 bis 100 Zentimetern, verfügen über ein sehr starkes Gift, das bei Menschen je nach Konstitution Reaktionen wie eine Brennesselberührung oder auch starke Schmerzen und Schwellungen hervorrufen kann. Bei allergischer Überempfindlichkeit oder auch bei wiederholten Kontakten können unerträgliche Schmerzen, Ohnmachten, Lähmungserscheinungen und schwere Atembeschwerden auftreten. In diesen Fällen ist sofort der Arzt aufzusuchen. Die beiden genannten Arten – bei denen es noch nicht sicher ist, ob es sich um Farbvarietäten einer Art oder um verschiedene Spezies handelt – ernähren sich von Fischen. Zum Beutefang lassen sich diese Quallen mit weit ausgebreiteten Tentakeln, die bei den bis metergrossen Feuerquallen bis 5 Meter lang werden, zu Boden sinken. Gerät ein Fisch in diese «Falle», so wird er sofort mit dem Nesselgift torpediert und gelähmt. Die grossen Feuerquallen können Fische bis zur eigenen Schirmgrösse überwältigen.

Quallen sind durch rhythmisches Zusammenziehen und Dehnen des Schirms oder der Glocke zu aktiven Richtungsveränderungen fähig, bleiben jedoch von der Strömung abhängig. Daher werden sie oft massenweise an den Strand gespült, wo sie sofort sterben. Die Schirme, die zu 98 Prozent aus Wasser bestehen, verdunsten sehr schnell, zurück bleibt bis zur nächsten Flut lediglich eine dünne Hautschicht. Die durchsichtigen, glasartigen, gallertigen Glocken der Quallen lassen die inneren Organe durchschimmern. Bei der häufigen, harmlosen Ohrenqualle (*Aurelia aurita*) erkennt man vier hufeisenförmige, weissliche oder rötliche Keimdrüsenpakete. Sehr schöne Tiere sind die Kompassquallen (*Chrysaora hysoscella*) mit farblos-durchsichtigem, flachem Schirm, der die charakteristische, wie eine Kompassrose angeordnete Zeichnung aus einem Kreis und Streifen aufweist. Ebenfalls völlig ungefährlich ist die bis zu 60 Zentimeter grosse Blumenkohlqualle (*Rhizostoma octopus*) oder Wurzelmundqualle. Sie jagt nicht wie die anderen Quallenarten, sondern saugt durch die Poren der acht krausen, blumenkohlartigen Mundlappen Plankton ein.

Besonders interessant ist die Vermehrung der Quallen, die sowohl geschlechtlich als auch ungeschlechtlich erfolgt. Aus den befruchteten Eiern schlüpfen kleine, zunächst frei schwimmende Larven, die sich bald auf einer Unterlage festsetzen und zu Polypen mit Fangarmen heranwachsen. Diese Scyphopolypen vermehren sich ungeschlechtlich, indem sie durch Querteilung ringförmige Scheiben abschnüren, die als kleine, aber fertige Quallen frei schwimmen. Etwa zwölf Quallen oder Medusen kann ein Polyp auf diese Art «gebären», dann wachsen ihm wieder Fangarme und er lebt als Polyp weiter, bis sich im nächsten Frühjahr die Vorgänge der ungeschlechtlichen Vermehrung wiederholen. Die ungeschlechtliche Generation lebt also mehrjährig, während die Medusen, also die geschlechtliche Generation, in der Regel im Herbst stirbt. Bei einigen Arten können die erwachsenen männlichen Tiere ausserdem einen Geschlechtswechsel vollziehen.

Ihr Leben lang zwittrig sind die Rippenquallen, die in der zoologischen Systematik einen eigenen Stamm bilden. Ihr bekanntester Vertreter in der Nordsee ist die Seestachelbeere (*Pleurobrachia pileus*); die knapp traubengrossen Tiere kann man während des ganzen Jahres an den Stränden finden.

Obwohl ganz unterschiedlich in der Form, sind die Blumentiere (Anthozoa) näher mit den vorher besprochenen Schirmquallen (Scyphozoa) verwandt als die Rippenquallen. In diese Gruppe gehören die wunderschönen Seeanemonen und die Korallentiere der wärmeren Meere. Einige Arten wie die Speer-Anemone (*Peachia hastata*), die Seedahlie (*Tealia felina*) und die Purpurrose (*Actinia equina*) kommen auch in der Nordsee vor, jedoch wird sie der Strandwanderer nur äusserst selten zu Gesicht bekommen, da sie bei Ebbe die auffallenden, farbigen Tentakel einziehen und dann farb- und formlosen Klumpen gleichen.

Würmer mit Stummelfüssen und Tentakelkronen

Die meisten der im Watt so häufigen Würmer sind freilebende Borstenwürmer (Ordnung Errantia) aus der Klasse der Vielborster oder Borstenwürmer (Polychaeta), die zum Stamm der Gliederwürmer (Annelida) gehören. Etwa 8000 Annelida-Arten sind bekannt, von denen weitaus die meisten im Meer leben. Die Körpersegmente der Borstenwürmer tragen in der Regel je ein mehr oder weniger stark ausgebildetes Ruderpaar mit Borsten, die teilweise mit Tastorganen oder Büschelkiemen ausgestattet sind. Die Vermehrung ist unterschiedlich: Neben getrenntgeschlechtlicher Fortpflanzung mit äusserer oder innerer Befruchtung gibt es Arten, die lebend gebären, und solche, die sich durch Sprossung vermehren. Einige Arten, für die der Palolowurm der Südsee das bekannteste Beispiel ist, die aber auch in unseren Meeren und an unseren Küsten vorkommen, versammeln sich zur Fortpflanzungszeit in riesigen Schwärmen. Die Tiere stossen alle gleichzeitig den die Geschlechtsprodukte enthaltenden, wieder nachwachsenden Körperteil ab.

Das in warmen Sommernächten zu beobachtende Meeresleuchten, bei dem bewegtes Wasser geheimnisvoll aufglüht, ist allerdings nicht, wie oft fälschlich behauptet wird, auf Würmerscharen zurückzuführen, sondern wird vom Meeresleuchttierchen (*Noctiluca miliaris*) hervorgerufen, einem planktonisch lebenden Panzergeissler.

Auf den ersten Blick wird wohl niemand die Meer- oder Seemaus oder Seeraupe (*Aphrodita aculeata*) für einen Wurm, genauer, einen freilebenden Borstenwurm halten. Das bis 18 Zentimeter lange Tier bevorzugt weichgrundige Böden, wo es dicht unter der Oberfläche durch Sand und Schlick kriecht und lebende Nahrung sucht. Den lateinischen Namen der griechischen Liebesgöttin verdankt die Meermaus den prachtvoll in allen Farben des Spektrums schillernden Seitenhaaren und -borsten. Trotz ihres stacheligen Aussehens wird die Seemaus von Fischen gern gefressen.

Nahe miteinander verwandt sind der Meeres-Ringelwurm oder Seetausendfüssler (*Nereis diversicolor*) und der Irisierende Seeringelwurm (*Nereis virens*), die beide im Misch- und Schlickwatt in selbstgegrabenen Gängen leben (vgl. Seite 54). Der Irisierende Seeringelwurm ist eine der grössten Arten des Watts, er misst zwischen 30 und 50, kann aber bis 140 Zentimeter lang werden. Trotz seiner Grösse und der auffallenden dunkelgrünen Farbe findet man diesen Wurm so gut wie nie auf der Wattoberfläche. Nur zur Fortpflanzungszeit verlassen die Würmer ihre Röhren und schwimmen in grossen Schwärmen im Wasser umher.

Neben dem Köderwurm ist der Meeres-Ringelwurm die häufigste Art des Watts. Mit einer Körperlänge bis 15 Zentimeter und 5 Millimetern Durchmesser ist er allerdings deutlich kleiner als sein dicker Verwandter. Die Färbung reicht von grünlich- über gelblichbraun bis rötlich, auffallend ist das kräftig rote Band des Rückenblutgefässes. Der Meeres-Ringelwurm legt sich im Wattboden bis zu einer Tiefe von 15 Zentimetern ein verzweigtes Gangsystem an. Bei Flut kriecht er aus seiner Röhre heraus, um die Umgebung nach Algen und Kleintieren abzugrasen. Dabei bleibt er zwar mit dem Hinterende in der Röhre zurück, um sich bei Gefahr schnell zurückziehen zu können, wird aber trotzdem oft von Plattfischen erbeutet. Mehr als andere Arten findet man den Meeres-Ringelwurm auf der Wattoberfläche kriechend, wobei er sich mit seinen beidseitig angeordneten Stummelfüsschen (Parapodien) ähnlich wie ein Tausendfüssler bewegt.

Neben dem Grasen hat der Meeres-Ringelwurm noch zwei weitere Arten des Nahrungserwerbs entwickelt. Er verfügt über ausstülpbare, spitze Kiefer, mit denen er kleinere Artgenossen, Garnelen oder Schlickkrebse erbeutet. Ausserdem kann er mit Hilfe eines Schleimnetzes, das er aus den Hautdrüsen ausscheidet, in seiner Wohnröhre Plankton einfangen, den er wie der Köderwurm mit dem Atemwasserstrom durch die Röhre leitet. Nach einigen Minuten wird das Netz mitsamt dem Plankton gefressen, und der Wurm spinnt eine neue «Reuse».

Nach der Fortpflanzungszeit im Frühling schlüpfen die winzigen, mit blossem Auge nicht sichtbaren Larven Ende Mai. Sie werden vom Gezeitenstrom umhergetrieben und beginnen, sobald sie 2 bis 4 Millimeter lang sind, einen zunächst unverzweigten, U-förmigen Gang zu bauen. Am Ende ihres ersten Sommers sind sie etwa 2 Zentimeter lang, im folgenden Jahr wachsen sie auf 3 bis 4 Zentimeter heran und sind im dritten Lebensjahr ausgewachsen. Nur wenige erreichen die Geschlechtsreife, da die vielen Feinde wie Vögel, Fische und Krebse ihre Zahl erheblich dezimieren. Trotzdem können die Meeres-Ringelwürmer unter günstigen Bedingungen eine Besiedlungsdichte von 4000 Tieren pro Quadratmeter erreichen. Der Durchschnitt dürfte etwa bei 100 Würmern pro Quadratmeter liegen.

Wesentlich häufiger noch ist der Kotpillenwurm (*Heteromastus filiformis*) mit bis 10 000 Tieren pro Quadratmeter. Allerdings wird man den rund 10 Zentimeter langen, aber kaum millimeterdicken «Gummibandwurm» selten auf dem Wattboden finden. Er lebt in seinem bis in 15 Zentimeter Tiefe reichenden Gangsystem, meist im weichen Schlickwatt, und zeigt sein Vorkommen durch pillenförmige Kothäufchen an. Noch unscheinbarer und kleiner ist der Rasen-Ringelwurm (*Pygospio elegans*) mit einer Länge von maximal 25 Millimetern. Er kleidet seine rund 8 Zentimeter in den Boden reichenden Wohngänge mit Sand, Schlick und Schleim aus. Die freigespülten, millimeterdicken Röhrenenden bedecken den Boden oft wie ein feiner Rasenteppich.

Der bekannteste Bodenbewohner des Watts jedoch ist zweifellos der Köder-, Pier- oder Sandwurm (*Arenicola marina*), den wir bereits auf Seite 55 kennengelernt haben. Im Schlick- und überwiegend schlickigen Mischwatt findet man die Spuren jüngerer Tiere, die älteren bevorzugen das gröbere Misch- oder Sandwatt. Neben der bereits beschriebenen Technik der Frischwasserbeschaffung hat der Köderwurm – ebenso wie einige andere Arten – noch weitere Anpassungen an seinen extrem sauerstoffarmen Lebensraum entwickelt. Zum einen hat er einen äusserst geringen Sauerstoffbedarf: Versuche zeigten, dass Sandwürmer in Wasser, das überhaupt keinen gelösten Sauerstoff enthielt, bis neun Tage überlebten. Zum anderen besitzt der Köderwurm rote Blutkörperchen, die wirksam Sauerstoff binden und das Überleben in sauerstoffarmem Milieu erleichtern. Durch diese Hämoglobinform wird zudem der giftige Schwefelwasserstoff oxidiert und unschädlich gemacht.

Wie der Köder- und der Kotpillenwurm, so gehören auch Köcherwurm (*Pectinaria koreni*), Bäumchen-Röhrenwurm (*Lanice conchilega*), Dreikantwurm (*Pomatoceros triquer*) und Posthörnchenwurm (*Spirorbis borealis*) zu den sesshaften Borsten- oder Röhrenwürmern (Ordnung Sedentaria). Die meisten Angehörigen dieser Gruppe leben in selbstgegrabenen, schleimausgekleideten Röhren oder Gängen im Boden oder in aus Sand, Kalk, Schlick und Schleim gebauten Wohnröhren auf dem Boden und auf Festkörpern im Meer wie Treibgut, Tang, Muschelschalen und Holz.

Seepocken, Garnelen und Krabben: die Krebstiere

Die zum Stamm der Gliederfüsser gehörende Klasse der Krebs- oder Krustentiere (Crustacea) umfasst 25000 Arten, von denen die meisten im Wasser beziehungsweise im Meer leben und vom Nordpol über die tropischen Gewässer bis zur Antarktis verbreitet sind. Die Krebstiere besitzen normalerweise zwei Antennen- oder Fühlerpaare, Kiemen und Spaltbeine, doch gibt es zahlreiche Ausnahmen von diesem Bauplan. So kann die Kiemendurch Hautatmung ersetzt werden, wie es vorwiegend bei den parasitär oder festsitzend lebenden Arten der Fall ist. Die Spaltbeine können zu Fresswerkzeugen oder zu Schwimm- oder Stelzbeinen umfunktioniert sein. Die Krustentiere sind mit Ausnahme der Rankenfüsser (Cirripedia) getrenntgeschlechtlich. Die letzteren gleichen weder in Aussehen noch Lebensweise den «klassischen» Krebsen oder Krabben.

Die Gemeine Seepocke (*Balanus balanoides*) ist jedem Strandwanderer bekannt. Fast alles, was irgendwie festen Halt bietet, wird von den weissen, stark gekerbten, stumpfen Kegeln der kleinen Krebse besiedelt: Muschelschalen, Schneckenhäuser, Tangblätter,

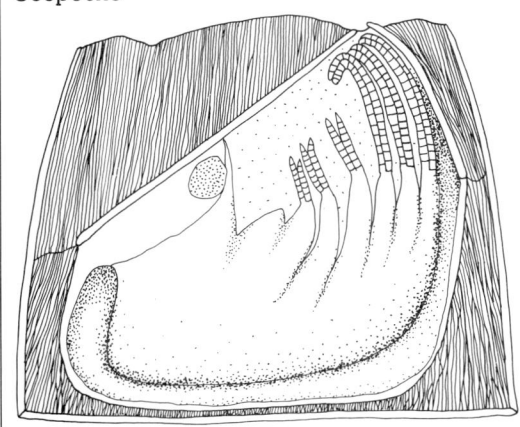
Seepocke

Steine, Treibholz, Mauern, Holzpfähle und sogar die Panzer anderer Crustaceen. Sobald die freischwimmenden Larven einen ihnen zusagenden Standort gefunden haben, wachsen sie fest, und die Umwandlung zur Seepocke beginnt.

Zunächst bildet sich am Kopf eine Hautfalte, die bald als Mantel das ganze Tier umhüllt. Der Mantel scheidet das Material für die sechs Kalkplatten aus, die das kegelförmige Haus der Seepocke bilden. Vier weitere Kalkplatten an der Kegelspitze dienen als fest verschliessbarer Deckel. Während die Kalkplatten ständig mitwachsen, muss die eigentliche Krebsschale, die dünne Chitinhaut, wie bei anderen Krebsen gehäutet werden. Seepocken haben keine Kiemen, ihr Atmungsorgan ist die dünne Innenhaut des Mantels. Das Tier liegt, mit dem Kopf nach unten, auf dem Rücken in seinem Kalkgehäuse. Bei Flut streckt es die Beine durch die Öffnung auf der Spitze des Kegelstumpfes. Durch das Schlagen der mit feinen Borsten besetzten Beine, die ein sehr feinmaschiges Netz bilden, filtert die Seepocke feinste Planktonorganismen und Detritus aus dem Wasser. Der ausserordentlich fest schliessende Deckel befähigt das Tier, mehrstündige Trockenheit während der Ebbe und sogar längere Frostperioden zu überleben.

Seepocken sind Zwitter, jedes Tier enthält also sowohl weibliche als auch männliche Geschlechtsorgane. Der Samen wird mit dem Penis auf ein benachbartes Tier übertragen. Nach der Befruchtung bleiben die Eier bis zum Schlüpfen der Larven in der Mantelhöhle. Die Vermehrungsrate ist sehr gross: In der Mantelhöhle eines einzigen Tieres zählte man 13 000 frischgeschlüpfte Larven. Der grösste Teil dieses Nachwuchses wird jedoch gefressen, bevor er sich ansiedeln kann.

An Orten, die den Seepocken günstige Lebensbedingungen bieten, ist die Besiedlungsdichte sehr gross, in Extremfällen bis zu 100 000 Tiere pro Quadratmeter. Als Folge des Platzmangels wachsen die Kalkgehäuse mehr in die Höhe als in die Breite. Schwächere Exemplare werden einfach überwachsen und gehen zugrunde. Unter guten Bedingungen kann eine Seepocke etwa 5 Jahre alt werden, das Kalkgehäuse misst dann bis zu 1,5 Zentimeter im Durchmesser.

W as im Sommer vielerorts an der Nordseeküste als «frische Krabben» angeboten wird, sind gar keine Krabben, sondern Garnelen, genauer die Nordsee- oder Sandgarnele (*Crangon crangon*), auch Granat oder Porre genannt. Sie gehört zur Unterklasse der Höheren Krebse (Malacostraca) und der Ordnung der Zehnfusskrebse (Decapoda). Die Angehörigen dieser Ordnung weisen einen einheitlichen Bauplan auf: Der Kopfbrustteil ist mit einem Rückenschild bedeckt, und der Hinterleib besteht aus sechs bis sieben Segmenten. Von den acht Spaltbeinpaaren am Kopfbrustteil sind die ersten drei zu Mundwerkzeugen (Kieferfüssen) umgebildet, während die restlichen fünf als Laufbeine dienen, wobei das erste Laufbeinpaar bei verschiedenen Arten grosse Scheren tragen kann, wie etwa beim Hummer (*Astacus gammarus*). Die fünf Beinpaare des Hinterleibs sind bei der Garnele kürzer und dünner als die der Kopfbrust, sie sind fein behaart und dienen zum Schwimmen. Der Hinterleib endet in einem breiten Schwimmfächer, den die Garnelen ruckartig anklappen können und mit dessen Hilfe sie bei Gefahr blitzschnell rückwärts flüchten.

Die Ebbe verbringen Garnelen in wasserführenden Prielen oder notfalls auch in Pfützen. Hier graben sie sich in den Boden ein, so dass nur Augen und Fühler herausschauen. Der Wattwanderer kann die Tiere nur mit äusserster Aufmerksamkeit entdecken, etwa wenn eine kleine Sandwolke im Wasser vor seinen Füssen anzeigt, wo eben noch eine Garnele im Boden vergraben war. Die Garnelen verfügen über eine hervorragende Tarnung: Mit Hilfe besonderer Farbzellen in der Haut können sie sich bis zu einem gewissen Grad der Farbe des Untergrundes anpassen. Im Wattenmeer wird man also meist hell bis dunkel sandfarbene Tiere antreffen. Die Flut lässt die Tiere aktiv werden, sie wandern dann in einem Umkreis von bis zu 3 Kilometern auf die überschwemmten Wattflächen und jagen nach Beute: kleine Würmer und Kleinkrebse, junge Artgenossen, Muschellarven, Algen und Detritus. Mit den Scheren des ersten Beinpaares ergreifen sie die Beute, zerkleinern sie mit den Mundwerkzeugen und führen sie dem Kaumagen zu, der die weitere Zerkleinerung und Verdauung übernimmt.

Rein äusserlich lassen sich Männchen und Weibchen kaum voneinander unterscheiden, jedoch

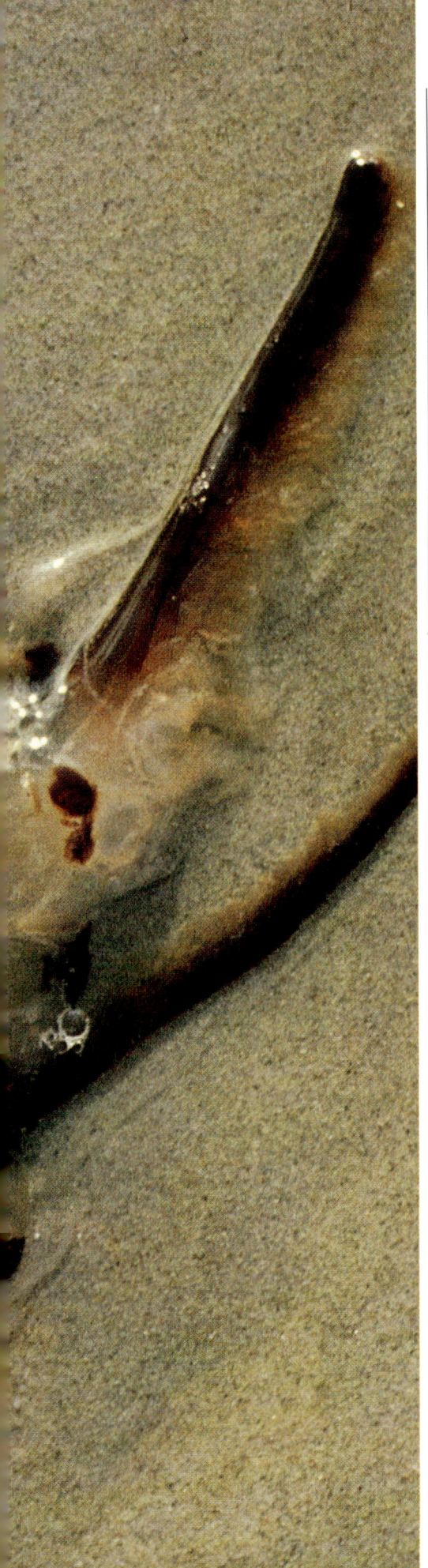

sind erwachsene weibliche Tiere mit einer Länge bis zu 8,5 Zentimeter erheblich grösser als ausgewachsene Männchen (4,5 Zentimeter). Die meisten Männchen machen in ihrem zweiten Lebensjahr eine Geschlechtsumwandlung durch und werden zu Weibchen. Bei der Paarung, die immer mit frisch gehäuteten Weibchen stattfindet, plaziert das Männchen einige Spermapakete in der Nähe der weiblichen Geschlechtsöffnung. Zur Eiablage legt sich das Weibchen auf den Rücken. Die wie Perlen aufgereihten Eischnüre treten aus, werden vom Sperma befruchtet und vom Weibchen auf der Bauchseite, zwischen den mittleren und hinteren Beinen, deponiert. Trotz der enormen Anzahl – bis zu 15 000 Eier pro Ablage – ist das Weibchen in seiner Bewegungsfreiheit nicht eingeschränkt. Garnelen pflanzen sich dreimal im Jahr fort, zweimal im Sommer und einmal im Winter. Kopulation und Eiablage finden immer in tiefem, ruhigem Wasser statt.

Die frischgeschlüpften Larven sind etwa 2 Millimeter lang und führen während rund fünf Wochen eine planktonische Lebensweise. In dieser Zeit häuten sie sich durchschnittlich fünfmal und gehen anschliessend, mit einer Länge von 5 bis 10 Millimetern, zum Bodenleben über. Die Hauptfeinde der jungen Garnelen sind Fische, in erster Linie Plattfische. Um diesen zu entgehen, wandert die Garnelenbrut auf die hochgelegenen Wattflächen und bis in Flussmündungen hinauf. Junge Garnelen können ohne Schwierigkeiten in Brackwasser mit einem Salzgehalt von nur 5 Promille leben, während erwachsene Tiere bei einem Salzgehalt von weniger als 20 Promille zugrunde gehen. Doch trotz der Ausweichmanöver der Jungtiere und trotz der guten Tarnung der

Ganz eigenartige Lebewesen sind die Rippenquallen, die an der Wattenmeerküste während des ganzen Jahres oft massenweise im Spülsaum zu finden sind (im Bild eine Seestachelbeere). Die Tiere sind ausnahmslos Zwitter, also zweigeschlechtlich. Die Jungen entwickeln sich aus befruchteten Eiern über ein Embryonal- und Larvenstadium.

Links: Das grafische Muster einer Kompassrose trägt die Kompassqualle auf ihrem Schirm. Dieser ist weisslich bis gelblich durchsichtig, mit rötlichen oder braunen Strahlen, und hat einen Durchmesser von 25 Zentimeter. Kompassquallen kommen in der Nordsee und im Wattenmeer nur im Sommer vor. Im Gegensatz zu anderen Arten, deren Nesselgift dem Menschen gefährlich werden kann, sind Kompassquallen harmlose Tiere.

Alttiere werden mindestens fünfmal so viele Garnelen von Fischen gefressen wie von Menschen mit Krabbenkuttern gefangen – in der Bundesrepublik Deutschland sind das zwischen 25 000 und 30 000 Tonnen im Jahr.

Ein besonders eigentümlicher Vertreter aus der Ordnung der Zehnfüssigen Krebse und der Unterordnung der Mittelkrebse (Anomura) ist der Bernhardskrebs (*Eupagurus bernhardus*), besser bekannt unter dem Namen Einsiedlerkrebs (*Eupagurus prideauxi*). Er hat einen weichhäutigen, ungepanzerten Hinterleib, den er in einem leeren Schneckengehäuse verbirgt, das er dann mit sich herumträgt. Der Einsiedlerkrebs ist anatomisch dieser seltsamen Lebensweise hervorragend angepasst. Sein erstes Beinpaar ist zu zwei ungleich grossen Scheren umgebildet, mit denen er sowohl Beute ergreifen und festhalten als auch sein Schneckengehäuse gegen aussen abschliessen kann. Die harte Kalkschale des Hauses und die harten Scheren vor dem Eingang bilden einen Verteidigungswall, den nur wenige Feinde überwinden können. Während das zweite und dritte Beinpaar hervorragende Laufbeine sind, dienen die verkümmerten vierten und fünften Beinpaare dazu, das Schneckengehäuse festzuhalten. Die erstaunlichste Anpassung aber zeigt der Hinterleib, der – entsprechend den Windungen der meisten Schneckengehäuse – nach rechts gedreht ist. Die Beine der rechten Körperhälfte sind völlig zurückgebildet, während die Beinstummel der linken Seite dazu dienen, den Atemwasserstrom im Schneckenhaus zu erzeugen. Der Einsiedlerkrebs besitzt nämlich keine Kiemen, sondern atmet durch die Haut des Hinterleibs. Das Beinpaar des letzten Körpersegments besteht aus borstentragenden Fortsätzen, mit denen sich der Bernhardskrebs so fest im Schneckenhaus verankert, dass es fast unmöglich ist, ihn aus seiner Burg herauszuziehen, ohne ihn in der Mitte zu zerreissen. Das Schneckenhaus dient gleichzeitig als Kinderstube, denn das Weibchen behält die Eier so lange an den Beinen des Hinterleibes, bis die Larven schlüpfen.

Die Periode der Häutung ist für den Einsiedlerkrebs doppelt gefährlich, denn er wirft nicht nur seine zu klein gewordene Haut ab, sondern er muss sich auch noch ein grösseres Schneckenhaus suchen, das seiner neuen Körperfülle entspricht. Hat er ein Schneckenhaus gefunden, so betastet er es genau und «probiert» es an, indem er probeweise hineinschlüpft. Sagt es ihm zu, so richtet er sich häuslich ein, entspricht es nicht seinen Vorstellungen, kehrt er in sein altes Haus zurück, bis er eine bessere Behausung gefunden hat.

Je nach Körpergrösse wohnen Einsiedlerkrebse in den Gehäusen von Strand-, Reusen- und Kreiselschnecken. Die bis zu 10 Zentimeter grossen ausgewachsenen Exemplare passen nur noch in die Gehäuse der Wellhornschnecke (*Buccinum undatum*). Oft findet man auf den Gehäusen der Einsiedlerkrebse schmarotzende Mitbewohner wie einige Polypen oder Seepocken. Bei dem in Schulbüchern gerne erwähnten Beispiel einer Symbiose zwischen der Schmarotzerrose (*Calliactis parasitica*) und Einsiedlerkrebs dagegen handelt es sich nicht um Parasitismus von seiten der Seeanemone, sondern tatsächlich um eine Lebensgemeinschaft zu beiderseitigem Nutzen. Wenn der Einsiedlerkrebs das Schneckengehäuse wechselt, nimmt er seinen Untermieter mit.

Einsiedlerkrebse findet man nur ausnahmsweise auf freigefallenen Wattflächen, sie bevorzugen die ständig mit Wasser bedeckten

Regionen, angefangen von strömungsarmen Prielen bis in die tiefen Wasserrinnen.

Die Vertreter der Unterordnung der eigentlichen Krabben oder Kurzschwanzkrebse (Brachyura) haben einen gedrungenen, abgeplatteten Körper, der aus dem Kopfbrustteil besteht und in der Regel robust gepanzert ist. Der Hinterleib ist stark zurückgebildet, hat keinen Schwanzfächer und ist unter dem Kopfbrustkörper fest angelegt. Krabben sind Bodentiere, die sich laufend fortbewegen. Eine Ausnahme bildet lediglich die bis zu 4 Zentimeter lange Blaukrabbe oder Gemeine Schwimmkrabbe (*Portunus holsatus*), bei der die unteren Glieder des letzten Beinpaares blattförmig verbreitert und behaart sind. Mit diesen «Schwimmflossen» kann die Blaukrabbe ihre Beutetiere – kleine Fische und Garnelen – schnell schwimmend erreichen.

Der häufigste Kurzschwanzkrebs des Wattenmeeres ist die Strandkrabbe (*Carcinus maenas*). Ausgewachsenen Exemplaren mit einer Panzerbreite von rund 7,5 Zentimetern wird der Wattwanderer nur selten begegnen, da diese entweder mit der Ebbe in die wasserführenden Priele zurückweichen, sich unter Tang und Algen verstecken oder sich notfalls in den Wattboden eingraben, bis die Flut zurückkehrt.

Mit dem auflaufenden Wasser wandern die «Dwarslöper» (= Querläufer) in ihrer charakteristischen Fortbewegungsweise bis zu 3 Kilometer auf die höhergelegenen Wattflächen zum Fressen. Dabei sind sie nicht wählerisch, sondern nehmen alles, was sie erreichen beziehungsweise überwältigen können, angefangen von Aas über Planktontiere bis hin zu kleinen Fischen, Muscheln, Schnekken, Garnelen und eigenen Artgenossen.

Der Watt- oder Pierwurm ist einer der auffallendsten Wattbewohner. Sein Vorkommen lässt sich anhand der charakteristischen Kothaufen und Fresstrichter, die Aus- und Eingang der U-förmigen Wohnröhre kennzeichnen, leicht nachweisen (ganz links). Das Bild in der Mitte zeigt einen Wattwurm, der gerade sein Häufchen vergrösserte und in die Tiefe seiner Wohnhöhle zurückkriecht. Das entleerte Körperende ist deutlich zu erkennen. Der Sandpier, wie er auch genannt wird, ist ein ausgezeichneter Köder zum Fang von Plattfischen und anderen Räubern. Sobald die Wasserverhältnisse es zulassen, wandern die Fischer aufs Watt hinaus und graben die Würmer aus (unten).

Miesmuscheln sind die einzigen Weichtiere des Wattenmeeres, die wirtschaftlich genutzt werden. Andere Arten, wie Herz- oder Klaffmuscheln, werden gelegentlich und in Notzeiten gegessen. Noch heute gibt es Leute, die von den Muschelfrikadellen oder dem Klaffmuschelgulasch der Nachkriegszeit schwärmen. In den USA werden die Klaffmuscheln als Delikatesse in Farmen gezüchtet. Miesmuscheln werden als «Wildfänge» eingesammelt und auf Muschelbänke gebracht, wo sie unter Schutz und optimalen Bedingungen im Alter von zwei bis drei Jahren zu einer akzeptablen Grösse heranwachsen können. Dann werden sie «geerntet» und in den Handel gebracht.

Rechts oben: Oft werden Milliarden von jungen Wattschnecken angeschwemmt. Die 6 bis 8 Millimeter langen Gehäuse bleiben am Spülsaum liegen, bis sie die nächste Flut wieder mitnimmt. Meist sind die Gehäuse weder leer, noch sterben die Tiere während der Trockenperiode. Sie können ihr Haus nämlich mit einem Deckel so fest verschliessen, dass sie durchaus einige Tage am trockenen Strand überleben.

Die Hauptaktivitätszeit der Strandkrabben liegt in den Flutperioden, doch werden sie in den Dämmerungsstunden und nachts auch bei Ebbe aktiv. Sie sind nicht auf ständige Wasserbedeckung angewiesen, da ihre geschützt unter dem Rückenpanzer liegenden Kiemen bei genügend Feuchtigkeit auch an der Luft voll funktionsfähig bleiben. Überhaupt beweisen Strandkrabben eine erstaunliche Anpassungs- und Widerstandsfähigkeit. So machen Schwankungen des Salzgehalts der Strandkrabbe nicht viel aus, sie übersteht sogar unbeschadet einen mehrstündigen Aufenthalt in Süsswasser.

Trotz ihres wehrhaften Aussehens und des starken Panzers haben Strandkrabben viele Feinde. Silbermöwen (*Larus argentatus*) schlucken kleinere Exemplare ganz hinunter oder zerhacken grössere Tiere mit ihren Schnäbeln. Austernfischer und Eiderenten stellen den schmackhaften Krebstieren nach, und die Jungtiere werden in grosser Zahl von Fischen und den eigenen Artgenossen gefressen. Entsprechend der Anzahl der Feinde ist die Vermehrungsrate der Strandkrabben sehr gross. Einige Monate nach der Paarung, die immer nur mit frisch gehäuteten Weibchen möglich ist, legt das weibliche Tier mehrere hunderttausend Eier, die es bis zum Schlüpfen der Larven unter dem eingeklappten Schwanz mit sich umherträgt. In dieser Zeit lebt das Muttertier noch versteckter als sonst.

Hin und wieder findet man am Spülsaum den grossen Rückenpanzer eines Taschenkrebses (*Cancer pagurus*). Dieser neben dem Hummer grösste Vertreter der Krebsfamilie wird bis zu 25 Zentimeter lang und hat so kräftige Scheren, dass er empfindliche Wunden zufügen kann. Er lebt vorwiegend in tieferen Gewässern auf steinigem Untergrund.

Auch der Seespinne (*Maja squinado*) wird der Strandwanderer selten begegnen. Sie lebt vom Seichtwasser an auf algenbewachsenen Böden und zwischen Steinen und tarnt sich hervorragend, indem sie sich selbst mit Algen bedeckt. Auch Seepocken und Polypen wachsen auf ihrem Panzer. Hauptnahrung dieses langsamen und trägen Tieres sind Seesterne.

Ein sehr häufiger, wenn auch unscheinbarer Vertreter der Ordnung der Flohkrebse (Amphipoda) ist der Schlickkrebs (*Corophium volutator*), der im Schlickwatt der Uferregionen mit bis zu 40 000 Exemplaren pro Quadratmeter vorkommt. Der bis 10 Millimeter lange Winzling lebt in selbstgegrabenen, bis 4 Zentimeter tiefen, U-förmigen Gängen im Wattboden und macht sich hauptsächlich durch seine sternförmigen Frassspuren auf dem bei Ebbe freiliegenden Wattboden sowie durch das bereits erwähnte feine Knistern bemerkbar, das von seinen unterirdischen Aktivitäten herrührt. Zur gleichen Ordnung gehören auch der Gemeine Strandfloh (*Talitrus saltator*) und der Küstenhüpfer (*Orchestia gammarellus*), die man beide unter Tangbüscheln und Treibgut findet.

Ein Käfer kehrt ins Meer zurück

Ein Unikum besonderer Art ist der Salzkäfer (*Bledius spectabilis*) aus der Familie der Kurzflügelkäfer (Staphylinidae), eines der wenigen Landtiere, das sich das Watt als Lebensraum erobern konnte. Der 8 bis 9 Millimeter lange, schwarze Käfer mit den kurzen, roten Flügeldecken lebt in der Verlandungszone zwischen Queller und Schlick- und Andelgras. Er gräbt sich bis 12 Zentimeter tiefe Gänge in den Boden, die er bei Flut mit einem Sandpfropfen verschliesst. In dieser Luftkammer wartet der Salzkäfer das Ablaufen des Wassers ab und krabbelt bei Ebbe an die Oberfläche, um Algen von Sandkörnern abzuweiden. Der Salzkäfer verrät sein Vorkommen durch die kleinen Sandhäufchen vor seiner Eingangstüre: Sandkörner, die beim Graben in seine Wohnhöhle hineinfallen, transportiert er mit den Mundwerkzeugen wieder nach oben und wirft sie vor den Eingang. Die Wohnhöhle der Weibchen ist gleichzeitig die Kinderstube der Käferlarven. Etwa ab Mitte Mai beginnt das Weibchen mit der Eiablage, dabei plaziert es jedes Ei in einer eigenen Kammer in der Höhlenwand. Nach dem Schlüpfen bleiben die Larven noch etwa drei Wochen in der Wohnhöhle der Mutter, dann ziehen sie aus und legen sich eigene Gänge an. Bis zum Herbst haben sie sich zu fertigen Salzkäfern entwickelt und verbringen den Winter in ihren Gängen in höhergelegenen Marschregionen, wo sie vor Sturmfluten relativ sicher sind.

Das Heim auf dem Rücken: die Schnecken

Von allen Meerestieren sind wohl die Angehörigen des Stammes der Weichtiere (Mollusca) bei grossen und kleinen Strandwanderern weitaus am beliebtesten. Dabei gilt diese Liebe nicht den Tieren selbst, sondern vielmehr dem Aussenskelett dieser Geschöpfe, den oft schön geformten und gefärbten Gehäusen und Schalen.

Die Klasse der Schnecken (Gastropoda) ist mit über 85000 Arten die grösste Gruppe der Weichtiere. Die hier interessierenden Arten haben einen einheitlichen Bauplan. Sie verfügen über einen zweiseitig symmetrischen Kopffuss und den meist vom Mantel überzogenen asymmetrischen Eingeweidesack. Der Fuss ist meist als breite Kriechsohle geformt, die bei einigen Arten zum Graben benutzt wird, bei anderen zu Flossen umgebildet sein kann. Der Kopf trägt zwei bis vier Fühler, die Augen und die Mundöffnung. Der Mantel scheidet die napfförmige oder spiralige Schale aus verschiedenen Kalkstrukturen ab, die bei Gefahr zumindest den Eingeweidesack, meist aber das ganze Tier samt Fuss aufnimmt und oft durch einen Deckel fest verschlossen werden kann.

In geradezu ungeheuren Mengen findet man im Misch- und Schlickwatt die 6 bis 8 Millimeter langen Gehäuse der Wattschnecke (*Peringia ulvae*). Besiedlungsdichten von 60000 Tieren pro Quadratmeter sind nicht ungewöhnlich, 100000 Tiere durchaus möglich. Oft findet man am Spülsaum ganze Schichten angeschwemmter Wattschnecken, die auf den ersten Blick wie grober Sand wirken. Wenn man genau hinsieht, wird man zwischen den Wattschnecken etwa gleich grosse, aber ganz anders geformte Schneckengehäuse entdecken. Sie gehören der räuberischen Hinterkiemenschnecke (*Retusa obtusa*), die Wattschnecken jagt, während diese sich von Algen, Faulstoffen und Bakterien ernähren. Die angespülten Schnecken sind meist nicht tot, da sie ihr Gehäuse mit einem Deckel fest verschliessen können und mehrtägige Trockenperioden überstehen.

Die Gemeine (*Littorina littorea*), die Dunkle (*L. saxatilis*) und die Stumpfe Strandschnecke (*L. obtusata*) findet man in der Gezeitenzone an Buhnen, Pfeilern und auf Muschelbänken in grosser Zahl. Die Gehäuse dieser Arten werden bis 3 Zentimeter hoch und variieren in der Färbung von Braungrau über Graugrün bis zu Orange und Gelb. Wenn sie nicht gerade in

ihren mit einem Deckel verschliessbaren Gehäusen ruhen, sieht man bei Ebbe immer zahlreiche Exemplare «grasend» über den feuchten Wattboden ziehen.

Die Gehäuse der Gemeinen Turmschnecke (*Turritella communis*) findet man gelegentlich angespült. Die Schnecke mit dem bis zu 6 Zentimeter hohen Häuschen lebt im tieferen Wasser zwischen 30 und 200 Metern, die leeren Gehäuse werden gern von jungen Einsiedlerkrebsen benutzt.

Die grösste Schneckenart der Nordsee ist die Gemeine Wellhornschnecke (*Buccinum undatum*), deren Gehäuse bis 12 Zentimeter lang wird. Die Tiere leben von der Niedrigwasserlinie an bis in Tiefen von etwa 100 Metern. Gerät die Wellhornschnecke auf der Suche nach Nahrung – Aas und kranke Tiere – auf die höheren Wattflächen und wird dort von der Ebbe überrascht, gräbt sie sich in den Boden ein, um hier die Trockenperiode zu überstehen und Schutz vor Feinden, vor allem den Silbermöwen, zu finden. Lebende Tiere wird der Wattwanderer also nur ausnahmsweise entdecken, jedoch wird er immer wieder den leeren Gehäusen, die oft von Einsiedlerkrebsen bewohnt sind, und den hornfarbenen Laichballen der Wellhornschnecke begegnen.

Sesshaftigkeit als Prinzip: die Muscheln

Der augenfälligste Unterschied zwischen Muscheln und Schnecken liegt darin, dass das Kalkgehäuse der Muscheln aus zwei Klappschalen besteht. Dem Bauplan der Schalen entspricht der Körperbau des Tieres mit dem zweilappigen Mantel, der den Weichkörper umhüllt und die Schalen abscheidet. Muscheln haben keinen Kopf. Zwischen dem Mantel und dem beilförmigen, schwellbaren Fuss, der aus der Schale hervorgestreckt werden kann, liegt die Mantelhöhle mit den Kiemen. Die Schalenhälften können durch Schliessmuskeln so fest verschlossen werden, dass sie nur mit äusserster Gewaltanwendung beziehungsweise mit einem Messer geöffnet werden können. Muscheln leben ausschliesslich auf dem Meeresboden oder in Sedimenten von der mittleren Hochwasserlinie an bis in Tiefen von 2000 Metern. Da die meisten als erwachsene Tiere kaum noch zu Ortsveränderungen fähig sind, kann die Verbreitung nur während des planktonischen Larvenstadiums erfolgen.

Die häufigste und charakteristischste Muschelart des Wattenmeeres ist die Echte Miesmuschel (*Mytilus edulis*) mit ihren bis 8 Zentimeter langen, blauschwarzen bis braunen Schalen, die innen oft mit einer Perlmutterschicht überzogen sind. Die Miesmuschel kann mit Hilfe besonderer Drüsen sogenannte Byssusfäden produzieren, mit denen sie sich an Festkörpern wie Buhnen, Pfählen, Steinen oder auch anderen Artgenossen festheftet. Derartig miteinander verwachsene Tiere bilden auf dem Wattboden Muschelbänke. An günstigen Standorten können bis zu 12000 Tiere pro Quadratmeter vorkommen. Miesmuscheln können auf dem Wattboden nur an der Oberfläche leben. Wird eine Muschelbank mit Sinkstoffen zugedeckt, so sind die Tiere zum Tod verurteilt, da sie für die Atmung und den Nahrungserwerb auf Frischwasserzufuhr angewiesen sind und der Fuss nur bei jungen Tieren noch so entwickelt ist, dass sie sich durch abgelagertes Material nach oben graben können. So empfindlich die Miesmuschel gegen Übersandung oder Überschlickung ist, so unempfindlich ist sie gegen andere Umwelteinflüsse. Im Sommer überstehen die Tiere tagelanges Trockenliegen ebenso unbeschadet wie Einfrieren oder oft wochenlangen Einschluss unter Eisschollen im Winter.

Die mit Flimmerhärchen besetzten Kiemen der Miesmuschel erzeugen einen ständigen Wasserstrom, dem nicht nur der Sauerstoff, sondern auch die Nahrung, wie Planktonorganismen und Detritus, entnommen werden. Auch im Wasser enthaltene Sinkstoffe werden zurückgehalten, eingeschleimt und zusammen mit dem Kot über die Ausströmöffnung wieder ausgeschieden. Deshalb sind Muschelbänke oft von selbstgeschaffenem Schlickwatt umgeben. Unter guten Bedingungen sind Miesmuscheln mit einem Jahr fortpflanzungsfähig und können dann bis dreimal im Jahr Millionen von Eiern ausstossen, die im Wasser befruchtet werden. Dreijährige Tiere sind fast ausgewachsen und können abgefischt oder geerntet werden. Vielerorts werden Miesmuscheln – ähnlich wie Austern – gezüchtet. Die Hauptfeinde dieser Muschelart sind, neben dem Menschen, Seesterne, Silbermöwen, Austernfischer und Eiderenten. Die grössten Schäden an den Muschelbänken aber richten harte Winter an, wenn Eisschollen die Bänke förmlich weghobeln oder die Tiere vom Eis eingeschlossen werden und erfrieren. Miesmuschelbänke im Watt sind eigene Biotope, die zahlreichen anderen Tieren günstige Lebensräume bieten. So findet man hier, neben Seepocken in grosser Zahl, Pantoffel- und Käferschnecken (*Crepidula fornicata* und *Lepidochiton cinereus*), Seeanemo-

Immer neue Variationen in Formen und Farben finden wir bei den Muschelschalen. Jede Schale ist anders und – bei genauem Hinsehen – unverwechselbar: geringe Formabweichungen, anders angeordnete Jahrringe, Farbveränderungen, unterschiedliche Grösse und Dicke. Mehr noch als die individuellen Unterschiede beeindruckt die Vielzahl der Arten. Die Bilder vermitteln nur einen ganz kleinen Eindruck: (linke Seite, von oben nach unten) Miesmuscheln, Austernschale mit Spuren eines Bohrwurms, Herzmuschel; (unten) Scheidenmuscheln.

nen, kleine Polypenstöcke, Kolonien der Moostierchen (Bryozoa), Flohkrebse und junge Strandkrabben.

Vereinzelt liegen am Strand kleine, höchstens 1,8 Zentimeter lange, strahlig gerippte, grünliche Miesmuschelschalen. Es handelt sich dabei aber nicht um die Schalen junger Miesmuscheln, sondern um solche der Marmorierten Bohnenmuschel (*Musculus marmoratus*).

Neben der Miesmuschel ist die Herzmuschel (*Cardium edule*) die häufigste Art des Watts. Sie bevorzugt Mischwattböden, in die sie sich bis 3 Zentimeter tief eingräbt. Auf entsprechenden Böden mit dichtem Diatomeenbewuchs entdeckt man zahlreiche zentimeterlange, ovale Löcher, die durch die Siphonen der Herzmuschel entstehen. Bei geringer Wasserbedeckung kann man sogar die Siphoöffnungen feststellen. Sie messen nur wenige Millimeter im Durchmesser, die Öffnung des Einströmsiphos ist etwas grösser als die des Ausströmsiphos. Gelegentlich sieht man auch bis zu 10 Zentimeter hohe Fontänen aufspritzen: Durch ruckartiges Zusammenziehen der Schalenhälften stösst die Muschel Kot und ungeniessbare Sinkstoffe durch den Ausströmsipho aus.

Herzmuscheln sind leicht an ihrer kräftigen, rundlichen, bis zu 5 Zentimeter grossen, radiär gerippten Schale zu erkennen, die von Weiss über Rötlich bis Dunkelgrau alle Farbtöne aufweisen kann, was u.a. auf verschiedene Mineralien im Wattboden zurückzuführen ist.

Auch die Schalen der Sand-Klaffmuschel (*Mya arenaria*) sind eigentlich weiss, können jedoch auch tiefschwarz oder graurot sein. Die Sand-Klaffmuschel ist die grösste Muschel des Watts; Tiere mit 15 Zentimeter langen Schalen und einem Gewicht von 250 Gramm sind bekannt. Bei erwachsenen Sand-Klaffmuscheln passen Körper und Sipho nicht mehr in die Schale, ausserdem sind die Schalenhälften so geformt, dass sie nicht mehr hermetisch abschliessen, sondern auseinanderklaffen.

Von allen Arten gräbt sich die Sand-Klaffmuschel am tiefsten in den Wattboden ein: bis 30 Zentimeter. Als Anpassung an die dort herrschenden, extremen Bedingungen hat sie einen zehnmal geringeren Sauerstoffbedarf als die Tiere, die in höheren Bodenschichten leben. Ein- und Ausströmsipho sind zu einem Sipho mit nur einer Öffnung verwachsen. Erwachsene Tiere können ihren Sipho bis zu einer Länge von 50 Zentimetern ausfahren und so Niveauveränderungen des Bodens bis zu einem gewissen Grad ausgleichen. Das ist auch nötig, denn während junge Tiere mit ihrem kräftigen Grabfuss noch recht beweglich sind, können erwachsene Muscheln, ab einer Grösse von 3 Zentimetern, kaum noch Ortsveränderungen vornehmen.

«Pisster» heisst die Sand-Klaffmuschel recht drastisch im Volksmund. Während der Trockenperiode bei Ebbe bleiben nämlich der Mantelraum und der untere Siphoteil mit Wasser gefüllt. Bei Erschütterungen durch Wattwanderer klappt die Muschel ihre Schalen zusammen, wobei das Wasser in hohem Strahl herausspritzt. Der einzige Feind der ausgewachsenen Sand-Klaffmuschel ist der Mensch, vor Nachstellungen durch andere Fressfeinde ist sie durch ihr Leben tief im Boden geschützt. Nach dem Krieg waren Sand-Klaffmuscheln an den europäischen Küsten ein beliebter Eiweissspender. In Nordamerika werden die *gapers* heute noch gern gegessen und in regelrechten Farmen gezüchtet.

Auch die bis 6 Zentimeter lange Pfeffermuschel (*Scrobicularia plana*) und die bis 3 Zentimeter erreichende Plattmuschel oder Rote Bohne (*Macoma baltica*) gehören zu den häufigeren Muschelarten des Watts. Die Schale der ersteren ist weiss, kann aber auch graue bis schwarze Färbung aufweisen und ist schwach konzentrisch gerieft. Die Farben der Plattmuschel variieren von Weiss über Gelblich bis Rosarot. Beide Arten werden gern von Wattvögeln gefressen, immer wieder sieht man vor allem Rotschenkel und Austernfischer in charakteristischer Weise im Wattboden nach Beute stochern.

Obwohl man Austernschalen (*Ostrea edulis*) noch recht häufig am Strand findet, gibt es keine nennenswerten Bestände dieser Art mehr. In früheren Jahrhunderten waren Austern recht häufig, aber sie wurden durch übermässige Nutzung stark reduziert. Austernbänke findet man im dänischen Limfjord, daneben existieren bei Sylt und Amrum Zuchtstationen.

Als Andenken sehr beliebt sind die «Engelsflügel», die Schalen der Amerikanischen Bohrmuschel (*Petricola pholadiformes*). Die weissen bis gelblichen Schalen werden bis 7 Zentimeter lang und zeigen konzentrische Anwachsstreifen und Rippen, die auf dem oberen Teil sehr ausgeprägt sind und zusätzliche Schuppendornen tragen, mit deren Hilfe sich das Tier in Torf, Klei und sogar Kreidefelsen hineinbohrt.

Die bis zu 15 Zentimeter lange, leicht gebogene Schwertmuschel (*Ensis ensis*) lebt in Wassertiefen zwischen 5 und 30 Metern in selbstgegrabenen Gängen. Da diese Art also nicht das Watt, sondern tiefere Gewässer besiedelt und ihre Schale sehr zerbrechlich ist, findet man sie nur selten im Spülsaum. Allerdings kann es vorkommen, dass – bedingt durch Umwelteinflüsse – eine ganze Kolonie abstirbt. Dann werden die Schalen in Massen an den Strand gespült. Im Juni 1984 fanden wir auf der Sandbank vor St. Peter-Ording Unmengen von Schwertmuscheln in allen Grössen.

Fünfarmige Banditen und bedächtige Panzer: Seesterne und Seeigel

Der Stamm der Stachelhäuter (Echinodermata) ist im Watt hauptsächlich durch den Gemeinen Seestern (*Asterias rubens*) und den Strandseeigel (*Psammechinus miliaris*) vertreten. Sie haben einen fünfstrahlig radiärsymmetrischen Körperbau und ein mehr oder weniger gut entwickeltes Kalkskelett in der Aussenhaut, das mit Stacheln besetzt ist.

Der Gemeine Seestern lebt von der Niedrigwasserlinie an bis in Tiefen von etwa 200 Metern. In Küstennähe erreicht er selten mehr als einen Durchmesser von 25 Zentimetern, jedoch können Tiere in tieferen Gewässern bis zu 50 Zentimeter messen. Seesterne lieben Felsgrund und steinigen Sandgrund, leben in Küstennähe aber gerne auch an Buhnen, Pfählen und auf Miesmuschelbänken. Mit Hilfe der winzigen Saugfüsse auf den Armunterseiten können sie sich recht schnell kriechend fortbewegen. Miesmuscheln und Austern sind die Lieblingsspeise des Gemeinen Seesterns. Er hat eine besondere Methode entwickelt, um an die begehrten Leckerbissen heranzukommen: Mit Hilfe seiner Saugfüsse schiebt er sich so über die Muschel, dass seine Mitte, die Scheibe mit der Mundöffnung, genau vor den geschlossenen Schalenhälften liegt. Die Armspitzen stützt er auf den Boden. Die Saugfüsse der Oberarme üben nun einen ständigen Zug auf die obere Muschelschale aus. Diesem Zug kann die Muschel eine gewisse Zeit widerstehen, bis die Kraft des Schliessmuskels nachlässt und die Schalen sich einen Spalt breit öffnen. In diesem Moment stülpt der Seestern seinen Magen in die Muschel hinein und beginnt sofort mit der Verdauung des Weichtieres.

Lebende Seeigel findet man an den Wattküsten noch seltener als Seesterne. Allenfalls nach Sturmfluten kann man vereinzelt lebend angespülte Exemplare des Strandseeigels (*Psammechinus miliaris*) antreffen. Diese Stachelhäuter leben auf steinigem Sandgrund, auf Austernbänken und Felsriffen, von der Niedrigwasserlinie an bis in etwa 100 Meter Tiefe. Häufiger findet man die stachellosen, dünnen Kalkgehäuse der Tiere. Der Strandseeigel hat bis zu 4,5 Zentimeter Durchmesser. Die zentimeterlangen Stacheln sind hell- bis dunkelgrün mit violetter Spitze. Sie sind sehr beweglich und ermöglichen dem Tier langsames Kriechen. Es ernährt sich vorwiegend von Pflanzen, kann aber auch Herzmuscheln öffnen.

Von Fischen, Vögeln und Seehunden

Die Wirbeltiere sind im Watt mit den Fischen und Vögeln nach Art und Zahl recht gut vertreten, nur die Säuger konnten nicht so richtig mithalten. Ausser dem vor allem durch das Massensterben im Frühjahr und Sommer 1988 selten gewordenen Seehund sind sie nur gelegentliche Besucher am Festlandgürtel. Im Gegensatz zu den meisten der bisher behandelten Tierarten können die Vertreter dieser drei Klassen den extremen Bedingungen der Gezeitenzone kurzfristig ausweichen.

Kinderstube und Schlaraffenland für Flossenträger: Fische im Watt

Bisher sind im Wattenmeer insgesamt gut hundert Fischarten nachgewiesen worden. Davon kommen über zwanzig Arten regelmässig und häufig vor, sechsundzwanzig besuchen das Watt hin und wieder, über zwanzig weitere wurden gelegentlich und dreissig nur ganz vereinzelt beobachtet.

Je nach Häufigkeit, Aufenthaltsdauer und -zweck können sie in vier Gruppen eingeteilt werden:
– Bei Standfischen spielt sich der gesamte Lebenszyklus im Wattenmeer ab.
– Sogenannte Saisonniers halten sich periodisch in bestimmten Jahreszeiten im Watt auf.
– Bei Wattbewohnern im Jugendstadium laichen die Elterntiere im offenen Meer. Die Eier oder Larven treiben als Plankton ins Wattenmeer, wo die Jungfische ihre ersten Lebensjahre verbringen.
– Zufallsgäste sind Fische, die eigentlich in anderen Meeresgebieten leben und nur ausnahmsweise, meist auf Nahrungssuche, im Watt erscheinen. Diese Gruppe muss hier unbehandelt bleiben, für das Ökosystem Wattenmeer ist sie kaum von Bedeutung.

Die Standfische des Watts sind Salzgehaltsschwankungen gegenüber mehr oder weniger unempfindlich, manche leben auch im relativ süssen Brackwasser der Flussmündungen. Als weitere Anpassung an den Lebensraum Watt mit seinen starken Gezeitenströmungen ist eine gewisse Brutfürsorge zu werten. Um zu verhindern, dass der Laich von der Strömung verdriftet wird, heften fast alle ausgesprochenen Wattfische ihre Eier auf einer festen Unterlage, an Steinen, Muschelschalen, Algen und ähnlichem fest. Der Seeteufel (*Lophius piscatorius*), der Butterfisch (*Pholis gunnellus* und die Strandgrundel (*Gobius microps*) bewachen und betreuen sogar ihren Laich, während die Brutfürsorge bei der Aalmutter (*Zoarces viviparus*) so weit geht, dass sich die Eier im Mutterleib entwickeln und die Jungen lebend geboren werden. Dabei geht mit der Zunahme der Brutfürsorge eine Abnahme der Eierzahl einher.

Weitere Standfische des Watts sind der Steinpicker (*Agonus cataphractus*), der Grosse Scheibenbauch (*Liparis liparis*) und, mit Einschränkungen, die Flunder (*Platichthys flesus*), die Dreibärtelige Seequappe (*Onogadus trivirratus*) sowie zwei weitere Grundelarten. Letztere suchen die offene Nordsee zum Laichen auf. Flunder und Seequappe legen sehr viele pelagische, sich im freien Wasser entwickelnde Eier im Winter oder im frühen Frühjahr. Mit den Gezeitenströmen gelangen die Eier oder Larven ins Wattenmeer, wo die Jungfische aufwachsen. Junge Flundern ziehen bis in die fast süssen Gewässer der Flussmündungen.

Bei den Saisongästen sind verschiedene Untergruppen festzustellen. Viele Arten führen vom Nahrungsangebot gesteuerte grössere oder kleinere Wanderungen durch. Sie verlassen das Watt mit seinen relativ niedrigen Wassertemperaturen im Spätherbst oder Winter und kehren erst im Frühjahr wieder zurück, wie zum Beispiel die Seezunge (*Solea solea*), der Hornhecht (*Belone belone*) und die Kleine Seenadel (*Syngnathus rostellatus*). Reine Sommergäste des Watts sind erwachsene Meeräschen aus der Ordnung Mugilidae, der als Speisefisch sehr geschätzte Wolfs-, See- oder Meerbarsch (*Roccus labrax*), Stöcker oder Bastardmakrele (*Trachurus trachurus*) und die Gemeine Makrele (*Scomber scombrus*).

Austernfischer gehören zu den auffälligsten und ruffreudigsten Vögeln der Nordseeküste. An ihrem schwarzweissen Gefieder und den leuchtend roten Schnäbeln erkennt man sie ebenso schnell wie an ihren durchdringenden, melodischen Rufen.

Zu den Saisongästen, die im Winter das Watt vereinzelt aufsuchen, gehören einige Arten, die normalerweise im Brack- oder sogar im Süsswasser leben, wie etwa der Stint (*Osmerus eperlanus*), dessen Fleisch einen eigentümlichen Gurkengeschmack besitzt, und der Gemeine oder Dreistachelige Stichling (*Gasterosteus aculeatus*), dessen Männchen zur Laichzeit Nester aus Pflanzenfasern bauen. Auch der gefrässige Kabeljau oder Dorsch (*Gadus morhua*) taucht in der kalten Jahreszeit gelegentlich im Watt auf.

Einer der häufigsten Gelegenheitsgäste ist die Kliesche oder Scharbe (*Limanda limanda*), die im ganzen Nordseegebiet verbreitet ist. Vor allem im Frühjahr, nach der Laichzeit, trifft man oft grössere, bis 40 Zentimeter lange Exemplare, während im Herbst massenweise Jungfische auftauchen.

Die Meerforelle (*Salmo trutta*) laicht im Süsswasser der Flussmündungen und kommt ins Wattenmeer, um hier vom reichen Nahrungsangebot zu profitieren.

Das Wattenmeer als Kinderstube ist vor allem für vier fischereiwirtschaftlich interessante Arten von Bedeutung: Scholle oder Goldbutt (*Pleuronectes platessa*), Seezunge (*Solea solea*), Hering (*Clupea harengus*) und Sprotte oder Breitling (*Sprattus sprattus*). Alle genannten Arten laichen ausserhalb des Watts und werden als Larven von der Strömung ins Wattenmeer getragen. Eine Ausnahme bildet die Seezunge, da ihre Laichplätze nur in geringer Entfernung von der Küste liegen. Die Eier entwickeln sich sehr schnell, und die Larven machen kein Planktonstadium durch, sondern gehen nach dem Schlüpfen sofort zum Bodenleben über. Scholle und Seezunge verbringen ihre ersten zwei bis drei Lebensjahre im Watt, wobei sie im Winter tiefere und wärmere Gewässer aufsuchen. Junge Heringe dagegen halten sich nur einige Monate im Watt auf. Haben sie eine Länge von ungefähr 10 Zentimetern erreicht, ziehen sie in die südliche Nordsee hinaus.

Ganz eigenartige Gestalten sind die Plattfische, da sich ihr Äusseres von jenem «normal» gebauter Fische stark unterscheidet. Auf den ersten Blick wirken sie einfach von oben her plattgedrückt. Dabei sind sie in Wirklichkeit extrem schmal und hoch gebaut, also seitlich zusammengedrückt und dann sozusagen umgekippt. Sie schwimmen deshalb auf der Seite und nicht auf dem Bauch. Als Anpassung an diese Lebensweise sind die Augen nach oben, auf die «Rücken»- oder Augenseite, gewandert. Diese ist stark pigmentiert und kann hervorragend der Farbe der Umgebung angepasst werden.

Die Haut der gelblichweissen, stets zu Boden gerichteten Blindseite ist unpigmentiert und wenig oder kaum geschuppt. Rücken- und Afterflosse bilden einen scheinbar seitlichen, fast geschlossenen Saum, den am Körperende die ebenfalls nur scheinbar horizontal gerichtete Schwanzflosse ergänzt. Die Brustflosse auf der Augenseite ist meist stärker entwickelt als die auf der Blindseite. Der mehr oder weniger «schiefe» Mund kann mehr nach oben, zur Seite oder auch nach unten gerichtet sein. Die Leibeshöhle ist nicht langgestreckt wie bei den meisten anderen Fischen, sondern stark verkürzt und liegt direkt hinter dem Kopf. Die frisch geschlüpften Plattfischlarven ähneln viel eher «normalen» Fischen als ihren plattgedrückten Eltern. Sie sind symmetrisch gebaut, die Augen stehen beidseits des Kopfes, und sie schwimmen aufrecht, also Bauchseite nach unten und Rücken nach oben. Wenn sie etwa 15 Millimeter lang sind, gehen sie von der planktonischen Lebensweise zum Bodenleben über. Gleichzeitig wandert ein Auge über die Stirn zur anderen Seite, der Körper legt sich auf die Bauchseite, und die fertigen Plattfische sind bereit für das Bodenleben.

Gelegentlich trifft man beim Wattwandern in den Prielen auf Plattfische. Sie liegen in den sandigen oder schlickigen Grund eingegraben, nur die Augen schauen noch heraus. Es soll Leute geben, die es im «Buttpetten» zu wahrer Meisterschaft gebracht haben: Sie entdecken die Fischaugen auf dem Prielboden, nähern sich ihnen sehr vorsichtig und treten dann blitzschnell auf den Fisch, diesen mit der Ferse auf dem Boden festhaltend. Plattfische sind ausgezeichnete Speisefische, vor allem der Steinbutt (*Scophtalmus maximus*), der Heilbutt (*Hippoglossus hippoglossus*), die Scholle, die Flunder, die Rotzunge (*Microstomus kitt*) sowie alle Seezungenarten.

Eine Fischart soll hier noch erwähnt werden, die man zwar normalerweise kaum zu Gesicht bekommt, es sei denn als unbeabsichtigten Mitfang in den Netzen der Fischkutter. Dagegen kann man am Spülsaum hin und wieder die Eier des Kleinen Katzenhais (*Scyliorhinus canuculus*) finden: 5 bis 7 Zentimeter lange, hornige, gelbbraune Kapseln, die vom Weibchen beim Ablaichen an Festkörpern im Wasser angeheftet werden. Es dauert 8 bis 9 Monate, bis die Jungen schlüpfen. Die ähnlichen Eier des früher im Wattenmeer recht häufigen Nagelrochens (*Raja clavata*) haben keine Haftfäden.

Zu Wasser, zu Land und in der Luft: Vögel im Watt

Die bisher vorgestellten Watttiere sind eher klein, stumm, leben versteckt oder im tieferen Wasser, so dass sie der Besucher allenfalls zufällig oder nach bewusstem Suchen zu Gesicht bekommt. Ganz anders verhält es sich mit den Vögeln: Man trifft sie am Strand, in den Salzwiesen und Dünen, in Häfen, küstennahen Feldern und Weiden und im Kielwasser der Schiffe. Ihre heiseren, melodischen oder melancholischen Rufe gehören zum Watt wie die endlose Weite, der Geruch nach Salz und Schlick und der ewige Wind.

Etwa hundert Vogelarten kommen im Watt vor, das ihnen als Brutgebiet, als Überwinterungs- oder Übersommerungsstandort, als Rast- und Mauserplatz dient... Hauptanziehungspunkt ist in jedem Fall das reiche Nahrungsangebot. Rund die Hälfte der hier lebenden Arten wäre zum Aussterben verurteilt, wenn das Ökosystem Watt zugrunde ginge.

Die Seevögel mussten bei der Anpassung an ihren Lebensraum vor allem zwei Hürden überwinden: Salz und Nässe. Mit jedem Bissen aus dem Meer wird dem Körper Salz zugeführt. Ausserdem müssen sich viele Arten auch mit Meerwasser als Trinkwasser begnügen. So nimmt eine erwachsene Eiderente (*Somateria mollissima*) pro Tag zwischen 40 und 60 Gramm reines Salz auf: 2 bis 3 Prozent ihres Körpergewichts, für Menschen eine tödliche Dosis. Dabei werden die Vogelnieren mit Salz noch weniger gut fertig als die des Menschen. Dafür besitzen manche Vogelarten sogenannte Überaugendrüsen, die zusätzlich Salz ausscheiden. Es rinnt als konzentrierte Lösung zur Schnabelspitze, wo es als Tropfen hängenbleibt, der weggeschleudert wird. Bei Seevögeln, die sich nach der Nahrungssuche auf ihren Ruheplätzen niederlassen, kann man jeweils bald dieses typische Kopfschütteln beobachten.

Das Vogelgefieder ist eine hervorragende Isolation. Es enthält viel Luft, die durch winzige Zwischenräume zwischen den Federn und den Federstrahlen mit der Aussenluft in Verbindung steht. Diese Zwischenräume sind so klein, dass normalerweise kein Wasser in das bei Wasservögeln eingefettete Gefieder eindringt. Deshalb können zum Beispiel Enten stundenlang im kalten Wasser schwimmen, und das Gefieder bleibt selbst beim Untertauchen trocken. Gefährlich wird es jedoch, wenn die Oberflächenspannung des Wassers durch Öl, Benzin, Alkohol oder andere chemische Stoffe, wie sie etwa in Abwaschmitteln und Weichspülern enthalten sind, reduziert wird. Dann dringt das Wasser sofort durch die feinen Öffnungen ein, verdrängt die im Gefieder enthaltene Luft, und der bis auf die Haut durchnässte Vogel stirbt in kurzer Zeit an Unterkühlung oder ertrinkt gar, weil er mit dem nassen, schweren Gefieder nicht vom Wasser aus aufzufliegen vermag.

Die meisten Vögel sind ausgesprochene Tag- oder Nachttiere. Die Vögel des Wattenmeeres jedoch können diesen Rhythmus nicht einhalten: Bei ihnen werden die Zeiten für die Nahrungssuche von Ebbe und Flut bestimmt. Mit Ausnahme von Tauchenten, Seeschwalben und Möwen, die ihr Futter auch oder sogar vorwiegend während der Flut suchen, vermögen alle Limikolen (Watvögel), Schwimmenten und Gänse nur während des Niedrigwassers genügend Nahrung zu finden – und auch dies nur, wenn sie diese Zeit voll nutzen können. Das ist aber im Sommer und bis in den Herbst hinein nur allzuoft nicht der Fall, da sie ständig von Wattwanderern gestört werden. Auch tieffliegende Flugzeuge jagen ganze Vogelschwärme hoch, ebenso wie die immer häufiger werdenden Surfer. Während sich aber ohnehin anpassungsfähige Arten wie Möwen schnell an solche Belästigungen gewöhnen, haben andere eine derart hohe Fluchtdistanz, dass sie jedesmal längere Zeit kreisen oder grössere Strecken fliegen, bis sie sich wieder niederlassen. So kann es in durchaus nahrungsreichen, aber touristisch intensiv genutzten Wattregionen vorkommen, dass manche Vögel ihre Jungen nicht durchbringen oder selbst zuwenig Fettreserven anlegen können.

«Wie einem der Schnabel gewachsen ist»: die Arten des Nahrungserwerbs

Bei den Vögeln im Watt unterscheidet man *Augenjäger*, *Tastjäger* und *Stöberjäger*, wobei einzelne Arten alle Möglichkeiten ausschöpfen können. Die häufige Silbermöwe (*Larus argentatus*) sieht man im flachen Wasser oft mit ausgestrecktem Hals stehen, wodurch sich ihr Gesichtsfeld erheblich erweitert. Hat sie ein Beutetier erblickt, taucht der Kopf unter und kommt sogleich mit einer Beute im Schnabel wieder hoch. Kleinere Beutetiere werden sofort hinuntergeschluckt. Mit grösseren Krabben fliegt die Silbermöwe an einen trockenen Ort, wo sie den Rückenpanzer mit kräftigen Schnabelhieben aufpickt und das Fleisch verzehrt. Grosse Muscheln trägt sie in die Höhe und lässt sie aufs Land fallen, so dass die Schale zerbricht. Die ganz heruntergeschluckte Beute wird vom kräftigen Muskelmagen zerkleinert und der unverdauliche Rest wieder ausgewürgt. Auf trockenen Wattflächen laufen Möwen in geduckter Haltung mit vorgestrecktem Kopf und picken blitzschnell nach allem, was sich bewegt.

Die kleinen, hübsch gezeichneten Regenpfeifer stehen oft kurze Zeit ganz still, wie erstarrt, sausen dann plötzlich los, um nach ein paar Metern wieder zu verharren. Sie suchen aufmerksam ihre Umgebung ab und picken, sobald sie eine Beute erblickt haben, einmal kurz zu.

Andere Verfahren als diese *Augenjäger* haben die *Stöberjäger* entwickelt. Sie erbeuten Tiere, die sich während der Ebbe unter Tang, Algen, Muschelschalen oder Steinen verbergen. Ein Spezialist aus dieser Gruppe ist der Steinwälzer (*Arenaria interpres*), der alle in Frage kommenden Gegenstände umdreht, um an die darunter verborgenen Flohkrebse, kleinen Krabben, Schnecken oder Muscheln zu gelangen. Grosse Tang- oder Algenbüschel rollt er mit dem Schnabel regelrecht auf, bis sie ihm zu schwer sind. Auch der Grosse Brachvogel (*Numenius arquata*), der Regenbrachvogel (*Numenius phaeopus*), Grünschenkel (*Tringa nebularia*), Rotschenkel (*Tringa totanus*), der Dunkle Wasserläufer (*Tringa erythropus*) und Brandenten oder -gänse (*Tadorna tadorna*) gehören in diese Gruppe, ebenso wie die vielseitigen Möwen.

Brandenten sieben ausserdem den Schlick der oberen Wattschichten durch ihren Schnabel, wobei Kleinlebewesen an den Schnabellamellen hängenbleiben. Auch Säbelschnäbler (*Recurvirostra avosetta*) und andere Limikolen mit langen Schnäbeln durchwühlen gern die oberen Bodenschichten und stöbern dabei im Sand oder Schlick verbuddelte Garnelen oder Plattfische auf.

Lachmöwen (*Larus ridibundus*), Silbermöwen, Brandgänse und andere Arten haben noch eine andere Technik des «Stöberns» entwickelt. Oft sieht man sie auf hochgelegenen Wattflächen in Gruppen beieinanderstehen und mit den Füssen trampeln, wobei Sand und Schlick durch die Schwimmhäute nach vorn geschwemmt werden. In den Trampelpausen picken die Vögel die freigespülten Tiere aus dem Wattboden auf.

Zu den *Tastjägern* schliesslich gehören vor allem die Vogelarten mit langen Schnäbeln, auch wenn sie gelegentlich der Stöberjagd nachgehen. Die Schnabelenden dieser Vögel sind ausserordentlich empfindlich, und die Tiere können damit die geringste Bewegung im Boden wahrnehmen. Austernfischer (*Haematopus ostralegus*) und andere langschnäbelige Limikolen berühren während des Laufens den Boden mit der leichtgeöffneten Schnabelspitze. Hat der suchende Vogel ein Beutetier aufgespürt, taucht er den Schnabel bis zum Ansatz in den Boden ein und zieht den Wurm oder die Muschel vorsichtig nach oben. Ist Wasser in der Nähe, wird der Fang abgespült und dann verschlungen.

Seeschwalben und Eiderenten suchen ihre Beute mit den Augen, sind also in die Gruppe der Augenjäger einzuordnen. Allerdings orten sie ihre Beute unter Wasser: Seeschwalben aus der Luft, Tauchenten, zu denen die Eiderenten gehören, beim Schwimmen. Es ist faszinierend, Seeschwalben bei der Jagd zu beobachten. Mit ihren eleganten, spitzen Schwingen segeln die auf der Unterseite schneeweissen, oben silbergrauen Vögel mit den charakteristischen schwarzen Kopfplatten über dem Wasser, dabei den langen, gegabelten Schwanz geschickt als Steuer benutzend. Plötzlich halten sie in der Luft inne, rütteln vielleicht kurz wie ein Turmfalke und stürzen dann wie ein Pfeil ins Wasser, um schon wenige Sekunden später – wenn die Jagd erfolgreich war – mit einem Fischchen oder einer kleinen Krabbe im Schnabel wieder aufzutauchen. Auch Möwen können ihre Beute aus der Luft suchen und im Flug aus dem Wasser greifen, sie tauchen jedoch in der Regel nicht ins Wasser ein und erreichen im Flug niemals die Eleganz und Wendigkeit der Seeschwalben.

Auch hinsichtlich der «Verarbeitung» der Beutetiere lassen sich Unterschiede zwischen den Arten feststellen. Die vorwiegend von Muscheln lebenden Vögel, die diese Tiere samt Schale hinunterschlucken, haben einen kräftigen Muskelmagen, der die Zerkleinerung der Beute leistet. Der Magen der Eiderenten zermalmt sogar die dicken Gehäuse von Strandschnecken. Dass Silbermöwen Muscheln durch Fallenlassen «knacken», wurde bereits erwähnt. Austernfischer ernähren sich zwar ebenfalls ausschliesslich von Muscheln, haben aber nur einen schwach entwickelten Muskelmagen. Dafür besitzen sie einen sehr kräftigen Schnabel, den sie geschickt als Werkzeug einsetzen. Dabei können sowohl hinsichtlich der bevorzugten Nahrung und ihrer Bearbeitung als auch der Schnabelbeschaffenheit bei den Austernfischern individuelle Unterschiede festgestellt werden. Es gibt Individuen mit scharf meisselförmigem, seitlich abgeplattetem Schnabel, den die Vögel wie einen Meissel zwischen die Schalen einer

Muschel treiben. Sie zerschneiden den Schliessmuskel und können so an das Fleisch gelangen. Andere, deren Schnabelspitze stumpf ist wie ein Schraubenzieher, hacken Löcher in die Muschelschalen, während von den seltenen Exemplaren mit sehr spitzem, pinzettenähnlichem Schnabel angenommen wird, dass sie sich hauptsächlich von Würmern ernähren.

Die Vogelwelt des Watts versteht also das reiche Nahrungsangebot dieses Biotops vielfältig zu nutzen. Es gibt wohl kaum eine Art, die auf das Vorkommen einer einzigen Beutetierart angewiesen ist. Genausowenig gibt es zwei Arten, die ausschliesslich den gleichen Nahrungsraum mit dem gleichen Beutetierspektrum bevorzugen.

Dass diese breite Nutzung nötig ist, mögen einige Zahlen verdeutlichen. In dem alle Grenzen sprengenden und eng ineinandergreifenden System von Brutplätzen, Nahrungsräumen, Rast- und Ruheplätzen, Überwinterungs- und Mausergebieten reicht der Einzugsbereich der das Wattenmeer aufsuchenden Vogelarten von der Taymir-Halbinsel in Nordsibirien bis zur Insel Ellesmere in der kanadischen Arktis in der nördlichen und bis zur Antarktis in der südlichen Hemisphäre.

Zur Hauptzugzeit im Spätsommer und Frühherbst, wenn die Vögel ihre nördlichen Brutgebiete verlassen und nach Süden ziehen, halten sich zeitweise zwischen 3 und 3,5 Millionen Vögel gleichzei-

Folgende Doppelseite: Zur Zugzeit, zwischen Juli und Oktober, besuchen oft riesige Knuttschwärme die Wattenmeerküste. Während die meisten Vögel in die südlichen Winterquartiere ziehen, kommt es immer wieder vor, dass einzelne Exemplare im Wattenraum überwintern.

Auf sandigem Boden, manchmal zwischen spärlichem Graswuchs, oft auch auf dem offenen Sand, baut der Austernfischer sein Nest. Allerdings ist die Bezeichnung Nest hier etwas übertrieben, denn es handelt sich lediglich um eine flache Mulde, die im Höchstfall mit Muschelstückchen oder einigen trockenen Grashalmen ausgelegt ist.

Die Schnabelform eines Vogels lässt Rückschlüsse auf die Art der Nahrungssuche zu. Arten mit langen und dünnen Schnäbeln stochern nach Würmern und anderen Weichtieren im weichen Schlickwattboden, wie Säbelschnäbler (1) und Grosser Brachvogel (6). Rotschenkel (5) und Alpenstrandläufer (2), mit kürzeren, kräftigeren Schnäbeln, stochern ebenfalls nach im Boden lebenden Tieren, jagen aber auch kleineren Krebsen und ähnlichem nach. Der Austernfischer (3) benutzt seinen kräftigen Meisselschnabel zum Öffnen von Muschelschalen, während der kleine Sandregenpfeifer (4) seinen kurzen Schnabel vorwiegend zum Stöbern gebraucht.

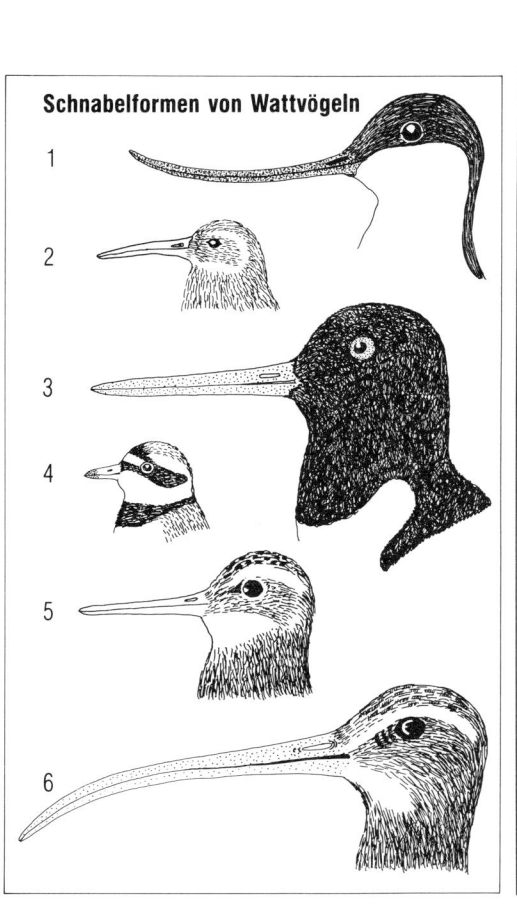

Schnabelformen von Wattvögeln

tig im Wattengebiet auf. Da eine ständige Zu- und Abwanderung stattfindet, kann man davon ausgehen, dass der Wattenraum jährlich für mindestens 6 bis 9 Millionen Vögel Rastplatz ist. Über 90 Prozent dieser gefiederten Wattbewohner und Gäste sind Fleischfresser. Lediglich Pfeifenten und Ringelgänse sind reine Vegetarier, Schwimmenten ernähren sich etwa zur Hälfte vegetarisch, zur Hälfte tierisch. Die Nahrung der fleischfressenden Vögel setzt sich aus Muscheln (72%), Krebsen (12%), Fischen (10%) und Borstenwürmern (6%) zusammen. Im Jahresdurchschnitt entnehmen die Vögel dem Watt etwa 3 bis 4 Gramm Fleisch (als Trockengewicht gerechnet) pro Quadratmeter Boden – im nahrungsreichen Schlickwatt mehr, im Sandwatt und den tiefer gelegenen Regionen entsprechend weniger. Die von den Vögeln verzehrte Gesamtmenge beträgt zwischen 20 und 25 Prozent der tierischen Produktion des Wattenmeeres. Zur Zugzeit im Frühling, wenn sich viele Arten Fettreserven für den langen Weiterflug zulegen, noch stärker aber zwischen August und Oktober, während der Periode der grössten Vogeldichte im Watt, die mit der Vollmauser der meisten Arten zusammenfällt, ist der Nahrungsbedarf am grössten.

Von Brutvögeln, Mausergästen und anderen Besuchern

Für 25 Vogelarten ist der Wattenraum Hauptbrutgebiet an der europäischen Küste. In den Salzwiesen der Vorländer und der Halligen brüten Austernfischer, Rotschenkel, Säbelschnäbler, Fluss- und Küstenseeschwalben, Silber- und Lachmöwen. Sandstrände und Dünengelände beherbergen vor allem die Nester von Sand- und Seeregenpfeifer, Zwerg- und Brandseeschwalben.

Die Möwen sind die anpassungsfähigste und daher auch zahlenmässig am stärksten vertretene Familie der Wattvögel. Etwa 70000 Silbermöwenbrutpaare gibt es im Bereich des Wattenmeeres. Im Winter finden sich die Silbermöwen in grossen Scharen, oft vergesellschaftet mit der kleineren Lachmöwe, auf den Müllhalden der Städte ein, wo sie sich mit lautem Geschrei um die Abfälle streiten. Im Frühling und im Herbst folgen sie den pflügenden Bauern auf der Suche nach Würmern und Insekten. Hierbei leisten ihnen die Sturmmöwen (*Larus canus*) gerne Gesellschaft; sie unterscheiden sich von den Silbermöwen (vgl. Bild S. 91) durch die kleinere Gestalt, den reingelben Schnabel sowie schwarzbraune Augen.

Silbermöwen leben wahrscheinlich in lebenslanger Dauerehe. Zwar trennen sich die Paare nach der Brutzeit, aber sie treffen sich Ende Februar, Anfang März in ihrem alten Brutrevier wieder, und zwar an der gleichen Stelle, an der sie im Vorjahr ihr Nest hatten. Noch unverpaarte, aber geschlechtsreife Jungvögel finden in grossen Möwenversammlungen durch ein kompliziertes Werbezeremoniell ihren Partner und müssen sich dann innerhalb der Brutkolonie einen Nistplatz erkämpfen. In dem für menschliche Begriffe chaotischen Durcheinander einer Silbermöwenkolonie kennt jedes Tier den ihm zustehenden Platz, den es energisch gegen nachbarliche Gebietsansprüche verteidigt.

Je nach Witterung wird zwischen Anfang und Mitte Mai das sehr einfache Nest gebaut, in das das Weibchen drei grosse, oliv-

Die Brandseeschwalbe ist eine der gefährdetsten Vogelarten an der Wattenmeer- und Nordseeküste. Wie die anderen Seeschwalben ist sie ein Koloniebrüter, was neben einigen Vorteilen auch erhebliche Nachteile mit sich bringt. So kann es immer wieder geschehen, dass sommerliche Sturmfluten alle Gelege einer Kolonie vernichten und den Bruterfolg eines Jahres zunichte machen.

Eine Küstenseeschwalbe füttert ihr Junges. Der mitgebrachte Fisch ist oft länger als das Küken selbst, und das Kleine braucht einige Zeit, bis es den Brocken hinuntergewürgt hat. Seeschwalben sind Nestflüchter und verlassen die Nistmulde bald nach dem Schlüpfen. Durch ihr optimales Tarnkleid sind sie hervorragend ihrer Umgebung angepasst.

Auch Silbermöwen sind Koloniebrüter, die auf engstem Raum nebeneinander ihre Reviere besetzen. Eindringlinge in ein fremdes Brutrevier werden aggressiv angegriffen. Küken, die die elterlichen Reviergrenzen überschreiten, können von den Nachbarvögeln zu Tode gehackt werden.

Junge Silbermöwen schlüpfen nach einer Brutzeit von 30 Tagen. Nach weiteren 40 Tagen können sie fliegen, lassen sich jedoch noch längere Zeit von ihren Eltern füttern. Auch die Silbermöwe ist ein Problemvogel an den Küsten des Wattenmeeres – nicht etwa, weil sie gefährdet wäre, sondern weil sie sich im Gegenteil zu stark vermehrt und andere, gefährdete Arten von ihren angestammten Brutplätzen vertreibt.

grüne bis grüngraue, dunkelgefleckte Eier legt. Die Brutzeit dauert etwa 30 Tage, wobei Männchen und Weibchen sich gleichermassen am Brutgeschäft und an der darauffolgenden Jungenaufzucht beteiligen. Die Jungen sind «unechte» Nestflüchter. Sie können zwar bereits wenige Stunden nach dem Schlüpfen laufen, aber sie bleiben zum Teil bis zu einer Woche im Nest und verlassen das Nestrevier auch nachher nicht. In der Regel geht ein Elternteil auf Nahrungssuche, während der andere bei den Jungen bleibt. Der zurückkehrende Elternteil wird von den Küken mit bettelnden Rufen empfangen und bedrängt. Durch ein angeborenes Verhalten – das Picken auf den roten Schnabelfleck des Altvogels – veranlassen die Jungen den Elternvogel, die im Kropf mitgebrachte Nahrung auszuwürgen. Die Fütterung vollzieht sich meist an der gleichen Stelle im Revier, so dass sich dort anhand der angesammelten Reste der Speisezettel der Möwen gut feststellen lässt: Muschelschalen, Krebspanzer, Knochen aus Abfallgruben, aber auch Eischalen von geraubten Gelegen und Knochen anderer Seevogelarten. Möwen sind Nesträuber, die sowohl Eier als auch die Brut anderer Spezies stehlen. Sogar die Eier und Jungvögel der eigenen Artgenossen werden nicht verschont, wenn ein Gelege unbeaufsichtigt ist oder wenn ein Küken das eigene Nestrevier verlassen hat. Für das bedauernswerte Geschöpf beginnt dann ein Spiessrutenlaufen, das in den meisten Fällen mit dem Tod des Jungvogels endet. Von allen Seiten prasseln Schnabelhiebe auf das Küken nieder, bis es buchstäblich zu Tode gehackt ist.

Nach etwa 40 Tagen sind die Jungen flügge, werden jedoch noch einige Wochen lang von ihren Eltern mit Futter versorgt. Erst im vierten Lebensjahr verlieren die jungen Silbermöwen das braungesprenkelte Jugendkleid und sind dann fortpflanzungsfähig.

Die wichtigsten Brutplätze der Silbermöwen liegen im Bereich der Ostfriesischen Inseln auf Memmert, Langeoog, Mellum, Trischen und Lütje Hörn mit je einigen tausend Brutpaaren. Die grosse Silbermöwenkolonie auf Sylt, die vor dem Ersten Weltkrieg aus etwa 10 000 Paaren bestand, wurde in den Kriegen und durch Schiessübungen in Friedenszeiten stark reduziert und hat bis heute ihre ursprüngliche Stärke nie mehr erreicht.

Stark vertreten sind an der Küste auch die Lachmöwen. Das war nicht immer so, denn bis in die dreissiger Jahre unseres Jahrhunderts brüteten sie als typische Binnenlandvögel nicht am Meer oder gar auf den Inseln. Nach einzelnen Gelegefunden auf Mellum im Jahr 1933, auf Norderoog 1934 und auf Wangerooge 1939 nahm ihr Population sprunghaft zu. In den fünfziger Jahren waren es einige hundert Gelege, 1980 aber bereits an die zwanzigtausend. Während die Sturmmöwe und die Heringsmöwe (*Larus fuscus*) im Wattenmeer wegen ihrer geringen Zahl nur eine untergeordnete Rolle spielen, sind die starken Bestände der Silber- und der Lachmöwen zu einem Problem geworden. Sie stehlen vor allem bodenbrütenden Arten wie Seeschwalben, Rotschenkeln, Regenpfeifern die Eier und Jungen und verdrängen diese ohnehin stark gefährdeten Vögel von ihren angestammten Brutplätzen.

Einer noch stärkeren Zunahme der Möwen versucht man durch das Absammeln der Gelege vorzubeugen. Während früher die Bewohner der Küsten und der

Inseln die Eier der Wattvögel als begehrte Bereicherung des Speisezettels wahllos einsammelten, ist diese Tätigkeit heute den Vogelwarten oder Leuten mit spezieller Erlaubnis vorbehalten. Auf diese Weise ist sichergestellt, dass wirklich nur die Gelege der Möwen und nicht etwa jene gefährdeter Arten eingesammelt und verwertet werden. Der Stichtag für die Eiersammlung liegt zwischen dem 10. und 15. Juni; später dürfen den Gelegen keine Eier mehr entnommen werden. Möwen produzieren, nach dem Verlust eines Geleges, ein Zweit- oder gar ein Drittgelege. Um Nachgelege zu verhindern, hat man Versuche mit «Ersatzgelegen» aus künstlichen Eiern angestellt, die von den Möwen ohne Zögern angenommen und bebrütet wurden. In solchen Fällen wurden von den Möwen keine eigenen Eier mehr gelegt – eine für die Möwen durchaus humane Geburtenregelung.

Der zahlenmässig starke Rückgang aller Seeschwalbenarten ist allerdings nicht nur auf die Zunahme der Möwen zurückzuführen. Der Hauptgrund ist vielmehr darin zu suchen, dass sie als Fischfresser die Endglieder einer verseuchten Nahrungskette darstellen. Für die bis Mitte der fünfziger Jahre noch sehr zahlreichen Brandseeschwalben (Sterna sandvicensis) konnte einwandfrei nachgewiesen werden, dass der Rückgang auf industrielle Abwässer mit Insektiziden zurückzuführen war. Auf der kleinen Insel Griend im westlichen Wattenmeer brüteten vor 30 Jahren 20 000 bis 25 000 Paare. Von 1959 bis 1963 ging ihre Zahl auf 800 Brutpaare zurück. Nachdem man entdeckt hatte, dass die Abwässer durch den Rhein bei Rotterdam ins Meer und von dort durch eine nordwärts gerichtete Strömung ins Watt gelangten, wurde der Verseuchung Einhalt geboten. Seither konnte sich die Zahl der auf Griend brütenden Brandseeschwalben wieder auf rund 3500 Paare erhöhen.

Wie Möwen und Seeschwalben ist auch der grazile, schwarzweisse Säbelschnäbler ein Kolonienbrüter. Rund die Hälfte der gesamten westeuropäischen Säbelschnäblerpopulation, etwa 6000 Paare, brütet im Wattenmeer, davon allein 1000 Paare in der Leybucht an der Emsmündung. Auf spärlich bewachsenen Sandplatten in der Nähe flacher Gewässer und schlammiger Schlickzonen baut der Säbelschnäbler sein Nest aus trokkenen Halmen, in das das Weibchen 3 bis 4 Eier legt. Auf Störungen während der Brut und der Jungenaufzucht reagieren diese Vögel sehr empfindlich. Mit lauten, klagenden Rufen fliegen sie dem Störenfried entgegen, wenn dieser noch weit vom Gelege oder den Jungen entfernt ist. Wie viele andere bodenbrütende Arten, zum Beispiel Kiebitz, Rotschenkel, Austernfischer und Regenpfeifer, stellen sie sich flügellahm, um den Feind vom Nachwuchs wegzulocken.

Einer der charakteristischsten Vögel des Wattenmeeres ist zweifellos der Austernfischer. Der prächtige, schwarzweisse Vogel fällt weniger durch sein Gefieder, den orangeroten Schnabel, die

Die Eier der meisten bodenbrütenden Vögel besitzen eine hervorragende Tarnfärbung, während die Eier der Höhlenbrüter oft reinweiss, manchmal auch hellblau oder türkis sind. Die gut erkennbaren Eier des Silbermöwen- (ganz links) und des Kiebitzgeleges (links) täuschen: Ein Unkundiger würde die Gelege in der Natur allenfalls bemerken, wenn er daraufsteht. Brandenten legen rahmweisse Eier (unten). Da diese Vögel wenn irgend möglich in Höhlen brüten, haben sie Vorsichtsmassnahmen wie Tarnfarben nicht nötig.

Linke Seite: Wie ein Ballett wirken Balz und Paarung der grazilen Säbelschnäbler. Der Vogel mit dem dünnen, sichelförmig nach oben gebogenen Schnabel bevorzugt Biotope mit weichem, sehr schlammigem Schlickwattboden, wie er etwa in der Leybucht zu finden ist. Dort liegt die grösste Säbelschnäbler-Brutkolonie des Wattenraumes.

orangeroten Augen und die blassroten Beine auf als durch seinen lauten Ruf. Tag und Nacht, im Sommer und Winter, hört man seine schneidend schrillen, doch nicht unmelodischen Rufe über dem Watt, den Dünen und im küstennahen Binnenland. Der Austernfischer ist sicher der ruffreudigste Vogel des Wattenmeeres. Werbung, Verpaarung, die Verteidigung des Reviers und der Jungen sowie die Kontakte mit Artgenossen finden unter beträchtlicher Lärmentwicklung statt. Austernfischer leben wie Möwen in Dauerehe und zeigen eine auffallende Treue zum einmal gewählten Brutplatz. So wurde 1964 auf der Insel Mellum ein Brutvogel gefangen, der 36 Jahre vorher, im Jahre 1928, als Jungvogel auf der gleichen Insel beringt worden war!

Als letzte der weit verbreiteten Brutvogelarten des Wattenmeeres soll die Brandente oder Brandgans genannt werden, da sie mit ihrem schwarzweissen Gefieder, dem rostroten Brustband und dem roten Schnabel lebhafte Farbflecken in die graubraun-gelbe Eintönigkeit des Watts bringt. Erpel und Weibchen gleichen sich in der Gefiederzeichnung, jedoch sind erstere etwas grösser. Während der Balz- und Brutzeit sind sie ausserdem lebhafter gefärbt und zeigen einen karminroten Höcker auf dem Schnabelansatz. Brandgänse sind Höhlenbrüter. Als Nistplatz nehmen sie alles an, was auch nur entfernt an eine Höhle erinnert: Kaninchenbauten in den Dünen, umgekippte Holzkisten oder Boote, auf einzelnen Inseln die Ruinen gesprengter Bunker, Stroh- und Schilfhaufen oder künstliche Nisthöhlen. Dabei kann es in Gebieten mit starken Brandganspopulationen zu heftigen Auseinandersetzungen um die besten Brutplätze kommen.

Die Gelege in den mit hellen Daunen ausgepolsterten Nestern sind mit 8 bis 15 Eiern recht umfangreich. Die hübschen, lebhaft schwarzweissen Jungen verlassen sofort nach dem Schlüpfen das Nest und werden von beiden Altvögeln ins Wasser geführt. Wenn sich dann zwei Brandganspaare mit Jungen begegnen, geschieht etwas Seltsames. Die Altvögel dulden auch während der Jungenaufzucht keine anderen Artgenossen in ihrer Nähe und geraten mit dem anderen Paar alsbald in heftigen Streit. Der Kampf endet in der Regel damit, dass ein Paar unterliegt und das Weite sucht. Die Küken dieses Paares aber haben sich unterdessen mit den anderen Küken vermischt und bleiben nun alle zusammen bei dem siegreichen Paar! Das kann dazu führen, dass besonders streitlustige und kampfstarke Eltern schliesslich 30 bis 70 Entenkinder aller Grössen mit sich führen und fremde wie eigene Junge unterschiedslos behüten und beschützen.

Erwachsene Brandgänse können gründeln, aber nicht mehr tauchen. Im Gegensatz zu ihnen tauchen die Jungen bei Gefahr blitzschnell unter und legen auch weite Strekken unter Wasser zurück. Trotz dieser Geschicklichkeit und trotz der energischen Verteidigung durch die Altvögel gelingt es den räuberischen Silbermöwen oft genug, ein Brandgansküken zu erwischen.

Ein Problem für die bodenbrütenden Wattvögel liegt in der Sicherung ihrer Gelege vor Feinden. Viele Gelege und auch die frisch geschlüpften Jungvögel sind so gut getarnt, dass sie nur der Fachmann findet, wenn er brütende oder Junge führende Altvögel aus grösserer Entfernung beobachtet. Vogelwarte und -beringer sind im Auffinden brütender Wattvögel Spezialisten, und sie gehen mit der notwendigen Vorsicht ans Werk. Alle anderen Leute aber sollten im Interesse der betroffenen Vogelarten davon absehen, Vogelnester oder Küken zu suchen. Die Gelege der Regenpfeifer und der Küsten-, Zwerg- und Brandseeschwalben zum Beispiel sind auf dem blanken Sandboden, oft lediglich durch kleine Steine oder Muschelschalen markiert, kaum auszumachen. Leider werden immer wieder Gelege von unwissenden oder neugierigen Strandwanderern zerstört. Genauso ergeht es den Jungen, die sich auf den Warnruf ihrer Eltern hin regungslos auf den Boden ducken. Mit ihrem hellgraubraunen, dunkelgefleckten Tarnkleid sieht man sie oft nicht einmal dann, wenn man direkt vor ihnen oder – was oft genug vorkommt – auf ihnen steht. Mitleidige Besucher, die so ein einsam im Dünensand kauerndes Küken mitnehmen, erweisen dem Tier einen schlechten Dienst. Denn erstens ist es keineswegs verlassen, und zweitens ist es fast unmöglich, so ein Küken aufzuziehen.

Als Übersommerungsgebiet hat das Watt lediglich für die noch nicht geschlechtsreifen und nicht brütenden Individuen einzelner Arten eine gewisse Bedeutung – die Brutvögel sind hier natürlich ausgenommen. Tatsächlich ist die Vogeldichte im Watt im Frühsommer, der Periode der höchsten Brutaktivität, am geringsten. Allerdings fällt das dem Laien kaum auf, denn von den etwa fünfzig regelmässig wiederkehrenden Zugvogelarten verlassen die letzten erst im Mai das Watt, während die ersten bereits im Juli wieder an der Nordseeküste erscheinen.

Die Bedeutung des Watts als Überwinterungsgebiet und Rastplatz ist dagegen überragend und für einzelne Arten überlebenswichtig. Tausende von Kilometern liegen vor vielen Zugvögeln, wenn sie im Frühling aufbrechen, sobald in ihren nördlichen Brutgebieten das Eis geschmolzen ist. Steinwälzer und Knutts (*Calidris canutus*), die den Winter an den Küsten des Atlantiks und zum Teil des Mittelmeeres verbringen, brüten auf der Ellesmere-Insel im äussersten Norden Kanadas. Wenn sie im Wattenmeer aufbrechen, liegen 2500 Kilometer Flug über den Nordatlantik vor ihnen, bis sie als erste Zwischenstation Grönland erreichen. Ob sie dort rasten, weiss man nicht, aber noch immer müssen sie eine Strecke von 1500 Kilometern zurücklegen, die zum grössten Teil über das lebensfeindliche inländische Grönlandeis führt, bis sie im Brutgebiet ankommen – eine schier unglaubliche Leistung für die nur 23 bis 25 Zentimeter kleinen Vögel. Vor dem Abflug fressen sie sich im Watt eine Fettreserve an, die etwa dem normalen Körpergewicht entspricht und während des Zuges nahezu aufgebraucht wird.

Die dunkelbäuchige Ringelgans (*Branta bernicla bernicla*) brütet ebenfalls 4000 Kilometer vom Watt entfernt in den Tundren der sibirischen Taymir-Halbinsel. Die ersten Ringelgänse erscheinen bereits Ende August wieder im Einzugsgebiet des Watts, das Gros trifft im September, Oktober in Dänemark ein und zieht dann in den deutschen und niederländischen Teil des Watts und an die britischen und französischen Küsten. In milden Wintern bleibt der grösste Teil der Gänse im Wattenmeer; im allgemeinen fliehen sie vor der Frostgrenze in westlicher Richtung. Bereits ab März sammeln sich die Ringelgänse wieder, und im April oder Mai, spätestens in der ersten Juniwoche, starten sie zu ihrem grossen Flug.

Neben den Möwen- sind auch die Ringelgansbestände heute nicht unproblematisch. Während jedoch die Zunahme der Möwen wegen der anderen Vogelarten verhindert werden muss, ist das Anwachsen der Gänsepopulation vor allem den Bauern ein Dorn im Auge. Ringelgänse sind Pflanzenfresser, die sich früher fast ausschliesslich von den riesigen Wiesen des Grossen Seegrases ernährten. In den dreissiger Jahren wurden die Seegrasbestände durch eine Krankheit vernichtet, und die Zahl der Ringelgänse ging sehr stark zurück: 1953 zählte man noch 16 000 Tiere. Die

Heute ist die Entenjagd auf und mit Vogelkojen verboten, jedoch waren einige der schleswig-holsteinischen Entenfanganlagen bis nach dem Zweiten Weltkrieg in Betrieb. Die von schützenden Hainen umgebenen Süsswasserteiche wurden von zahlreichen Entenarten auf ihren Zügen angeflogen. Alte Nordfriesen erzählen noch, dass die Enten einst in solchen Massen auftraten, dass ihre Schwärme den Himmel verdunkelten. Die Skizze zeigt die Hauptzugrichtungen der Grundelente während des Herbstzuges von Norden, Nordosten und Osten zu den Vogelkojen an der schleswig-holsteinischen Nordseeküste und weiter in das westliche Europa.

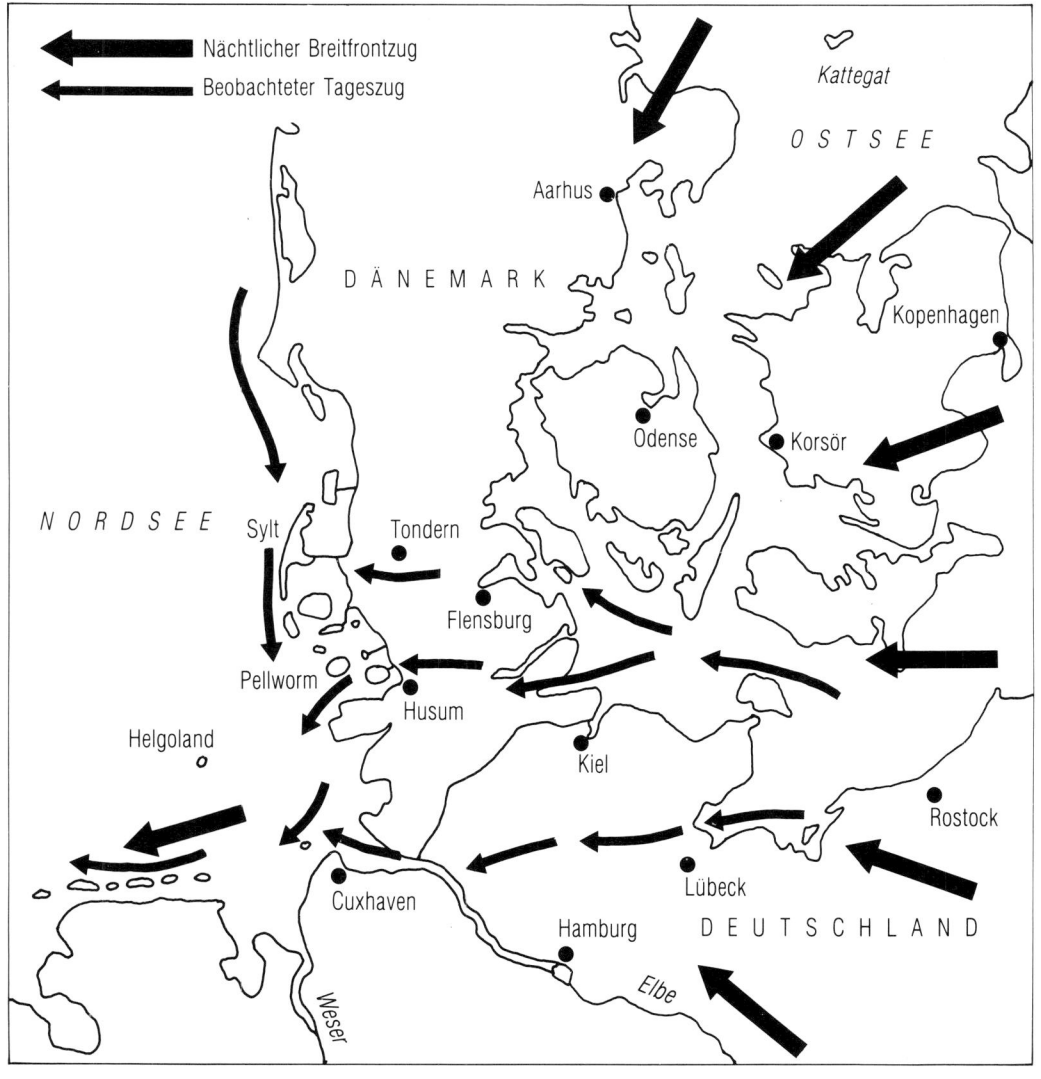

Mit einer Länge von gut 60 Zentimetern sind Eiderenten die grössten Enten im Wattenmeer. Obwohl ihre Hauptbrutgebiete in nördlicheren Regionen liegen, existiert auf der nordfriesischen Insel Amrum eine stattliche Brutkolonie. Während der Brutzeit erkennt man die Erpel am prächtigen Gefieder, aber auch im Ruhekleid unterscheiden sich die Eiderenten von allen anderen Entenarten durch ihr «klassisches» Profil.

Rechts oben: Mit den leuchtend roten Schnäbeln und dem weissen Gefieder mit schwarzer, rostroter und grünlicher Zeichnung bringen die Brandgänse oder Brandenten Farben in die gedämpften Töne des Wattenmeeres. Biologisch nehmen sie eine Mittelstellung zwischen Enten und Gänsen ein.

Rechts unten: Rottgans heisst die Ringelgans wegen ihres lauten, charakteristischen Rufes «rott – rott – rott». Sie brütet an arktischen Seen und in sumpfigen Tundren und überwintert oft in grossen Scharen im Wattenmeer.

zuvor sehr beliebte Jagd auf diese Gänseart wurde völlig eingestellt, doch hätte diese Schutzmassnahme allein nicht genügt, die Erhaltung der Art zu garantieren. Die Ringelgänse schritten zur «Selbsthilfe» und stellten ihre Ernährung total um: Sie suchten ihr Futter nun in den Salzwiesen des Vorlandes, der Inseln und Halligen. Inzwischen weiden sie auch auf den höhergelegenen und eingedeichten Wiesen. Hier beginnt das Problem, denn wenn eine nach Hunderten oder gar Tausenden zählende Gänseschar eine Wiese abgeweidet hat, dauert es einige Wochen, bis das Gras wieder so weit nachgewachsen ist, dass Schafe und Rinder genügend Futter finden. Vor allem auf den kleinen Halligen mit ihren begrenzten Weideflächen kann es notwendig werden, dass teures Heu vom Festland zugekauft werden muss. Bestimmte Kreise fordern daher heute eine Wiedereröffnung der Jagd, während die Naturschützer mit Recht einwenden, dass die gesamte Ringelganspopulation durch ein oder zwei schlechte Brutjahre wieder drastisch reduziert werden könnte. Der Bruterfolg hängt unter anderem von der Dauer der Schneebedeckung im nordischen Brutgebiet ab und von dem Zustand, in dem die Vögel dort ankommen, von Faktoren also, die der Mensch wenig oder gar nicht beeinflussen kann.

Weniger Probleme gibt es mit der schön gezeichneten Weisswangen- oder Nonnengans (Branta leucopsis). Diese Art brütet ebenfalls im hohen Norden, auf Nowaja Semlja, und erscheint erst im Spätherbst im Wattenmeer, wo zwei Drittel des Weltbestandes überwintern. Bis 1970 verbrachten die Weisswangengänse die kalte Jahreszeit hauptsächlich in Schleswig-Holstein; seither aber verlagert sich das Hauptaufenthaltsgebiet in den neugewonnenen Lauwersmeerpolder in den Niederlanden. Vor dem Frühjahrsabflug jedoch sammeln sich die Gänse nach wie vor in den schleswig-holsteinischen Salzmarschen.

Weitere Gänsearten aus nördlichen Brutgebieten tauchen im Winter gelegentlich im Watt auf, streifen aber viel weiter umher und überwintern teils im Binnenland, teils an den atlantischen Küsten. Zu ihnen gehören die Kurzschnabelgans (Anser brachyrhynchus), die Saatgans (Anser fabalis), die Blässgans (Anser albifrons) und die Graugans (Anser anser).

Im Gegensatz zu den aufgeführten Gänsearten ernährt sich die Eiderente nicht von vegetarischer Kost, sondern von Mies- und Herzmuscheln und von Krabben. Eiderenten brüten zwar auch vereinzelt im Wattenbereich, auf Amrum sogar in grösserer Zahl, aber die Hauptbrutgebiete in Europa liegen in der Ostsee und an den skandinavischen, britischen und isländischen Küsten. Im Winter dagegen kommt mit mehr als 300 000 Tieren über die Hälfte der gesamten baltischen Population ins Wattenmeer. Die Eiderente ist bei einer Länge von fast 60 Zentimetern ziemlich gross und benötigt entsprechende Nahrungsmengen. In den Mägen erlegter Vögel fand man bis zu drei Pfund Muscheln. Man hat ausgerechnet, dass die Eiderenten rund ein Drittel der von den Wattvögeln konsumierten tierischen Nahrung verzehren.

Zu den selteneren Wintergästen des Watts zählen der Gänsesäger (*Mergus merganser*) und der Mittelsäger (*Mergus serrator*), die sich als Fischfresser in der Regel im offenen Wasser aufhalten, ferner der Prachttaucher (*Gavia arctica*) und der Sterntaucher (*Gavia stellata*) sowie die Trauerente (*Melanitta nigra*), die Eisente (*Clangula hyemalis*) und die Schellente (*Bucephala clangula*).

Mausergäste im Watt halten sich während des bei Vögeln jährlich ein- bis zweimal stattfindenden Gefiederwechsels hier auf. Da die meisten Gefiederten auf ihre Flugfähigkeit angewiesen sind, vollzieht sich die Mauser im allgemeinen nach und nach. Bei den Brandgänsen, den Eiderenten und einigen anderen Wasservögeln verläuft die Mauser radikaler: Sie büssen ihre Flugfähigkeit zeitweilig ein. Jedes Jahr im August versammeln sich etwa 100 000 Brandgänse im Gebiet zwischen der Weser- und der Eidermündung, hauptsächlich auf dem Grossen Knechtsand. Nach ihrer Ankunft in den Mausergebieten verlieren sie alle ihre Schwungfedern, und es dauert einige Wochen, bis die neuen nachgewachsen sind und die Vögel wieder fliegen können. Die Mauser ist eine kritische Zeit im Leben dieser Vögel: Sie sind jetzt ihren Feinden fast schutzlos ausgeliefert. Ausserdem benötigen sie grosse Futtermengen, damit sich das neue Federkleid gut ausbilden kann. Warum die Brandgänse sich die Schlickflächen des Grossen

Die Sumpfohreule ist zwar nicht ausschliesslich ein Küstenvogel, bewohnt aber bevorzugt weites, offenes Gelände wie Moore und Sümpfe, Heidelandschaften und feuchte bis nasse Wiesen, wie sie in den Küstenregionen häufig sind. Als einzige Eulenart baut sie aus Halmen ein Bodennest, in das sie die 4 bis 8 weissen Eier legt. Sumpfohreulen sind oft auch tagsüber aktiv, und sie greifen vehement jeden Eindringling an, der sich in die Nähe ihres Nestes wagt.

Knechtsandes als Mauserplatz ausgesucht haben, weiss man noch nicht. Wahrscheinlich hat sich dieser Platz im Laufe von Jahrhunderten als ökologisch günstigster Ort herausgestellt, der relativ gut geschützt ist.

Viele Vogelarten, die nach der Brutzeit und im Spätsommer im Watt eintreffen, mausern sich hier, bevor sie in die südlich gelegenen Winterquartiere weiterziehen. Um diese Zeit ist das Watt besonders gastfreundlich. Die Nachkommen der Würmer, Krabben, Muscheln, Schnecken und Fische haben ihre Entwicklung vom Ei über die Larve bis zum «fertigen» Tier abgeschlossen und beleben zu Milliarden den Wattboden und die Schlickgründe. Ein grosser Teil von ihnen dient Millionen von Wattvögeln als Nahrung. Einen Mauserzwischenhalt legen vor allem die Regenpfeifer- und die Schnepfenvögel ein. Zur erstgenannten Gruppe gehören unter anderem der Sandregenpfeifer (*Charadrius hiaticula*), der Kiebitzregenpfeifer (*Pluvialis squatarola*), der Goldregenpfeifer (*P. apricaria*) und der Steinwälzer (*Arenaria interpres*), die sich durch verhältnismässig kurze, dicke Schnabel und relativ grosse Augen auszeichnen. Die Gruppe der Schnepfen, Brachvögel, Wasser- und Strandläufer umfasst Arten mit langen, spitzen Schnäbeln, die sie zum Erfassen der Beute benutzen. Zu ihnen zählen der Regen-, der Dünnschnabel- und der Grosse Brachvogel (*Numenius phaeopus*, *N. tenuirostris* und *N. arquata*), die Ufer- und die Pfuhlschnepfe (*Limosa limosa* und *L. lapponica*), der Rotschenkel (*Tringa totanus*), der Grünschenkel (*T. nebularia*) und die verschiedenen Wasserläuferarten, der Knutt (*Calidris canutus*), der Alpenstrandläufer (*C. alpina*) und der Kampfläufer (*Philomachus pugnax*).

Das Watt ist aber auch Rast- und Ruheplatz. Die südliche Grenze des Brutgebiets der Küstenseeschwalbe (*Sterna paradisaea*) verläuft auf der Linie Südengland, Holland, deutsche Nord- und Ostseeküste. Die nördliche Grenze dagegen reicht bis weit über den Polarkreis hinaus an die nordamerikanischen, europäischen und asiatischen Küsten des Eismeeres. Wenn in diesen unwirtlichen Regionen der Sommer erst richtig beginnt – Ende Juli, Anfang August –, verlässt die Küstenseeschwalbe ihre nördlichen Brutgebiete bereits wieder und macht sich auf den Weg in die afrikanischen Winterquartiere. Sie legt dabei pro Jahr Strecken von 40 000 und mehr Kilometern zurück und zählt damit zu jenen Arten, die am weitesten umherziehen. Die der Küstenseeschwalbe sehr ähnliche Fluss-Seeschwalbe (*Sterna hirundo*) führt nicht so weite Wanderungen durch. Ihre Hauptbrutgebiete liegen südlicher, und ihr Winterquartier erstreckt sich über die westafrikanischen Küsten. Dort, wo sich die Brutgebiete der beiden Arten überschneiden, findet man oft gemischte Kolonien. Die Nester lassen sich gut voneinander unterscheiden. Die sorgfältig ausgepolsterten Nester der Fluss-Seeschwalbe enthalten in der Regel drei Eier, während die mit Muschelschalen verzierten Nestmulden der Küstenseeschwalben nur ein bis zwei Eier aufweisen. Ein Besuch in einer Seeschwalbenkolonie ist übrigens ein eindrückliches Erlebnis: Der Lärm ist ohrenbetäubend, und die gestörten Vögel stürzen sich ohne Zögern auf die Eindringlinge. Wer keinen Hut aufsetzt, wird manchen empfindlichen Schnabelhieb zu spüren bekommen.

Viele Vogelarten benutzen das Watt auf ihrem Frühjahrszug als «Wartestation». Sie legen sich nicht nur Fettreserven für den kräftezehrenden Weiterflug zu, sondern warten auch günstige Witterungsverhältnisse ab. Die Rückkehr aus den Winterquartieren und der Weiterflug in die Brutgebiete, der Frühlingszug also, konzentriert sich auf wenige Wochen, so dass sich die ganze Masse der Zugvögel während einer relativ kurzen Zeit im Watt aufhält. Der Herbstzug dagegen beginnt bereits Ende Juli und währt bis weit in den Dezember hinein. Im Herbst verweilen die verschiedenen Arten länger im Watt als im Frühling, wenn es sie in die Brutgebiete zieht. Der Vogelzug selbst ist allerdings nur schwer zu beobachten, denn er findet überwiegend nachts statt. Plötzlich sind die Arten wieder da, die während des Sommers oder den Winter hindurch fehlten, plötzlich sieht man wieder die riesigen Schwärme von Limikolen, die wie Wolken übers Watt ziehen und dabei atemberaubende Flugmanöver zeigen. Und einige Tage oder Wochen später sind die Schwärme verschwunden, haben sich über Nacht entfernt, lautlos sind sie weitergezogen, frisch gestärkt und mit neuem Schwung den fernen Zielen im Norden oder Süden entgegeneilend. Noch immer und wohl für alle Zeiten ist der Vogelzug eines der faszinierendsten Phänomene der Tierwelt.

Aus dem Leben der Seehunde

Das einzige Säugetier, das sich das Wattenmeer als Lebensraum erobern konnte, ist der Seehund (*Phoca vitulina*). Ganz selten verirrt sich die Kegelrobbe (*Halichoerus grypus*) aus Skandinavien oder von der englischen

Seehunde gehören zu den Touristenattraktionen im Wattenmeer. Während der Touristensaison, die zum Teil leider mit der Aufzuchtzeit der jungen Seehunde zusammenfällt, verkehren meist mehrmals täglich Ausflugsschiffe zwischen den grösseren Badeorten und den Seehundbänken. Durch zu häufiges und zu nahes Heranfahren werden die Tiere immer wieder aufgeschreckt und flüchten ins Wasser, so dass die Säugezeit für die Jungtiere gefährlich verkürzt wird.

Atlantikküste hierher. Das Wattenmeer ist für den Seehund der wichtigste Lebensraum. Er braucht die flachen Gewässer mit den bei Ebbe freifallenden Sandbänken. Diese benötigt er zum Ruhen, hier werden die Jungen geboren und in den ersten vier Lebenswochen gesäugt. Im Winter, wenn das Wattenmeer stärker auskühlt als die tieferen Gewässer, verlässt der Seehund dieses Gebiet. Zwar würde den Tieren die Kälte wohl nichts ausmachen, werden sie doch von einer 4 Zentimeter dicken Speckschicht geschützt, aber sie folgen ihrer bevorzugten Nahrung ins tiefere Wasser, den Garnelen und den Butten. Im Frühling, wenn mit der Erwärmung des Wassers die Beutetiere im Watt wieder reichlich vorhanden sind, kehren auch die Seehunde hierher zurück. Den Weibchen folgen erst die ein- bis dreijährigen Jungtiere und diesen wiederum die bis 2 Meter langen, kräftigen Bullen.

Ende Juni, Anfang Juli kommen die Jungen zur Welt – meist gebärt die Mutter nur ein Kind, in ganz

seltenen Fällen können es Zwillinge sein. Die Jungen müssen sofort nach der Geburt schwimmen können, denn mit der Rückkehr der Flut wird auch die Sandbank, auf der sie geboren wurden, wieder überschwemmt. In den ersten Tagen schwimmen die etwa 80 Zentimeter langen Babys dicht neben ihrer Mutter und werden von dieser sogar auf dem Rücken mit herumgetragen. Zum Säugen müssen Mutter und Kind Sandbänke aufsuchen, denn nur dort hat das Junge die Möglichkeit, ungehindert an die Milchquellen der Mutter zu gelangen. Gerade in dieser für das Junge so wichtigen Zeit kommt es aber immer wieder vor, dass die Tiere durch Ausflugsschiffe und Krabbenkutter gestört werden und ins Wasser fliehen, wodurch die Säuge- und Ruhezeit erheblich eingeschränkt wird. Schon nach wenigen Wochen haben die Jungen gelernt, selbständig Fische und Garnelen zu jagen und sich ohne weitere Hilfe zu ernähren. Bald nach der Stillzeit trennen sich Mutter und Kind. Erstere schliesst sich anderen Weibchen an, letzteres sucht die Gesellschaft der Gleichaltrigen, und gemeinsam zieht man im Wattenmeer umher. Die Paarungszeit beginnt im frühen Herbst, und die stärksten Bullen kämpfen um die fortpflanzungsfähigen Weibchen. Nachher lösen sich die Rudel auf, und die Tiere wandern in die tieferen Gewässer des Atlantiks ab. Nun beginnt der schwerste Lebensabschnitt für die jungen Seehunde, denn Nahrungssuche und Lebensbedingungen sind im offenen Meer härter als im Wattenmeer. Die Sterblichkeitsrate der Jungtiere ist im ersten Lebenswinter extrem hoch.

Immer wieder kommt es vor, dass noch auf die Mutter angewiesene Jungtiere von dieser getrennt werden. Sie stossen dann langgezogene, heulende Klagelaute aus, die jedoch nur in den seltensten Fällen den gewünschten Erfolg zeigen und die Mutter wieder herbeiführen. Wenn diese «Heuler» in Menschenhand gelangen, werden sie in den sogenannten «Heulerstationen» an der Küste und auf einigen Inseln von Hand aufgezogen und nach einiger Zeit, wenn sie sich selbst ernähren können, wieder im Wattenmeer ausgesetzt.

Ein erwachsener Seehund benötigt pro Tag zwischen 5 und 7 Kilo Futter. Das scheint viel zu sein, ist jedoch eine verschwindend geringe Menge in Anbetracht der niedrigen Individuenzahl der Seehunde und im Vergleich mit der durch Vögel und vor allem durch die Fischerei entnommenen Fischmasse. Natürlich fressen Seehunde Fische und Garnelen, aber grössere Schäden entstehen in erster Linie durch das Zerreissen von Netzen und Reusen, in denen sich die Tiere immer wieder verfangen, wobei sie häufig ertrinken.

Im gesamten Wattenmeergebiet wurden 1980 noch 4500 Seehunde gezählt, verglichen mit den Beständen früherer Jahrzehnte eine verschwindend kleine Population. Die stärksten Rückgänge sind im niederländischen Watt zu verzeichnen: 1950 lebten dort noch 3000 Tiere, zehn Jahre später keine tausend mehr. 1968 gab es wieder 1500 Exemplare, 1976 aber nur noch 340, und heute liegt ihre Zahl bei etwa 600. Der Rückgang der Seehunde im niederländischen Watt wird mit der sehr geringen Geburtenrate begründet, an der in erster Linie die Verschmutzung des Wattenmeeres schuld sein dürfte.

Die jährliche Sterblichkeitsrate der gesamten Wattenmeerpopulation liegt bei 13 Prozent, wobei jene der Jungtiere allerdings um ein Vielfaches höher ist. Schuld an der hohen Mortalität der unter einjährigen Tiere ist einmal mehr der Mensch. Viele Jungtiere können sich wegen den häufigen Störungen während der Säugezeit keine genügend dicke Speckschicht zulegen, um die Wintermonate zu überstehen. Wissenschaftler sehen eine weitere Hauptursache des Seehundsterbens in der Vergiftung durch PCB – polychlorierte Biphenyle – die unter anderem in Plastik-Weichmachern enthalten sind. In den Körpern tot aufgefundener Seehunde der niederländischen Bestände wurde PCB in zehnmal höherer Konzentration festgestellt als in den Körpern ihrer deutschen und dänischen Artgenossen.

Angesichts des allgemeinen, wenn auch regional unterschiedlichen Rückgangs der Bestände ist die Seehundjagd in allen Teilen des Wattenmeeres entweder völlig verboten oder doch stark eingeschränkt. Mit der zunehmenden Verschmutzung der Nordsee dürfte es allerdings schwierig sein, auch nur die heutigen Populationen zu halten. Da der Seehund als Raubtier am Ende einer Nahrungskette steht, reichern sich in seinem Körper – genau wie beim Menschen – all jene Gifte an, die seine Beutetiere mit der Nahrung aufgenommen haben. Das friesische Sprichwort «Erst stirbt der Seehund, dann der Mensch» könnte in seiner ganzen Schrecklichkeit wahr werden.

Voranstehende Doppelseite: Windmühlen sind schon seit langer Zeit ein Wahrzeichen Westfrieslands, wo der Wind ja sozusagen zu Hause ist. Leider sind heute kaum noch Mühlen in Betrieb. Viele befinden sich in Privatbesitz, andere dienen als Museen, der grösste Teil aber ist verfallen oder wurde bereits abgerissen. Mitten im schönen Wasservogel-Schutzgebiet De Bol auf der Insel Texel steht diese prächtige, alte Mühle.

Rechts: Mitten in den Dünen bei Norddorf auf der Insel Amrum liegt dieses Hünengrab aus der Zeit der frühesten Besiedlung der Nordfriesischen Inseln. Jahrhundertelang war die Grabstätte unter dem Dünensand verborgen, bis die wandernden Sandmassen sie freigaben. Jetzt besteht wiederum die Gefahr, dass dieses Zeugnis frühmenschlicher Kultur erneut vom Sand zugedeckt wird. Wahrscheinlich sind weitere Grabstätten unter den Dünen verborgen, aber es muss dem Zufall und dem Wind überlassen bleiben, auch diese freizulegen.

Der Mensch und das Watt

Genauere Kenntnisse über die Besiedlung der Wattenküste reichen etwa bis 4000 v. Chr. zurück. Frühere Spuren liegen unter dem Boden des heutigen Wattenmeeres und der Nordsee begraben, da der Meeresspiegel zu jener Zeit etwa zehn Meter tiefer lag. In der ersten Hälfte der europäischen Jungsteinzeit, zwischen 4500 und 3500 v. Chr., lebten im seenreichen Jungmoränenland nördlich der Elbe einzelne Gruppen von Jägern und Fischern. In den Tälern der grossen Flüsse Elbe und Weser, vor allem aber im belgisch-niederländischen Maasgebiet trafen diese nomadisierenden Sippen auf sesshafte Viehzüchter und Ackerbauern. Die Jäger machten sich die Kenntnisse der Bauern zu eigen, und ab etwa 3500 v. Chr. finden sich Zeugnisse erster Besiedlung im Wattenraum selbst. An den Förden in Schleswig-Holstein und Dänemark, an den Ufern von Binnenseen und auf Hügeln lebten die Menschen der Ellerbeck-Ertebølle-Kultur, die Felder bestellten, Vieh hielten, aber auch Jagd und Fischfang betrieben. Aus dieser Kultur stammen die Kjøkkenmøddinger, Abfallhaufen aus Muschelschalen. Überreste einer fast identischen Kultur wurden im Boden der ehemaligen Zuidersee in den Niederlanden entdeckt.

Um etwa 3000 v. Chr. war die Jagd zugunsten von Ackerbau und Viehzucht zurückgegangen. Das bedingte natürlich den Übergang zur sesshaften Lebensweise, die eine stärkere kulturelle Entwicklung ermöglichte. Diese äusserte sich zum Beispiel in Grosssteingräbern, den sogenannten Hünengräbern. Diese Bestattungsform findet sich von Dänemark bis Westfriesland, unter anderem auf Sylt, Amrum und Föhr.

Bis etwa ins 3. Jahrhundert v. Chr. wurde die Besiedlung des Wattenraums ausschliesslich durch die Bewegungen des Meeres bestimmt. Wenn es zurückwich, rückten die Menschen vor. Nahm das Meer wieder Land in Besitz, sei es durch den Anstieg des Meeresspiegels oder durch Sturmfluten, mussten die Menschen ihre Äcker aufgeben und weiter landeinwärts neu beginnen. Als Siedlungsgebiete dienten in erster Linie erhöhte Punkte: die Hügelzüge zwischen den Flüssen, Geestrücken, eiszeitliche Moränen und die Geestinseln.

Die kulturelle Entwicklung machte grosse Fortschritte, wie die Funde von Keramikscherben und bearbeitetem Holz zeigen. Die Verbindung zu anderen Kulturkreisen ist nachgewiesen, so zwischen 2300 und 2000 v. Chr. von Gruppen der Vlaardinger-Kultur aus den westlichen Niederlanden mit der Standfussbecherkultur und später mit der Glockenbecherkultur. Während der Bronzezeit, von 1700 bis 600 v. Chr., hatten die Bewohner der Niederlande und Brabants Beziehungen zu Britannien. Die Grabanlagen dieser Region erinnern an den berühmten Steinkreis von Stonehenge.

Aus der Eisenzeit, von etwa 600 v. Chr. bis zur Zeitenwende, stammen die interessanten Reste von zwei Dörfern auf bewaldeten Uferwällen an der Emsmündung. Während die eine Siedlung bei Jemgum nur kurz bewohnt war, lassen sich in dem Dorf bei Hatzum mindestens sechs aufeinanderfolgende Siedlungsphasen im Lauf von 200 Jahren feststellen. Etwa zehn Bauernhöfe standen hier, jeder bestand aus einem Wohnhaus mit Stall und Getreidespeicher. Die Ställe konnten zusammen bis 150 Rinder aufnehmen; als Feldfrüchte wurden Weizen und Gerste, Flachs, eine Feldbohnensorte und Leindotter, eine heute nur noch sehr selten angebaute Ölpflanze, geerntet. Da diese Siedlung verhältnismässig lange bestand, wurde sie durch Sedimentablagerungen bei Überschwemmungen und durch die Anhäufung von Dung und anderen Abfällen immer höher und wuchs hügelartig so weit über das sie umgebende Land hinaus, dass sie auch bei Sturmfluten nicht mehr überschwemmt wurde.

Vielleicht brachte die mehr zufällige Erhöhung der Wohnstätten die Menschen auf die Idee, nun ganz bewusst derartige Hügel anzulegen, sogenannte Wurten oder Warften aus Kleisoden, wie sie auch heute noch auf den nordfriesischen Halligen zu sehen sind. Dieser Wurtenbau bedeutete einen ungeheuren Fortschritt in der Besiedlungsgeschichte, denn der Mensch ergriff nun erstmals aktive Massnahmen, der ständigen Gefahr durch das Meer zu begegnen. Die Wurten entstanden zuerst in Friesland, in der Marsch um Groningen, und erwiesen sich als so erfolgreich, dass sie sich im gesamten Küstenbereich durchsetzten. Neben der Sicherheit für die Wohnhäuser boten die Wurten bei

Überschwemmungen und im Winter Platz für das Vieh. Vorräte und Heizmaterial konnten sicher gestapelt werden, und schliesslich sammelte man in sogenannten Fethingen, einer Art Zisternen, Regenwasser als Süsswasservorrat.

Kurz vor Beginn unserer Zeitrechnung zog sich das Meer wieder einmal zurück. Die Bedingungen in den altbesiedelten Landstrichen hatten sich in den vorausgegangenen Jahrhunderten ständig verschlechtert. Hochmoore breiteten sich aus, und infolge der Entwaldung – das Holz brauchte man zum Hausbau und, neben dem Dung, als Feuerungsmaterial – versandeten weite Gebiete. Der Wurtenbau ermöglichte es den Menschen, das neu entstandene Marschland zu besiedeln, und mit Hilfe des mittlerweile entwickelten Scharpfluges konnten auch die schweren Böden dieser Landstriche bearbeitet werden. Wurten entstanden an der ganzen Küste zwischen der Emsmündung bis nach Eiderstedt. Lediglich die Niederlande waren von dieser Entwicklung weitgehend ausgenommen, da sich hier bis zum Beginn der römischen Epoche Hochmoore erstreckten, die einer Besiedlung im Weg standen.

Unter den Römern wurde der Rhein zur Reichsgrenze. An seinen südlichen Ufern entstand eine Reihe von Grenzbefestigungen, deren Besatzer wahrscheinlich mit den nördlich lebenden Friesen Handel trieben. Im 2. Jahrhundert aber drang das Meer wieder landeinwärts, nahm das vorher freigegebene Marschland erneut in Besitz und vertrieb die Menschen von ihren vermeintlich so sicheren Wurten. Erst im Lauf des 7. und 8. Jahrhunderts wurden die Siedlungsbedingungen im Küstenraum wieder günstiger. Die Menschen kehrten zurück und bauten neue Wurten auf dem Marschland. Jetzt entstanden auch die ersten städtischen Siedlungen, die zum Teil wie Emden, Leeuwarden und Dokkum aus Wurtendörfern hervorgingen. Andere Stadtgründungen dieser Zeit sind Utrecht, Deventer und Ripen. Etwa um 1000 n. Chr. errichtete man die ersten Deiche, vorerst nur niedrige Wälle. Daneben blieb der Wurtenbau im nicht eingedeichten Marschland bestehen.

Durch die Städte wurde der Handel intensiviert. Schon lange pflegten die Wurtenbauer in den Wintermonaten handwerkliche Traditionen. Spinnen, Weben, Holzschnitzerei, Töpferei und das Gerben von Häuten waren weit verbreitet. Bereits in vorrömischer Zeit war die Salzgewinnung im südwestlichen Teil der Niederlande und in Belgien bekannt. Mit handwerklichen Erzeugnissen, Salz und den Überschüssen aus Ackerbau und Viehzucht trieben die Küstenbewohner lebhaften Handel. Viele dieser Wurtensiedlungen wurden später durch die mittelalterlichen Sturmfluten zerstört, die Reste unter den Ablagerungen des Wattenmeeres begraben. An weniger exponierten Orten sind die Zeugen der Vergangenheit erhalten geblieben, zum Beispiel die bereits erwähnten Hünengräber und die um 1000 v. Chr. entstandenen bronzezeitlichen Grabhügel bei Zwaagdijk in Nordholland.

Hauptsächlich dank den Landgewinnungsmassnahmen in unserem Jahrhundert konnten viele vom Meer bedeckte Siedlungsreste wieder freigelegt werden; neueste wissenschaftliche Methoden erlaubten genauere Untersuchungen und Altersbestimmungen. Hier interessiert jedoch vor allem, wie der Mensch das Watt beeinflusst hat.

Schutz vor dem Blanken Hans: der Deichbau

Heute wird praktisch die ganze Innenküste des Wattenmeeres von einer geschlossenen Deichlinie gesäumt. Es ist kaum mehr vorstellbar, dass etwa bis zum Jahr 1000 n. Chr. überhaupt keine Deiche bestanden und das Land bei nur geringfügig steigendem Wasser oft kilometerweit landeinwärts überflutet wurde. Lediglich die Wurten ragten wie Inseln aus dem Meer. Gegen Ende des 1. Jahrtausends begann der Mensch damit, die Wurten weiträumig mit Erdwällen zu umgeben. Diese ersten Deiche waren jedoch noch niedrig und schützten die Wurtenbewohner nur unvollkommen vor der Gewalt des Meeres. Der Deichbau war eine zeitraubende, strenge Arbeit. Das benötigte Erdmaterial holte man aus der unmittelbaren Umgebung: Mit Gabeln und Spaten hoben die Menschen landeinwärts einen breiten Graben, den Pütt, aus, der nach Fertigstellung des Deiches der Entwässerung des Kooges, des eingedeichten Landes, diente. Zur Seeseite hin wurde ein kleinerer Graben angelegt, damit der Deichfuss vom Meer nicht zu stark bearbeitet werden konnte. Das ausgehobene Erdreich wurde von Männern mit Bahren zur Baustelle getragen und dort aufgeschichtet. Als zusätzlichen Schutz erhielt der fertiggestellte, schmale und steile Deich eine Decke aus langen, treppenförmig aufeinandergelegten Grassoden. Im Vergleich zu den heutigen, am Fuss bis 70 Meter breiten und 8 Meter hohen Deichen erscheinen die alten Deiche lächerlich klein und unwirksam.

Nachdem man damit begonnen hatte, das besiedelte und bebaute Land zu schützen, ging man dazu

Links: Touristen eines Ausflugsschiffes auf dem Deich der Hallig Gröde. Der niedrige Sommerdeich schützt nur gegen die etwas höheren Normalfluten. Dieser Deichtyp bietet aber gleichzeitig Gewähr dafür, dass die typische Salzwiesenvegetation der Halligen erhalten bleibt. Die hohen Winterdeiche halten die meisten Sturmfluten zurück, und das Land innerhalb der Deiche süsst langsam aus.

Unten: Die Hamburger Hallig bei Sturmflut. Das Bild lässt deutlich den markierten, überschwemmten Fahrweg sowie das überschwemmte Vorland erkennen. Das Gebäude in der linken Bildhälfte ist eine ehemalige Arbeiterunterkunft auf einer Warft, die bei hohen Fluten von den weidenden Schafen aufgesucht wird.

Lahnungen und Buhnen sind Anlagen zur Landgewinnung. Lahnungen bestehen aus zwei Reihen tief in den Boden eingerammter Nadelholzpflöcke, zwischen denen Reisigbündel liegen. Das auflaufende Wasser bringt Sedimente mit, die über die Lahnungen hinweg bis an die Spülsaumlinie gebracht werden. Weitaus der grösste Teil der Sedimente würde vom abfliessenden Wasser wieder mitgerissen werden, wird aber von den Reisigbündeln zurückgehalten. In den Lahnungen beruhigt sich das Wasser schneller und stärker als auf «freien» Wattflächen, so dass die Sedimente verstärkt abgelagert werden.

112

Natürliche und künstliche Entwässerungssysteme: Das obere Bild zeigt ein «gewachsenes» Prielsystem im Watt, das allerdings nicht lange Bestand hat, da es mit Sicherheit von der nächsten Flut beträchtlich verändert wird, wenn es nicht sogar völlig verschwindet. Auf dem unteren Bild sind sogenannte Grüppen im Vorland von Westerhever in Schleswig-Holstein zu sehen. Die Holzbefestigungen und die relativ geraden Linien lassen erkennen, dass es sich um angelegte Gräben handelt. Der vertikal verlaufende Graben ist verschüttet, und das Wasser musste sich auf Umwegen eine neue Bahn zum Hauptgraben schaffen.

über, Neuland einzudeichen, überwiegend grasbewachsenes Vorland mit gutem Ackerboden. Durch Siele konnte dieses meist geringfügig über der mittleren Tidenhochwasserlinie liegende Land bei Niedrigwasser gut entwässert werden, was vor allem nach reichlichen Niederschlägen dringend erforderlich war. Etwa gleichzeitig mit der Eindeichung von Neuland begann man mit der Anlage von Wegedämmen, die die einzelnen Wurtensiedlungen miteinander verbanden. Mit zunehmendem Deichbau entstanden erneut Ansatzpunkte zur Landgewinnung, da sich im Bereich der Erdwälle das Wasser beruhigte und mehr Sedimente ablagerte, was zu ausgedehnter Aufschlickung führte.

Die einfachen, steilen Erddämme wurden um 1600 in Schleswig-Holstein von Deichen mit flach abfallendem Aussenprofil abgelöst; an anderen Küstenabschnitten setzte sich dieser Deichtyp erst wesentlich später durch. Wo die Gefahr starker Angriffe durch die Brandung bestand, verstärkte man die Aussenseite der Deiche mit dicken Schichten seegrasbewachsener Kleiklumpen. Etwas später entstanden die Wierdeiche, deren seeseitige Böschung mit dicken Paketen aus Seegras regelrecht bepflastert wurde. Durch Gärung dickte das Seegras zu einer kompakten Masse ein, so dass ein fast mauerartiger Deichschutz entstand, der durch Holzpfähle noch verstärkt wurde. Der Name Wierdeich stammt, ebenso wie die Bezeichnung Slikkerdeich für den vorher beschriebenen Typ, aus dem Niederländischen. Die Niederländer waren jahrhundertelang führend im Deichbau. Nachdem im 16. Jahrhundert mit der Einführung dreirädriger Sturzkarren oder Störten, die die Tragen für den Erd-

transport ablösten, bereits ein riesiger Fortschritt in der Arbeitsweise erzielt worden war, bedeutete die Einführung der Schiebekarren oder Rollwagen um 1600 durch den Holländer Johann Clausen Koth geradezu eine Revolution im Deichbau.

Die Stackdeiche waren vom 15. Jahrhundert an weit verbreitet. Es handelte sich dabei um *scharliegende* Deiche, denen also kein schützendes Vorland vorgelagert war und deren seeseitige Front aus Pfählen bestand. Nachdem sich jedoch ab 1730 der Holzwurm stark ausbreitete, kam man davon ab, Holz im Deichbau einzusetzen. Stattdessen verwendete man im 18. Jahrhundert Steinschüttungen, denen später aus vier Schichten bestehende Steinböschungen folgten. Moderne Deiche haben einen Kern aus Sand, der als Baumaterial zwar minderwertig ist, jedoch den Vorteil hat, dass er bei Bedarf aus dem Watt durch Spülrohre sofort an Ort und Stelle gepumpt werden kann. Wenn vorhanden, erhält der Sandkern einen schweren Kleiauftrag, auf den durch Grassoden oder Aussaat eine Rasendecke gepflanzt wird. Schafe und manchmal auch Gänse halten die Rasendecke in gutem Zustand und betreiben Deichkosmetik. Wo mit besonders starker Beanspruchung durch die Brandung zu rechnen oder wo kein Kleiboden vorhanden ist, wird die Aussenseite des Deichs zusätzlich mit einer Stein- oder Asphaltdecke verstärkt. Es gibt sogar Deiche, wie den Eiderdamm, die vollständig mit Asphaltbeton überzogen sind.

Normalerweise genügen die modernen Deiche ohne Asphaltdecke und Wellenbrecher aus Beton, um das Land hinter den Deichen vor Sturmfluten zu schützen. Nach der schweren Sturmflut von 1962 wurden alle gefährdeten,

Entwässerungsmassnahmen sind nicht nur im frisch eingedeichten Land nötig, sondern auch im Deichvorland, das in Neulandgewinnungspläne einbezogen ist und später eingedeicht werden soll. Ein weites Grabensystem hilft, das Land möglichst rasch trockenzulegen.

noch nicht dem letzten Erkenntnisstand entsprechenden Deichanlagen umgebaut. Bis dahin war es noch nicht überall bekannt, dass die seeseitige Neigung des Deichs im Bereich der aufschlagenden Brandung nicht stärker sein darf als 1 : 6, da sonst die Gefahr besteht, dass Wellen Löcher in die Deichoberfläche reissen. Aber auch die Böschung der Deichinnenseite darf nicht zu steil sein, weil sie sonst bei extremem Hochwasser, wenn die Wellen über die Deichkrone schlagen, von der Rückseite her aufgerissen wird.

Da die Deiche von lebenswichtiger Bedeutung waren – und sind –, bedurfte es strenger Gesetze, die ihren Bau und Unterhalt regelten. Diese Gesetze entwickelten sich mit der Gesellschaft. Zunächst war es Sache des Deichbauers, den Deich zu erhalten und zu pflegen. Später setzte sich die Regelung durch, dass jeder, der ein Stück Land besass, das dazugehörende Deichstück instand zu halten hatte. Wer dazu nicht in der Lage war, musste auch sein Land verlassen: «Wer nich will diken, de mutt wiken (weichen)», hiess eine der Grundregeln. Es wurde streng darauf geachtet, dass naturgegebene Ungerechtigkeiten wie unterschiedliche Beanspruchung des Deichs oder die Vorteile der weiter landeinwärts gelegenen Besitztümer ausgeglichen wurden.

Mit der Zunahme der Deichanlagen wurde es notwendig, das Deichwesen einer regionalen Obrigkeit zu unterstellen, die immer

Ackerbau und Viehzucht gibt es in den Küstenregionen, seit dort Menschen wohnen. Ob helle oder schwarze Böden, ob sandig oder lehmig und schwer, sie sind nicht leicht zu bearbeiten, aber sie sind fruchtbar. Im Laufe der letzten Jahrzehnte haben Maschinen dem Menschen immer mehr Arbeit abgenommen und halfen, grössere Erträge zu erzielen oder neue Arten anzubauen. Das obere Bild zeigt einen Kartoffelacker auf der Insel Texel, das untere einen nordfriesischen Bauern beim Mähen.

strengere Gesetze und Vorschriften erliess und schliesslich dazu überging, sowohl den Unterhalt alter als auch den Bau neuer Deiche Unternehmern zu übertragen.

Was hat der Deichbau für die Menschen an der Küste gebracht? Zu Beginn ging es lediglich darum, die bebauten Flächen vor dem Ansturm des Meeres zu schützen. Es gelang aber auch, bewachsenes Vorland mit gutem Ackerboden einzudeichen, wodurch einerseits die Erträge um ein Vielfaches stiegen, andererseits neues Siedlungsland gewonnen werden konnte. Die Bevölkerung wuchs an, wodurch wiederum mehr Arbeitskräfte für den Deichbau zur Verfügung standen. Wie wichtig Arbeitskräfte für den Deichbau und die Erhaltung der Deiche waren, zeigte sich während der grossen Sturmflut von 1362. Nur wenige Jahre vorher hatte die Pest gewütet und einen grossen Teil der Bevölkerung dahingerafft, so dass die bereits vorhandenen Deiche nach den winterlichen Sturmfluten nur noch ungenügend oder in einigen Regionen gar nicht mehr repariert werden konnten.

Ob die heutigen Deiche tatsächlich und auf lange Sicht allen Anforderungen genügen, wird erst die Zukunft zeigen. Viele Wissenschaftler, vor allem Meeresgeologen, vertreten die Ansicht, der Meeresspiegel sei in einer Phase des Steigens: Früher oder später werde eine riesige Sturmflut die Küste heimsuchen, auch die höchsten Deiche überspülen und katastrophale Verheerungen und Zerstörungen anrichten.

Dem Meer abgetrotzt: die Landgewinnung

Nachdem das Wattenmeer nach der Flut von 1362 seine bis dahin grösste Ausdehnung in geschichtlicher Zeit erreicht hatte, kämpfte der Mensch an der Küste verbissen um jeden Quadratmeter Boden. Er beschränkte sich dabei nicht nur darauf, Bestehendes zu erhalten, sondern versuchte Neues zu gewinnen. Bereits im 15. Jahrhundert gelang es in Nordfriesland, die grossen Meeresbuchten bei Leck, Hattstedt und Husum sowie in Eiderstedt zu bedeichen. Vorwiegend im 16. Jahrhundert errichtete man in Niedersachsen Deiche im Dollart und in der Leybucht. Der kühne Plan des 17. Jahrhunderts, einen Damm durch die Rungholtbucht, von Nordstrand über Südfall nach Pellworm, zu errichten, wurde durch die grosse Sturmflut von 1634 buchstäblich zerschlagen. Dagegen gelang es – allerdings viel später –, die ehemaligen Halligen Dagebüll, Fahretoft und Galmsbüll in das Festland einzugliedern. Überall an der Küste konnten grössere und kleinere Köge eingedeicht werden, die als Grasland und Äcker genutzt wurden. Ein grosses Problem stellte die Entwässerung des gewonnenen Landes dar, aber nach der Erfindung der Dampfmaschine zum Antrieb von Entwässerungspumpen konnte diese Hürde genommen werden. Jetzt konnte man sogar darangehen, niedrige Schlickflächen trockenzulegen und einzudeichen, wie zum Beispiel 1834 Waard- und Groetpolder, 1846 den Anna-Paulowna-Polder (Nordstrand) und 1878 den Johannes-Kerkhoven-Polder.

Ein weiterer Schritt in der Landgewinnung war der Bau von Verbindungsdämmen. Zwar war die

Schutzsuchend kauern sich die Friesenhäuser hinter den Deich. In der Regel sind sie niedrig gebaut, aus roten Backsteinen, mit tief heruntergezogenem Dach und weiss oder grün bemalten Fenstern und Türen. Die früher üblichen wunderschönen Reetdächer verschwinden leider immer mehr, da es einerseits immer weniger Schilf gibt und andererseits die Kosten fast unerschwinglich sind. Ohnehin ist es schon so, dass das notwendige Schilf für Reparaturen und Neubedeckungen nicht mehr im Tümpel nebenan geholt werden kann, sondern aus Süd- und Südosteuropa, etwa vom Plattensee, eingeführt werden muss.

Die alten Grabsteine auf den Inselfriedhöfen erzählen Geschichten und Tragödien, wie hier auf dem Inselfriedhof von Nebel auf Amrum. Die Bewohner der Nordfriesischen Inseln waren über Jahrhunderte Seefahrer und Walfänger. Es gab Zeiten, da waren alle arbeitsfähigen Männer der Inseln unterwegs, irgendwo auf den weiten Weltmeeren. Damals starb selten ein Mann an Altersschwäche zu Hause. Von jeder Familie blieb ein Vater, Bruder, Sohn oder Gatte «draussen», vielleicht verschollen, vielleicht in fremder Erde begraben, vielleicht auf hoher See beigesetzt. Die meisten erhielten von ihren Angehörigen in heimatlicher Erde zumindest einen würdigen Grabstein, auf dem in ehrbaren, traurigen, oft auch ungewollt komischen Worten der Toten gedacht wurde.

Gewinnung von Neuland immer nur Nebenzweck; das Hauptziel war, entweder bessere Verkehrsverbindungen zu schaffen oder die vorhandenen Deichlinien zu verkürzen. Ein spektakuläres Ereignis war die Errichtung des 1927 fertiggestellten Hindenburgdammes zwischen dem Festland und der Insel Sylt, der bis heute dem Eisenbahnverkehr dient. 1948 folgte in Dänemark der Damm zur Insel Rømø. Die Auswirkung dieses Dammes auf das umliegende Watt wurde gründlich untersucht. Unter anderem wurde dabei festgestellt, dass es günstig ist, die Dämme genau auf der Wasserscheide zwischen zwei Wattbecken zu errichten, da das Wasser dort nicht nur niedriger ist, sondern auch die negativen Auswirkungen auf das Tierleben im Watt geringer sind.

Bis in die ersten Jahrzehnte des 20. Jahrhunderts arbeitete man bei der Landgewinnung hauptsächlich nach der sogenannten Bauernmethode, bei der man ein System von Gräben, die Grüppen, anlegte. In den zwanziger und dreissiger Jahren ging man dazu über, das Watt in Lahnungsfelder einzuteilen. Lahnungen sieht man heute noch überall dort, wo entweder Landgewinnung betrieben wird oder wo Küstenschutzmassnahmen notwendig sind. Es handelt sich dabei um doppelte Pfahlreihen mit Reisigbündeln dazwischen, die die Wellen brechen und die Schlickablagerung fördern. Wer während der Ebbe solche Lahnungsfelder durchwandert, wird feststellen, dass in der Mitte zwischen den beiden Lahnungen das frisch abgelagerte und darum sehr weiche Material nur eine dünne Schicht bildet, während es nach rechts und links, den Lahnungen zu, immer dicker wird. Grüppen findet man noch sehr oft in den Vorlandwiesen und ganz frisch eingedeichten Kögen. Sie sind in Abständen von 6 bis 10 Metern angelegt und erfüllen zwei Funktionen: Erstens werden die dazwischenliegenden Beete entwässert. Die meist sehr frischen Ablagerungen trocknen aus und können sich setzen, so dass sie bei Hochwasser nicht mehr weggerissen werden. Zweitens sammelt sich der von der Flut herangetragene Schlick in den Grüppen, wodurch allerdings wiederum die Entwässerung erschwert wird. Von Zeit zu Zeit müssen die Gräben deshalb ausgehoben oder neu gezogen werden, wobei der angesammelte Schlick dazu dient, das Land zu erhöhen. Die Grüppen münden in grössere Abflussgräben ein, die direkt oder bei eingedeichtem Land über Siele mit dem Meer in Verbindung stehen.

Eine heute noch gelegentlich angewandte Methode der Landgewinnung und des Küstenschutzes besteht darin, Wälle aus Sand aufwehen zu lassen. Vor allem an den seeseitigen Inselabschnitten können so grössere Wattsandflächen gewonnen werden. Während früher diese Neulandgebiete vorwiegend als Weiden genutzt wurden, wobei der Boden allerdings durch reichliche Düngerzufuhr fruchtbarer gemacht werden musste, dienen die angewehten Wattsandflächen heute in erster Linie als Badestrände. Sanddeiche helfen mit, Dünenstreifen zu verlängern oder Dünengebiete miteinander zu verbinden und so die Fläche der Inseln zu vergrössern.

In den letzten Jahrzehnten haben sich die Schwerpunkte eindeutig von der Neulandgewinnung zum Küstenschutz verschoben. Vor allem nach dem Zweiten Weltkrieg, als es an den erforderlichen Geldmitteln mangelte, gingen die Bestrebungen dahin, bereits Vorhandenes zu erhalten.

Die Kirche St. Johannis in Nieblum auf Föhr verrät noch heute, welche Bedeutung eine Kirche in früheren Zeiten hatte. Sie lag oft am höchsten Punkt der Insel und diente nicht nur der Andacht und dem Gebet, sondern war manchmal letzte Zufluchtstätte bei Überfällen oder Sturmfluten.

In Niedersachsen hat jedes Städtchen an der Küste seinen eigenen kleinen Fischerhafen für die eigene Fischereiflotte. Mitten in der Stadt sieht man sich plötzlich Schiffsmasten und Fischkuttern gegenüber. Für «Landratten» wirken die starken Kutter noch recht abenteuerlich, und wenn sie zum Fang auslaufen oder von der Fahrt zurückkommen, wenn es nach Salz und Teer und Tran riecht, dann mag so manches verhinderte Abenteurerherz höher schlagen. Die Fischer selbst sehen ihren Beruf eher unromantisch, und trotz grossartiger technischer Neuerungen wird das Geschäft immer härter.

Die Hallig Norderoog ist das Vogelparadies in Schleswig-Holstein. Während der Sommermonate wohnt ein Vogelwärter auf der Insel. Er führt Beringungen durch, macht Bestandsaufnahmen und andere wissenschaftliche Arbeiten. Zu seinen Hauptaufgaben gehört der Schutz der Seevögel vor den Menschen. Die Hallig darf nur in geführten Gruppen betreten werden. Am Beginn des Brutareals nimmt der Vogelwärter die Gruppe in Empfang und geht mit ihr zum Vogelwärterhaus, wo er vor der Führung einen Vortrag über die Vogelwelt Norderoogs hält.

Die Nordsee bedroht den Menschen

Dass viele Inseln wandern, ist allgemein bekannt. Wangerooge und die anderen Ostfriesischen Inseln bewegten sich in Westostrichtung, bis durch umfangreiche bauliche Massnahmen diese Wanderbewegungen – wenigstens für den Moment – eingedämmt werden konnten. Dramatischer ist die Situation der Insel Sylt. Noch vor wenigen Jahrhunderten war sie, wie aus historischen Karten ersichtlich ist, wesentlich grösser als heute. Sie erstreckt sich in Nordsüdrichtung und liegt damit mit ihrer Breitseite quer zur Hauptangriffsrichtung von Wind und Wellen. Man hat errechnet, dass in den letzten Jahrhunderten durchschnittlich pro Jahr ein Meter, im nördlichen Teil sogar drei Meter Land verlorengingen... Zwar wuchs die Insel durch Sandverfrachtungen in diesem Zeitraum an ihrem Nordende um etwa 400, am Südende sogar um 1000 Meter an, aber der Landverlust ist bedeutend grösser. Nach dem Bau des Hindenburgdammes vertieften sich die Wasserstrassen nördlich und südlich der Insel gefährlich; die Strömungsverhältnisse änderten sich so stark, dass Landverluste nun auch auf der Ostseite auftreten. Sylt hat eine Fläche von 94 Millionen Quadratmetern (94 km^2) und verliert davon Jahr für Jahr rund 170 000! Während der mächtigen Sturmflut von 1962 verkleinerte sich die Insel innert weniger Tage um etwa eine Million Quadratmeter. Mindestens ebenso gefährlich wie Wind und Wellen sind Regen und Frost, die zum Beispiel vom bekannten Roten Kliff grosse Blöcke wegsprengen und abspülen – Land, das vom Meer verschlungen wird.

Kann Sylt noch gerettet werden? Wenn überhaupt, dann nur mit sehr hohen Kosten und unermüdlichem Einsatz. 1870 errichtete man erste hölzerne Schutzbauten, die nicht lange bestanden. Auch die ab 1930 verwendeten Eisenbuhnen brachten keinen nennenswerten Erfolg. Die Lahnungen am Keitumer Kliff hingegen halfen bis jetzt, weitere Landverluste zu vermeiden. Die Schutzbestrebungen auf der Westseite der Insel verlangen dagegen umfangreichere Massnahmen. Der über einen Kilometer lange Tetrapodengürtel vor Westerland und die anschliessenden, abgeschrägten Basaltbuhnen sind zwar nicht gerade schön anzusehen, aber diese Konstruktionen sind der massivste Küstenschutzbau der gesamten deutschen Nordseeküste. Jeder der mächtigen Tetrapoden ist 6 Tonnen schwer und kostet rund 1000 Mark. Doch trotz ihres Gewichts wurden einige dieser Betonklötze bei der mehrmals erwähnten Sturmflut von 1962 über 100 Meter weit weggerissen! Auch die Dünen leisten einen nicht unwesentlichen Beitrag zum Schutz der Insel Sylt. Seit nahezu 200 Jahren werden sie systematisch bepflanzt, was pro Hektar jährlich rund 8000 Mark kostet.

Mit dem Bau von Küstenschutzanlagen aus Beton, Basalt und Asphalt wurde die Küste künstlich «verfelst». Dadurch fehlte plötzlich der Nachschub an Sand, den das Meer zwar ständig abgebaut, aber auch wieder angespült hatte, so dass der Strand immer schmaler wurde und die Gefahr bestand, dass die «künstlichen Felsen» mit der Zeit von hinten unterspült wurden. Also musste möglichst grobkörniger Sand an Ort und Stelle gebracht werden, wobei zunächst die Strömungsverhältnisse genau untersucht werden mussten. Über

eine mehrere Kilometer lange Leitung pumpte man 1972 erstmals eine Million Kubikmeter Sand aus dem Watt östlich des Rantum-Beckens auf den Strand vor Westerland – eine Operation, die über 6 Millionen Mark kostete. Der Sand blieb genau einen Sommer lang dort liegen, wo man ihn haben wollte. Im nächsten Sommer war er zum Teil, im übernächsten fast vollständig verschwunden, vom Meer weggespült und verfrachtet. 1978 wurde daher eine weitere Million Kubikmeter Sand aufgespült, 1983 ebenfalls, und es ist anzunehmen, dass auch in den nächsten Jahren zu dieser Hilfsmassnahme gegriffen werden muss, damit die Insel nicht ganz vom Meer zerstört wird.

Wie soll es weitergehen? Wissenschaftlich gesicherte Untersuchungen über die Vorgänge auf Sylt sind kaum 40 Jahre alt. Geologen stellen die Prognose, dass bei dem weiteren, rasanten Abbau der Dünen bis zum Jahr 2500 nur noch der harte Geestkern der Insel bestehen wird. Das Ministerium für Ernährung, Landwirtschaft und Forsten in Kiel vertritt die Ansicht, dass es keine wirtschaftlich und technisch vertretbare Möglichkeit gibt, den allmählichen und seit Jahrhunderten andauernden Rückgang der Westküste Sylts zu verhindern.

Es gibt Leute, die behaupten, der Leuchtturm von Westerhever sei der schönste an der ganzen Küste. Sie fahren Jahr für Jahr einzig deshalb in Deutschlands hohen Norden, um sich davon zu überzeugen, dass der Leuchtturm mit seinen zwei «angeklebten» Häuschen noch steht.

Der Mensch bedroht das Watt

Das Wattenmeer mit den dazugehörenden Inseln und dem mittelbar anschliessenden Küstenstreifen ist ein in seiner Struktur und Komplexität einmaliger Lebensraum. Gezeiten, Sturmfluten und schwerer Eisgang vermochten ihm nichts anzuhaben, auch wenn sie manchmal zu einschneidenden Veränderungen führten: Buchten brachen tief ins Land ein, Inseln verschwanden oder entstanden, Küstenlinien wuchsen oder mussten zurückweichen, Priele und Tiefs änderten ihren Lauf, Sandbänke wanderten... Das biologische Gleichgewicht im Wattenmeer blieb bestehen. In dieses unglaublich fein aufeinander abgestimmte Gleichgewicht, in dem eine Reaktion immer eine entsprechende Gegenreaktion hervorrief, griff der Mensch ein. Über Jahrhunderte war sein Einfluss verschwindend klein. Mit fortschreitender Technisierung aber begnügte sich der Mensch nicht mehr damit, sein Dasein in der natürlichen Umwelt zu gestalten. Er begann vielmehr, die Umwelt zu verändern, sie seinen Bedürfnissen anzupassen und sie nach seinen Vorstellungen zu verändern, ohne dabei die weitreichenden Folgen seines Tuns zu bedenken.

Wissenschaftler, Anwohner und regelmässig wiederkehrende Besucher verfolgen mit Besorgnis die sich mehrenden Anzeichen der Zerstörung: Die Abfallberge an den Stränden, Ölrückstände, Fische mit Krebsgeschwüren, unfruchtbare Vogelgelege, durch Chemikalien geschädigte Jungvögel, tote Seehunde, stinkende Schaumberge usw. zeichnen ein düsteres Bild vom Zustand der Nordsee und des Watts. Schon im Mittelalter begann eine Entwicklung, die bis heute anhält: die Konzentration auf Knotenpunkte, die an den Mündungen grosser Flüsse liegen und für Handel und Verkehr ideal gelegen sind. Rotterdam, Emden, Wilhelmshaven, Bremerhaven und Hamburg sind einige dieser Zentren. Früher mussten sich Schiffe und Hafenanlagen den natürlichen Gegebenheiten der Landschaft anpassen, so dass die baulichen Auswirkungen auf die Umwelt gering blieben. In den letzten Jahrzehnten aber wurde es dank modernster Technik möglich, Wasserwege und Hafenanlagen den wachsenden Tonnagen der Schiffe anzupassen. Zudem konnten Häfen unmittelbar am Meer oder sogar ins Meer hinaus gebaut werden. Da die Bedeutung eines Hafens von der maximalen Tiefe der Fahrrinnen abhängt, wurden diese überall künstlich vertieft. Dabei wurde so gut wie nie Rücksicht auf die natürlichen Gegebenheiten genommen: Ökologische Gesichtspunkte mussten zurückstehen.

Gleichlaufend mit diesem Trend der immer breiter und tiefer werdenden Fahrrinnen entwickelten sich viele Hafenstädte über ihre handelspolitische Funktion hinaus zu Industriestandorten. Es erwies sich als kostengünstig, angelieferte Rohstoffe an Ort und Stelle zu verarbeiten, anstatt sie in die Industriezentren des Binnenlandes zu transportieren. In der Bundesrepublik gilt die gesamte Küstenregion als wirtschaftlich unterentwickeltes Gebiet. Also versuchen die verantwortlichen Regierungen seit Jahrzehnten, den Küstenraum als Industriestandort attraktiv zu machen. Neben dem Bau grösserer Häfen und Autobahnen zur verbesserten Infrastruktur warb man unter anderem mit kostengünstigen Bebauungsarealen und der Möglichkeit, Abfall- und Schadstoffe schnell und billig loszuwerden, indem man sie ins nahe Meer kippte.

In einem Gutachten der Bundesregierung zum Thema «Umweltprobleme der Nordsee» wird richtig erkannt: «Abschliessend ist noch einmal festzuhalten, dass vor allem an den Ästuarien Grossprojekte durchgeführt werden bzw. im konkreten Planungsstadium stehen, mit denen gravierende ökologische Folgen verbunden sein könnten. Die Dringlichkeit besonderer Massnahmen für diese Region wird angesichts der wirtschaftlichen Strukturschwäche nicht bestritten. Es ist jedoch zu befürchten, dass mit der gegenwärtigen Entwicklungsstrategie die Entwicklungsschwächen nicht grundlegend beseitigt werden und ein sich selbst tragender Wachstumsprozess nicht eingeleitet wird. Die dafür in Kauf zu nehmende Belastung der Umwelt, insbesondere der Nordsee, beeinträchtigt jedoch einen der langfristig wertvollsten Standortfaktoren dieser Region.»

Das heisst nichts anderes, als dass viele der geplanten und im Bau befindlichen Projekte den gewünschten Aufschwung kaum bringen, aber die Umwelt über Gebühr belasten werden. Die Verschmutzung der Nordsee und damit auch des Wattenmeeres wird in den kommenden Jahren nach dem Urteil von Fachleuten alarmierende Ausmasse annehmen, und es ist fraglich, ob dann noch Zeit bleibt, die Biotopschäden rückgängig zu machen oder nur schon zu stoppen. Dabei ist die Belastung des Meeres heute bereits fast unerträglich: Ein grosser Teil der industriellen Abwässer und Abfallstoffe, aber auch Schmutzwasser aus Haushalten sowie Abfälle von Schiffen gelangen ungeklärt in die Flüsse oder direkt ins Wattenmeer und die Nordsee. Es hat sich gezeigt, dass die Küstenmeere der Welt, zum Beispiel Nord- und Ostsee, das Mittelmeer und die nordamerikanischen und japanischen Küstengewässer, zu den ganz besonders gefährdeten Gebieten der Erde gehören.

Die Dreckfahne von «Vater Rhein», der nicht einmal direkt ins Wattenmeer mündet, lässt sich an der ganzen holländisch-deutsch-dänischen Küste bis zum Skagerrak hinauf verfolgen. Die Schmutzmengen des Rheins sind beängstigend: Pro Jahr trägt er 170 000 Tonnen Nitrate mit sich, 34 000 Tonnen Metalle, davon allein 500 Tonnen Cadmium und 80 Tonnen Quecksilber. Phosphate und Stickstoffe führen zur Überdüngung des Wassers, was eine ungeheure Vermehrung von Plankton und Algen zur Folge hat. Die ursprünglichen Plankton- und Algenfresser werden mit dem Überfluss nicht mehr fertig. Dafür schalten sich Bakterien ein, die den Überschuss zwar abbauen helfen, die aber für ihre Zersetzungsarbeit den für andere Tiere lebensnotwendigen Sauerstoff verbrauchen. Die Auswirkungen dieser verhängnisvollen Kette sind aus dem Binnenland hinlänglich bekannt: Fischsterben in Flüssen und Seen, in schlimmen Fällen gar der biologische Tod eines Gewässers.

Die weissen Schaumkronen aus steifgeschlagenem pflanzlichem und tierischem Eiweiss auf den Wellen sind ein Indiz dafür, dass hier etwas mit dem biologischen Gleichgewicht nicht stimmt. Anders als die Gischtkronen auf den Wellen verschwinden sie nämlich nicht, wenn das Wasser ruhiger wird, sondern bleiben auch auf dem trockenen Strand noch längere Zeit liegen und stinken widerwärtig.

Robbensterben – Umweltkatastrophe in der Nordsee

Seit vielen Jahren schon sind nicht nur die Flüsse durch Giftstoffe stark belastet, sondern auch die Nordsee. Meldungen über Öltankerunglücke, durch die Faunen und Floren gefährdet sind, krebskranke Fische und zunehmendes Massenfischsterben sowie stark verunreinigte Strände wurden zwar mit Betroffenheit registriert, jedoch nicht unbedingt als höchste Alarmstufe eines bedrohten Natursystems gewertet.

Im Frühjahr 1988 war dann die Umweltkatastrophe in der Nordsee nicht mehr zu übersehen. Ein riesiger Algenteppich, die darunter massenweise sterbenden Fische, und die jämmerlich verendenden Robben an den Nordseestränden machten deutlich, in welchem Ausmass die Nordsee aus ihrem ökologischen Gleichgewicht geraten war. Dennoch ist nichts an dieser Katastrophe überraschend. Seit Jahren schon weisen Wissenschaftler und Umweltschützer immer wieder auf die «todkranke» Natur der Nordsee hin, die von einem Kollaps nicht mehr weit entfernt sei.

Der Nordseeschutz-Bericht der Bundesregierung vom September

Wattwandern – für die einen ein herrliches, für die andern ein eher zweifelhaftes Vergnügen! Die einen geniessen es, bis zu den Knien im schwarzbraunen Matsch umherzuwaten – und gesund soll es auch noch sein. Die andern haben Angst vor Muschelschalen, Krebszangen, Steinen, Würmern – und finden den Schlick überhaupt widerlich! Eine Wattwanderung ist auf jeden Fall interessant, denn nur hier, im Schlickwatt, bekommt man einen kleinen Eindruck von der Vielfalt und der Vielzahl des Lebens im Wattenmeer.

128

1987 lässt denn auch keinen Zweifel daran, dass die als Müllkippe Europas missbrauchte Nordsee zum Sterben verurteilt ist, wenn nicht unverzüglich Gegenmassnahmen ergriffen werden.
Diesem Bericht zufolge gelangen jedes Jahr 11 000 t Blei, 28 000 t Zink, 950 t Arsen, 335 t Cadmium und 75 t Quecksilber – alles lebensbedrohliche Chemie-Gifte – ungehindert in die Nordsee. Dazu kommen jährlich 150 000 t Öl, die völlig legal von Schiffen und Bohrplattformen eingeleitet werden dürfen, sowie 6000 t Öl, die illegal ins Wasser fliessen. Allein schon der jährliche Transport von ca. 500 Millionen t Erdöl und Erdölprodukten durch die Nordsee stellt eine Gefahrenquelle ersten Ranges dar – denn Ölkatastrophen durch Tankerunfälle sind mittlerweile aus der ganzen Welt bekannt. Zusätzlich werden ca. 20 000 t Hausmüll von Schiffen über Bord geworfen. Laut Beschluss der Zweiten Nordseekonferenz ist letzteres ab Ende 1988 endgültig verboten. Ein Funken Hoffnung, der jedoch angesichts der weiteren Fakten des Nordseeschutz-Berichtes wieder verglüht. So werden jährlich 100 000 t Giftmüll auf See verbrannt – davon entfallen 60 000 t auf deutsche Häfen – und 80 Millionen t Baggergut und Klärschlamm, die Schwermetalle enthalten, in die Nordsee gekippt. Zusätzlich werden von allen Anrainerstaaten zusammen 2 Millionen t Dünnsäure in das Meerwasser verklappt. Aus Flüssen, Ableitungsrohren und aus der Atmosphäre gelangen ausserdem 100 000 t Phosphate und 1,5 Millionen t Stickstoffverbindungen pro Jahr in die Nordsee. Phosphate und Stickstoffverbindungen, die zu einer extremen Überdüngung des Meeres führen, haben nach Aussagen der Experten massgeblich das explosionsartige Wachstum der Algen gefördert.

Eine solche plötzliche Vermehrung zu riesigen Algenteppichen auf der Wasseroberfläche hat es zu allen Zeiten gegeben, aber vor allem während der Frühjahrsmonate. Zu dieser Jahreszeit ist das natürliche Nährstoffangebot im Wasser «normal» hoch, da in den vorangegangenen Wintermonaten das Algenwachstum aufgrund von Kälte und Dunkelheit stark reduziert ist und entsprechend kaum Nährstoffe verbraucht wurden. Neuerdings aber hat sich das natürliche Nährstoffangebot durch die chemische Überdüngung (Phosphate und Stickstoffverbindungen) zu einer Nährstoff-Flut verschoben und die Algen werden nun das ganze Jahr über förmlich gemästet. So kommt es, vor allem in küstennahen Regionen, auch in den Sommermonaten zu einer explosionsartigen Vermehrung von ökologisch schädlichen und auch hochgiftigen Algen. Die Folgen einer solchen «Algenblüte» sind zum einen ein erheblicher Sauerstoffmangel im Wasser, der zu Massensterben von Fischen führt und zum anderen die Absonderung von Giftstoffen, die ebenfalls ein Absterben der Fische und anderer Meeresbewohner bewirkt. Sterben dann irgendwann auch die Algen ab, so wird im Wasser nochmals durch bakteriologische Vorgänge der für viele Pflanzen und Tiere so lebenswichtige Sauerstoff stark dezimiert.

Nach Aussage der Wissenschaftler hat das massive Robbensterben mit dem Algenwuchs jedoch nichts zu tun. Dennoch ist die Schadstoffbelastung des Meerwassers auch hier die Ursache für das Sterben.

Über die Nahrungskette haben sich die Industriegifte vor allem in Niere, Leber und im Fettgewebe der Robben stark angereichert, wodurch ihr Immunsystem zerstört oder aber extrem geschwächt wird. Die Folge ist, dass viele der Meeressäuger unterernährt und todkrank sind und schliesslich an einer durch Viren hervorgerufenen Lungenentzündung elend zugrunde gehen. Ihre Wiederstandskraft ist nahezu erlahmt.

Es darf nicht nur Hoffnung sein, sondern es muss Realität werden, dass Politiker, Wissenschaftler, Umweltschützer und die Industrie ihre gegenseitige Immunität möglichst schnell ablegen und gemeinsam einen erfolgversprechenden Weg begehen, die Nordsee und damit ein unbedingt zu erhaltendes und zu schützendes Stück Natur zu retten.

Der Mensch sollte sich die Erde untertan machen, aber von Zerstörung war nicht die Rede. Die Zeit, sich zu besinnen, ist reif.

Sägen am eigenen Ast: die Schattenseiten des Tourismus

In den letzten 30 Jahren ist der Fremdenverkehr an den Küsten des Wattenmeeres und der Nordsee enorm gewachsen. In der Bundesrepublik strebten 1978 über zwei Drittel aller Inlandurlauber an die Nordsee. Dieser Tourismus, der für die einheimische Bevölkerung

---

Die Auswüchse des Tourismus sind an der Wattenmeerküste nicht mehr zu übersehen und teilweise bald nicht mehr zu bezahlen! In der Bundesrepublik beispielsweise werden für den Zutritt zu den Badestränden teilweise horrende Eintrittspreise verlangt, so dass sich eine fünf- bis sechsköpfige Familie Ferien am Meer kaum noch leisten kann – es sei denn, sie betrachtet sich das Meer aus der Ferne, vom (noch) gebührenfreien Deich aus.

Unten: Campingplätze entstehen oft in biologisch wichtigen Regionen, etwa im Dünengelände oder auf Salzwiesen, die wirtschaftlich wenig lohnend und deshalb billig sind.

eine beträchtliche Einnahmequelle darstellt, gefährdet jedoch das empfindliche Gleichgewicht des Ökosystems ganz erheblich. Zwar konzentrieren sich die Nordseebesuche vorwiegend auf die Sommermonate Juni bis August, aber für die Unterbringung der Massen muss eine Infrastruktur hochgezogen werden, die ihre negativen Auswirkungen nicht auf die drei Urlaubsmonate beschränkt. Es werden Hotels, Pensionen, Camping- und Parkplätze gebaut. Vor allem für letztere werden bevorzugt Flächen auf Salzwiesen, Salzsandwiesen und in den Dünen beansprucht. Die meisten Besucher fügen der sensiblen Vegetation schwere Schäden zu: Trampelpfade entstehen im Dünengelände und auf den Salz- und Sandwiesen, Pflanzen werden ausgerissen, und die ganz Faulen fahren mit dem Auto durch die Wiesen zum Strand. Abfälle häufen sich in Dünen und Heide und am Strand. Damit den Besuchern genügend Abwechslung geboten werden kann, müssen Jachthäfen gebaut werden, überwiegend in den ökologisch wichtigen Buchten. Minigolf- und Tennisanlagen, ja selbst Meerwasserbäder entstehen im unmittelbaren Küstenbereich und fordern viele tausend Quadratmeter Land.

Zu Beginn der Hauptreisezeit brüten die meisten Wattvögel oder sind mit der Aufzucht beschäftigt. Jahr für Jahr werden unzählige Gelege und Küken von unachtsamen Wanderern zertreten. Andere Gelege werden verlassen, weil die Elternvögel dauernd gestört werden. Grössere Jungvögel, die vor den Besuchern flüchten und ihre Eltern nicht mehr finden, fallen streunenden Katzen und Hunden oder Möwen zum Opfer. Auch für die nichtbrütenden Vögel sind Wanderer, vor allem aber Surfer und Motorboote erhebliche Störfaktoren. Durch sie wird die ohnehin knapp bemessene Zeit für die Nahrungsaufnahme reduziert; die Vögel sind ständigem Stress ausgesetzt.

Seehunde, die in der Regel gar nicht in Ufernähe kommen, sondern sich im tieferen Wasser der Priele und auf den Sandbänken aufhalten, werden durch die bei Besuchern sehr beliebten «Fahrten zu den Seehundsbänken» belästigt. Wir konnten immer wieder beobachten, wie die auf den Sandbänken ruhenden Tiere bei Annäherung eines Schiffes ins Wasser flüchteten. Ihre Fluchtdistanzen waren in der Regel hoch und betrugen hundert und mehr Meter. Viele Wissenschaftler und Naturschützer schreiben die bei manchen Tieren beobachteten grossen Bauchwunden diesen häufigen Störungen zu. Die Kapitäne der Ausflugschiffe lehnen die Thesen der Fachleute natürlich vehement ab und schieben den Schwarzen Peter ihrerseits den Krabben- und Schollenfischern zu.

Wird die Nordsee leergefischt?

Seit der Steinzeit nutzt der Mensch das Nahrungsangebot des Wattenmeeres. Zuerst sammelte er Muscheln und Schnecken, dann begann er, Fische mit Reusen zu fangen. Im Lauf der Jahrhunderte und Jahrtausende entwickelten sich Fang- und Nutzungstechniken für verschiedene Fisch-, Schnecken-, Muschel- und Krebsarten. Da alle diese Tiere wichtige Glieder im Ökosystem des Watts sind, ist ihre Nutzung ein Eingriff in das natürliche Gleichgewicht. Bis in die Mitte des letzten Jahrhunderts allerdings ist wohl keine Tierart – von der Auster abgese-

Die Fischerei ist ein hartes Geschäft geworden: Die ergiebigsten Fanggründe verschieben sich immer weiter in die offenen Ozeane, die Fahrten werden länger, und die Schiffe sind immer leistungsfähiger, spezialisierter, aber auch teurer. Die Besitzer der traditionellen Fischkutter, die mit den küstennahen Fanggründen vorlieb nehmen müssen, können darum einen Zusatzverdienst gut gebrauchen. Vor allem Krabbenfischer, denen zum Beispiel in der ganzen Saison 1984 so gut wie gar nichts in die Netze geriet, können auf das Geschäft mit den Fremden kaum verzichten. Zahlende Gäste, die sich einen Ausflug auf einem Kutter mit einem Hauch Abenteuer nicht entgehen lassen wollen, die es geniessen, einmal mit einem richtigen Seebären «to snakken», die es sogar in Kauf nehmen, Gott Neptun einen Tribut zu entrichten, finden sich genug.

Nach jeder Flut werden die Fischreusen im Schlickwatt kontrolliert, die gefangenen Fische, meist Plattfische, werden herausgenommen und die Reusen neu verlegt.

hen – allein durch menschliche Nutzung in ihrem Bestand gefährdet worden.

Das änderte sich mit der Einführung der Dampfschiffe und später der Motorschiffe. Weitere technische Fortschritte verkürzten die Zeit auf See beträchtlich, die Kühltechnik machte es möglich, grössere Fangmengen von weiter entfernten Fischgründen zu holen. Funk- und Peiltechnik erlaubten Fahrten bei schlechter Sicht; Fischortungsgeräte halfen, Fischschwärme aus grosser Distanz und in grossen Tiefen zu finden. Einen weiteren Fortschritt der Fangtechnik brachte in den fünfziger Jahren die Entwicklung der pelagischen Schleppnetze. Im Gegensatz zu den alten Grundschleppnetzen, die von den Kuttern auf dem Boden nachgezogen wurden, konnte mit dem neuen Netztyp im Freiwasser gefangen werden. In den sechziger Jahren kamen schliesslich noch die Ringwaden mit maschinell angetriebenen Netzwinden hinzu, die die Bergung von Massenfängen zur industriellen Fischnutzung ermöglichten.

Zwar sind bis zum Beginn des 20. Jahrhunderts kaum Unterlagen über Fischereierträge vorhanden, aber bereits 1900 wurde eine Abnahme der durchschnittlichen

Grösse und der Bestandesdichte einiger Arten festgestellt. Platt- und Schellfische wurden in den Hauptfanggründen, in der südlichen Nordsee, von Jahr zu Jahr kleiner und seltener. Zwischen 1909 und 1938 wurden jährlich zwischen einer und anderthalb Millionen Tonnen Fische gefangen. Zwischen 1946 und 1961 stiegen die jährlichen Erträge dank neuer Fangmethoden bis auf 2 Millionen Tonnen. Die Bestände vieler Edelfische nahmen drastisch ab, und die Fischer mussten auf Arten ausweichen, die beim Verbraucher nicht besonders beliebt waren. Die guten Fanggebiete verlagerten sich zudem immer weiter in die nördliche Nordsee.

Laut Statistik stiegen die Fangmengen auch nach 1961 stark an. 1964 wurde erstmals die 2-Millionen-Tonnen-Fanggrenze überschritten, 1967 fing man bereits 3 Millionen Tonnen. Während bis 1950 die Fänge ausschliesslich als Speisefische verwendet wurden, nahm nach diesem Zeitpunkt der Anteil jener Arten, die für die Margarine- und Futtermittelherstellung genutzt wurden, immer mehr zu. 1950 wanderten 2 Prozent der Fänge in die Industriebetriebe, 1960 bereits 20, 1965 schon 50 und 1974 über 60 Prozent. Nachdem seit 1969 durch die starke Überfischung die Bestände der Heringe und Makrelen immer weiter zurückgingen, stiegen die Industriefischer auf Kleinfische wie Stintdorsch, Sandaal und Sprotte um – Arten, die vorher so gut wie nie gefangen wurden.

Die Fangstatistiken zeigen eine ständige Zunahme der Fänge bis 1970, seither sind die Zahlen – mit Ausnahme jener der Jahre 1974, 1975 und 1976 – leicht rückläufig. Bedenklich stimmt die Abnahme der Fangergebnisse bei Makrelen und Heringen. Von ersteren wurden 1967 noch 910 000 Tonnen gefangen. 1972 gingen den Fischern nur noch 182 000 Tonnen in die Netze, 1977 225 000 Tonnen. Der Anteil der Heringe an der Gesamtfangmenge lag in früheren Jahren bei 50 Prozent, 1974 betrug er noch 10 Prozent, das heisst 326 000 Tonnen, und 1977 lag er praktisch bei Null, wurden doch nur noch 44 000 Tonnen gefangen. Der Rückgang der Heringsbestände und das Verschwinden ganzer Laichpopulationen – unter anderem 1965 jene der Doggerbank – sind eindeutig auf die Überfischung zurückzuführen. Wie weit andere ökologische Faktoren eine Rolle spielen, ist nicht mit Sicherheit festzustellen.

Weit schlimmer aber sind langfristig andere Auswirkungen menschlicher Eingriffe ins Wattenmeer. In den schlickreichen Ästuarien der grossen Flüsse nehmen die Fische mit dem reichen Nahrungsangebot auch die Gifte aus den Abfallprodukten der menschlichen Gesellschaft auf. Bis zu einem Drittel der gefangenen Fische müssen die Fischer wieder ins Meer werfen, weil die Tiere abstossende Wucherungen, sogenannte Himbeer- und Blumenkohlgeschwüre, aufweisen.

In den Statistiken der Fangzahlen von Wirbellosen und Schalentieren weisen Miesmuscheln und Garnelen die höchsten Mengen auf. Die Miesmuscheln stammen überwiegend aus Muschelfarmen, wo sie in Halbkulturen gezüchtet werden. Der Muschelfarmer sammelt ein- bis zweijährige Wildmuscheln ein und setzt sie in speziell vorbereiteten Küstengewässern wieder aus, wo sie unter kontrollierbaren Bedingungen zur Marktgrösse heranwachsen. Die Muschelbänke sind nur für die «Farmer» zugänglich und auch für den Fischfang gesperrt. Die Hauptproduktions- und -absatzgebiete liegen in den Niederlanden, gefolgt von Dänemark und der Bundesrepublik. 1977 betrug die Gesamtmenge der «geernteten» Miesmuscheln über 170 000 Tonnen. Ökologische Belastungen durch den Miesmuschelfang und die Anlage von Farmen konnten bisher keine festgestellt werden.

Die Garnele stellt unter den Krebstieren mengenmässig das grösste Fangkontingent. Seit der sogenannte Gammelfang, der Fang von Junggarnelen für die Futtermittelindustrie, stark zurückgegangen ist beziehungsweise mancherorts verboten wurde, ist die Gefahr der Überfischung nicht mehr aktuell. Junggarnelen dienen vielen Raubfischen als Nahrung. Geburtenstarke Jahrgänge etwa des Kabeljaus können deshalb die Fangquoten der Krabbenfischer stark beeinträchtigen. 1984 war diesbezüglich ein ausserordentlich schlechtes Fangjahr; dafür traten Raubfische wie Schollen und Kabeljau in grossen Mengen auf.

Abschliessend kann festgehalten werden, dass die Nutzung bei Beachtung der Mindestfanggrössen den Beständen heute kaum noch schadet. Andere Umweltfaktoren wie die erwähnte Meeresverschmutzung durch Chemikalien, Schwermetalle und Ölrückstände sind für das ökologische Gleichgewicht der Nordsee und des Wattenmeeres viel bedrohlicher. Im Interesse dieser einzigartigen Lebensräume ist zu hoffen, dass Anrainerstaaten und Meeresbenutzer die Zeichen der Zeit doch noch erkennen und dafür sorgen, dass uns Nordsee und Watt erhalten bleiben.

Die Schutzgebiete an der Nordseeküste und im Wattenmeer

Der Lummenfelsen auf Helgoland ist der einzige Vogelfelsen Deutschlands.
Von April bis in den Juli hinein herrscht hier Hochbetrieb, wenn die alljährlich wiederkehrenden Trottellummen, von den Helgoländern Skitten genannt, ihren Brutplatz bevölkern. Mit tiefen Brummlauten suchen sich die Partner, balzen und bebrüten dann abwechselnd das auf einem schmalen Felsband liegende einzige Ei. Lange bevor sie flügge sind, im Alter von drei bis vier Wochen, verlassen die jungen Lummen ihr unsicheres Heim, indem sie sich, von ihren im Wasser schwimmenden Eltern gelockt, aus luftiger Höhe bis fünfzig Meter in die Tiefe stürzen. Wenn die kleinen Federknäuel Glück haben, landen sie im Wasser, wenn nicht, zerschmettern sie am schmalen Felsufer. Familienweise ziehen die Lummen nach der Jungenaufzucht nach Norden. Den Winter verbringen sie an der nordfranzösischen Küste, um im April wieder auf dem Vogelfelsen von Helgoland zu erscheinen.

Um es gleich vorwegzunehmen: In Sachen Naturschutz sieht es im Wattenmeer nicht sehr gut aus. Es gibt zwar eine ganze Reihe von Natur- und Vogelschutzgebieten, Reservaten und Naturparks, aber diese sind zum Teil sehr klein, und die Schutzbestimmungen sind häufig unzureichend. In einem Teil der geschützten Lebensräume wird Intensiv-Landwirtschaft betrieben, andere Gebiete sind nur so lange geschützt, bis wirtschaftliche Interessen den Vorrang erhalten. Wie kann erfolgreich Naturschutz betrieben werden, wenn mitten im Reservat – oder wie immer die Bezeichnung für das Gebiet lauten mag – ein riesiger Campingplatz die Natur konkurrenziert, wenn Touristen unkontrolliert umherlaufen, Jachthäfen angelegt werden, Viehherden weiden, Fisch- und Krabbenkutter ihre Schleppnetze auswerfen und Militärflugzeuge ihre Tiefflüge absolvieren dürfen? Vollends unhaltbar sind die Zustände, wenn man die völlig unkontrollierbare Schadstoffbelastung durch Industriebetriebe und Haushaltungen im Binnenland, durch die Verklappung hochgiftiger Chemikalien – Spezialschiffe pumpen ihre Gift- und Abfallfracht einfach in die Nordsee –, durch Verbrennungsrückstände und Ölprodukte bedenkt.

Fünfzig europäische Umweltverbände appellierten zusammen mit dem WWF (World Wildlife Fund) 1982 an die Regierungen in Den Haag, Bonn und Kopenhagen, sich endlich auf ein internationales Schutzstatut für das Wattenmeer zu einigen, einen «Internationalpark Wattenmeer» zu schaffen. Angesichts der Komplexität des ganzen Wattenraumes zwischen Den Helder und Esbjerg scheint es sinnlos, einige kleinere, mehr oder weniger gut geschützte Areale zu schaffen. Das ganze Wattenmeer müsste geschützt werden, wobei sich der Schutz in gewissen Grenzen auch auf die offene Nordsee erstrecken muss, da diese das Ökosystem Watt in höchstem Mass beeinflusst. Selbstverständlich ist es den fanatischsten Umweltschützern klar, dass es unmöglich ist, den ganzen Watt- und Küstenbereich vollständig unter Naturschutz zu stellen. Vielmehr erscheint es sinnvoll, drei nach ihrer Bedeutung und Nutzung verschieden zu bewertende und zu schützende Zonen zu unterscheiden:

– In Zone I müssten alle Bereiche zusammengefasst werden, die vollständig zu schützen und jedem menschlichen Eingriff zu entziehen sind: Vogelbrutgebiete, wichtige Nahrungsräume sowie die Sandbänke, auf denen Seehunde bevorzugt ihre Jungen werfen und säugen, ausserdem die grossen Mauserplätze und schliesslich die Verlandungszonen mit den daran anschliessenden Salzwiesen.

– In Zone II könnten Landwirtschaft, Tourismus und Naturschutz gleichberechtigt nebeneinander existieren; jede Interessengruppe müsste gewisse Grenzen beachten und zu Kompromissen bereit sein.

– In Zone III schliesslich müsste der Naturschutz zurückstehen, wobei allerdings gewisse Minimalforderungen bestehen bleiben, zum Beispiel der Schutz bedrohter Pflanzen und Tiere.

Sollte es wirklich einmal gelingen, einen internationalen Nationalpark Wattenmeer zu schaffen, so wäre allein damit noch nicht viel gewonnen. Denn solange die Nordsee und die grossen Flüsse als Müllkippen benutzt werden, solange der in diese Gewässer eingeleitete Dreck im Wattenmeer zusammentrifft und abgelagert wird, nützt der Schutz des Wattenmeeres allein nichts. Erst wenn auf internationaler Ebene alle Staaten, die ihre Abwässer ungereinigt ins Meer leiten, bereit sind, die von Wissenschaftlern und Umweltschützern erarbeiteten Konzepte nicht nur anzuerkennen, sondern zu befolgen, wird die Rettung des Watts möglich sein.

Heute erfüllen die kleineren Schutzgebiete zumindest wichtige Funktionen als Rückzugsgebiete, zum Beispiel für bedrohte und gefährdete Vogelarten. Einige der bedeutenderen Reservate in den Niederlanden, in der Bundesrepublik Deutschland und in Dänemark werden nachfolgend vorgestellt. In diesem Zusammenhang sei ausdrücklich darauf hingewiesen, dass die Tier- und Pflanzenwelt des Wattenraumes auch ausserhalb der geschützten Gebiete vertreten ist und beobachtet werden kann. Natur- und Tierfreunde beachten selbstverständlich die Minimalforderungen des Faunen- und Florenschutzes: keine Pflanzen abreissen oder ausgraben, Tiere nicht beunruhigen und stören, keine Gelege ausnehmen und Brut- und Aufzuchtgebiete der Seevögel meiden.

Insel Texel (NL)

Hier gibt es neben den zwei Naturreservaten *De Geul* und *De Westduinen* mit einer Gesamtfläche von 1681 Hektar und den beiden Reservaten *De Muy* und *De Sluft* mit 700 Hektar Fläche noch weitere 18 Schutzgebiete, die vom niederländischen Naturschutzverband *Natuurmonumenten* betreut werden. Zehn kleinere Schutzgebiete unterstehen zudem direkt dem niederländischen Staat. Die meisten dieser Areale sind dem Publikum nicht zugänglich, doch werden in einigen Führungen unter fachkundiger Leitung veranstaltet. Auskünfte erteilt das *Natuur recreatie centrum* zwischen Westerduinen und De Koog. Dieses Zentrum ist auf jeden Fall eine Besichtigung wert. Im Museum werden neben der Entwicklungs- und Besiedlungsgeschichte des niederländischen Wattenmeeres und der Insel Texel interessante Präparate der wichtigsten Wattentiere gezeigt. Daneben gibt es eine Anzahl guter Aquarien mit lebenden Meeresbewohnern. In verschiedenen Becken tummeln sich Seehunde, und im angeschlossenen Dünenpark kann man Pflanzen und Tiere der typischen Dünenbiotope beobachten. Das Zentrum verfügt über umfangreiche Literatur zur Flora und Fauna des Watts und der Inseln. Während der Hauptreisezeit finden Vorträge und Film- und Diavorführungen statt. In dieser Zeit sollte man sich früh genug für die Führungen anmelden, da diese Tage und Wochen im voraus ausgebucht sind.

Auf Texel wurden bisher 309 verschiedene Vogelarten festgestellt, von denen etwa hundert regelmässig brüten, darunter so seltene Arten wie der Löffler *(Platalea leucorodia)* und die Sumpfohreule *(Asio flammeus).*

De Geul im Süden der Insel ist Teil eines etwa 2 Kilometer langen Dünentals mit einem kleinen See. Am Rand des Sees und in der feuchten Senke entstand ein breiter Schilfgürtel, der zahlreichen Wiesen- und Wasservögeln Brut- und Ruheplätze bietet, so dem Löffler und der Rohrweihe *(Circus aeruginosus),* einem bedrohten Greifvogel. Neben dem Dünental umfasst das Reservat offene Dünenlandschaften, Schlammzonen und mit Sträuchern bewachsene Regionen. Hier brüten Spiessenten *(Anas acuta)* und Seeschwalben. Besonders interessant ist auch die Flora mit verschiedenen Orchideenarten, dem Sumpf-Herzblatt *(Parnassia palustris),* dem Wintergrün *(Pirola* sp.), der Mondraute *(Botrychium lunaria),* der Natternzunge *(Ophioglossum vulgatum)* und dem Königsfarn *(Osmunda regalis).*

An der Strasse zum nahegelegenen militärischen Übungsplatz hat die Forstverwaltung einen Aussichtspunkt eingerichtet, von dem aus sich das ganze Areal gut überblicken lässt.

De Westduinen umfasst eine kahle, trockene Dünenlandschaft, die zum Teil mit Krähenbeeren *(Empetrum nigrum)* bewachsen ist. Interessant ist hier vor allem die grosse Silbermöwenkolonie. Auch im Reservat *De Muy* liegt ein Dünensee mit Schilfgürtel, in dem Löffler und Fischreiher *(Ardea cinerea)* brüten. In verlassenen Kaninchenhöhlen zieht der Steinschmätzer *(Oenanthe oenanthe)* seine Jungen auf. Daneben finden wir Schafstelzen *(Motacilla flava),* Neuntöter *(Lanius collurio)* und die heimlich lebende Wasserralle *(Rallus aquaticus).*

Das *Slufter*-Gebiet ist ein flaches, teilweise sumpfiges Dünengelände, das über Priele mit der Nordsee verbunden ist. Hier gedeihen vorwiegend Salzpflanzen. Neben den verschiedenen Wiesen- und Watvögeln wie Regenpfeifern, Austernfischern, Säbelschnäblern und Uferschnepfen finden wir auch Alpenstrandläufer, eine Eiderentenkolonie und zahlreiche Brandgänse.

Selbstverständlich lassen sich die diversen Brutvogelarten und die durchziehenden Gäste nicht nur in den Reservaten beobachten. Kiebitze (Vanellus vanellus), Kampfläufer (Philomachus pugnax), zahlreiche Entenarten, Schnepfen, Rotschenkel und andere sind überall auf der Insel zu finden, auf den Wiesen und Feldern, in den Dünen, den zahlreichen kleinen Binnenseen und Wasserläufen, am Strand und im Watt.

Insel Terschelling (NL)

Terschelling ist mit 12 000 Hektar nach Texel die grösste Insel des niederländischen Wattenmeeres. Die drei Naturreservate *Loegelwiech, Noordvarder* und *Boschplaat* bedecken mit 5300 Hektar fast die Hälfte der Insel. Mit 4400 Hektar ist *Boschplaat*, das die ganze östliche Inselseite umfasst, mit Abstand das grösste Reservat. Es ist unbewohnt und landwirtschaftlich weitgehend ungenutzt. Lediglich auf den 300 Hektar Dünenwiesen dürfen Jungrinder weiden. Die Vegetation ist äusserst vielseitig und zeigt von der Verlandungszone über die Salzwiesen bis in die Dünen hinein die typischen Pflanzengesellschaften vom Queller über die Rotschwingelzone bis zu den Zwergsträuchern. Besonderheiten sind einige Orchis-Arten, Färberginster (Genista tinctoria), Lungenenzian (Gentiana pneumonanthe) sowie die aus dem Norden zugewanderten und sonst nur in den Bergen vorkommenden Arten Echte Bärentraube (Arctostaphylos alpina) und Siebenstern (Trientalis europaea).

Auch die Vogelwelt ist artenreich vertreten. Neben den häufigen Küstenvögeln wie Möwen, Austernfischer und Rotschenkel brüten hier der Seeregenpfeifer (Charadrius alexandrinus), die Uferschnepfe, Säbelschnäbler, Kornweihe, Sumpfohreule, verschiedene Entenarten, zum Beispiel Eider- und Spiessente, vereinzelt die seltene Brandseeschwalbe sowie Neuntöter, Schwarzkehlchen (Saxicola torquata), Sumpfrohrsänger (Acrocephalus palustris), Pirol (Oriolus oriolus) und Birkenzeisig (Carduelis flammea). Zu den besonderen Raritäten zählt zudem eine kleine Löfflerkolonie.

Insel Schiermonnikoog (NL)

Mit 100 Hektar ist *Westpunt* recht klein, hat aber in einem feuchten Dünental eine sehr interessante und spezialisierte Flora. Ein Süsswassersee lockt zudem Vögel verschiedenster Art an, die hier Futter-, Rast- und Brutplätze finden.

Kobbeduinen umfasst 2400 Hektar und dient nicht nur dem Schutz vieler Vogelarten und Pflanzenspezies, sondern ist in erster Linie Seehundschutzgebiet. Die im niederländischen Watt noch stärker als anderswo bedrohten Tiere haben auf den flachen Sanden ihre Wurf- und Säugeplätze.

Niedersachsen (BRD)

Die ganze Kette der Ostfriesischen Inseln, von Westen nach Osten Borkum, Juist, Norderney, Baltrum, Langeoog, Spiekeroog und Wangeroog, dazu der zwischen 10 und 20 Kilometer breite Wattenmeerstreifen zwischen diesen Inseln und dem Festland sowie das Naturschutzgebiet Dollart und der Elisabeth-Aussengroden nördlich von Wilhelmshaven gelten als eine der grössten unverdorbenen Naturlandschaften der Bundesrepublik Deutschland. Es sind Feuchtgebiete von internationaler Bedeutung. Geplant ist, die ganze Region in einen Nationalpark umzuwandeln, wobei allerdings mit erheblichen Konzessionen an die Touristikindustrie und die Landwirtschaft gerechnet werden muss.

Das ostfriesische Wattenmeer ist zur Zugzeit und in den Wintermonaten für Millionen von Vögeln Rast- und Nahrungsraum. Daneben sind vor allem die unbewohnten Inseln Lütje Hörn, Memmert, Oldoog und Mellum wichtige Brutgebiete und Wurf- und Ruheplätze für Seehunde. Die wichtigsten Naturschutzgebiete:

Lütje Hörn (1450 ha) gleicht eher einer Sandbank als einem Eiland. Hier gibt es grosse Kolonien von Silber- und Lachmöwen, die die anderen Brutvögel – Austernfischer, See- und Sandregenpfeifer – immer mehr verdrängen.

Auch auf *Memmert* (2200 ha) sind die Silbermöwen mit mehr als 10 000 Brutpaaren ausserordentlich stark vertreten, was wahrscheinlich zum Verschwinden der früheren Seeschwalbenkolonie geführt hat. In den Dünen und weiten Sandflächen der sehr schnell wachsenden Insel brüten noch einige Paare Rotschenkel, Austernfischer, Brandgänse und Sturmmöwen.

Das Vogelreservat von *Langeoog* (600 ha) ist relativ klein, doch lebt in der ausserordentlich schönen Dünenkette eine der grössten Silbermöwenkolonien Deutschlands. Gelegentlich finden Führungen in die Schutzgebiete

Möwenkolonie und *Flinthörn* statt. Es ist ein unvergessliches Erlebnis, zur Brutzeit durch eine Möwenkolonie zu wandern. Mit meist nur wenigen Metern Abstand haben die grossen Vögel ihre Eier ins Gras oder in die flache Nistmulde gelegt. Mit einem tiefen «Gagagack» warnen die Silbermöwen ihre Artgenossen, fliegen hoch und stossen auf die ungebetenen Gäste herunter, diese mit Flügeln und Schnäbeln attackierend. Unangenehmer als die Scheinangriffe ist eine andere «Waffe» der Silbermöwen. Immer wieder warnt der Vogelwart davor, nach oben zu schauen, denn der ätzende Vogelkot ist nicht nur unappetitlich, sondern gefährlich; oft enthält er Salmonellen und Typhusviren, und ausserdem brennt er ganz gemein in den Augen.

Auf *Spiekeroog* darf das Vogelreservat *Ostplate* (885 ha) in der Brutzeit von April bis Juni nicht betreten werden. Auch die Salzwiesen sind zum Teil geschützt. Spiekeroog-Ostplate, ursprünglich eine vegetationslose Sandbank, wuchs durch Sedimentation über die mittlere Hochwasserlinie hinaus. Erst zu Beginn der fünfziger Jahre siedelten sich die ersten Pflanzenarten an. Heute brüten hier neben Silbermöwen auch Zwergseeschwalben, Austernfischer, See- und Sandregenpfeifer, Rotschenkel und Eiderenten.

Auch auf *Wangeroog* bestehen Naturschutzgebiete, die fast die Hälfte der Inselfläche bedecken. Ost- und Westteil der Insel sind wichtige Brutgebiete für Silbermöwen, Rotschenkel, Austernfischer, Regenpfeifer, verschiedene Entenarten und die Sumpfohreule. Die Vegetationszonen erstrecken sich von der Verlandungsgrenze über die Salzwiesen bis in die Dünen hinein. Im Sommer, wenn der Strandflieder blüht, bilden die Salzwiesen einen riesigen, duftenden Blütenteppich.

Nördlich von Wilhelmshaven liegt der *Elisabeth-Aussengroden* (775 ha), der direkt an der Vogelzuglinie liegt und als Überwinterungsgebiet für Kurzschnabel- und Ringelgänse von internationaler Bedeutung ist. Ausserdem lebt hier die grösste Rotschenkelkolonie Europas.

Die Insel *Mellum* (35 ha) liegt nördlich des Jadebusens. Sie ist von einer 2500 Hektar grossen Sand- und Schlickwattfläche umgeben, die bei Ebbe zum grössten Teil freifällt. Der nördliche Teil der Insel besteht aus einem Dünengürtel, dem sich Strandsodenvegetation anschliesst, während der grüne Südteil der Insel mit Salzwiesen bewachsen ist. Mellum ist einerseits ein wichtiger Brutplatz für zahlreiche Vogelarten, andererseits eine bedeutende Durchgangsstation für ziehende Vögel. Interessantes und vielseitiges Vogelleben herrscht hier das ganze Jahr über: In der kalten Jahreszeit suchen viele Wintergäste auf der stillen Insel Nahrung und Schutz. Von April bis Juli gehen Silbermöwen, Austernfischer, Rotschenkel, Regenpfeifer, Schnepfenvögel und viele andere Arten ihrem Brut- und Aufzuchtgeschäft nach. Im Spätsommer sind im Gebiet um Mellum manchmal rund hunderttausend Rotschenkel versammelt, die bald von der Hauptmasse der Zugvögel abgelöst werden. Ein Vogelwart führt im Auftrag der Vogelwarte Wilhelmshaven Beringungen durch. Er macht Vogelzählungen und wacht darüber, dass kein Unbefugter die Insel betritt.

Südöstlich von Wilhelmshaven schliesslich erstreckt sich das Naturschutzgebiet *Jadebusen*. Bemerkenswert sind hier vor allem das ausgedehnte Schlickwatt und die dem Deich vorgelagerten Salzwiesen und Verlandungszonen, der sogenannte Aussengroden, in dem zahllose Watvögel brüten und in dem im Winter die an der Wattenküste bleibenden Gänse immer genügend Nahrung finden.

Der *Grosse Knechtsand* ist weit herum bekannt als Mauserplatz der Brandgänse. Aus allen westeuropäischen Küstenländern kommen die auffallend gefärbten Gänse im Sommer hierher, finden ausreichend Nahrung im ausgedehnten Watt um die Sandbänke und bleiben, bis der Gefiederwechsel nach einigen Wochen abgeschlossen ist. Weltweite Empörung entstand, als die britische Luftwaffe den Grossen Knechtsand von 1952 bis 1958 als Bomber-Zielgelände benutzte. Seit 1953 sind der Grosse Knechtsand und das umliegende Wattengebiet (insgesamt 325 km^2) Naturschutzgebiet. In den letzten Jahren haben sich, begünstigt durch künstliche Anpflanzungen, Dünen gebildet, und seither nimmt die Zahl der Brutvögel stark zu.

Die Insel *Scharhörn*, die erst um 1900 aus einer flachen Sandbank emporwuchs, war lange in Gefahr, dem Bau des geplanten Tiefwasserhafens der Stadt Hamburg geopfert zu werden. Naturschützer hoffen, dass die Insel in ihrer heutigen Form und Bedeutung als Naturschutzgebiet bestehen bleibt, nachdem die ehrgeizigen Ausbaupläne aufgegeben wurden. Da auf Scharhörn verhältnismässig wenig Möwen brüten, konnten hier Flussseeschwalben- und Küstenseeschwalben-Kolonien entstehen. Auch Brand- und Zwergseeschwalben brüten gelegentlich auf der Insel, daneben Brandgänse und Stockenten, Austernfischer, Sand- und Seeregenpfeifer, Rotschenkel, Feldlerchen, Schafstelzen, Wiesenpieper und Stare.

Schleswig-Holstein (BRD)

Das 190 000 Hektar grosse Gebiet zwischen der Halbinsel Eiderstedt und der dänischen Grenze wurde 1971 «einstweilig sichergestellt» und hat seither den gleichen Status wie ein offizielles Naturschutzgebiet. Bis 1982 waren bereits 24 einzelne Naturschutzreservate ausgewiesen; weitere sind geplant. Es sind seit längerem Bestrebungen im Gang, den ganzen Lebensraum in einen Nationalpark «Nordfriesisches Wattenmeer» umzuwandeln. Die bestehenden Schutzgebiete werden von verschiedenen Organisationen betreut, die in einigen Küstenorten Informationszentren eingerichtet haben. Die wichtigsten dieser Organisationen sind die Schutzstation Wattenmeer in Rendsburg, der Verein Jordsand zum Schutze der Seevögel e. V. in Ahrensburg und der Deutsche Bund für Vogelschutz (BfV) mit zahlreichen Niederlassungen.

Etwa ein Viertel der Fläche des geplanten Nationalparks ist ständig überflutet, 56 Prozent nimmt das eigentliche Wattenmeer ein, 15 Prozent bestehen aus Inseln und Halligen, während die Aussensände Japsand, Norderoogsand und Süderoogsand mit 3800 Hektar nur 2 Prozent der Gesamtfläche bedecken. Zwischen den Inseln und Halligen und den Deichen des Marschvorlandes dehnt sich die noch immer sehr naturnahe und relativ unberührte Weite des Watts mit Salzwiesen und Sänden, herrlichen Dünen, Prielen und fast endlosen Schlick- und Sandflächen aus. Diese vielgestaltige Küstenregion ist Überlebensraum für zahlreiche Tier- und Pflanzenarten. Auffälligster Beweis dafür sind die manchmal riesigen Vogelschwärme, die fast das ganze Jahr über zu beobachten sind und die den Nahrungsreichtum des Biotops nutzen.

Dank der Initiative der verschiedenen Naturschutzorganisationen konnten wichtige Brut- und Rastplätze unter Schutz gestellt werden. Wegweisend war und ist in dieser Beziehung der Verein Jordsand: Am 6. Mai 1909 erwarb der Verein für 12 000 Goldmark die seinerzeit 23 Hektar grosse Hallig *Norderoog*. Seit dieser Zeit gilt die Hallig als das «Mekka der Ornithologen». Fünfzehn Vogelarten brüten im Frühjahr und Sommer auf Norderoog, darunter die stark gefährdete Brandseeschwalbe, die hier den einzigen regelmässig benutzten Brutplatz in ganz Europa hat. Der Vogelschutz auf Norderoog ist nicht problemlos. Im Lauf der Jahre verlor die Hallig durch Sturmfluten und Eisgang ständig an Fläche. 1965 war sie nur noch 7,8 Hektar gross. Zusammen mit freiwilligen Helfern versuchten die Vogelwärter, den Landverlust zu bremsen. Erst ab 1970 wurden alljährlich nach der Brutsaison, mit Hilfe von freiwillig arbeitenden Jugendgruppen und des Amtes für Land- und Wasserwirtschaft in Husum, Küstenschutzarbeiten kontinuierlich durchgeführt. Aber bis heute ist es nicht gelungen – und es ist aus ökologischen Gründen auch nicht wünschenswert –, die Hallig sturmflutsicher zu machen. So geschieht es leider immer wieder – wie im Juni 1984 –, dass sommerliche Sturmfluten den Bruterfolg eines Jahres zunichte machen.

Norderoog ist per Schiff von Pellworm oder bei Ebbe zu Fuss von der Hallig Hooge aus zu erreichen. Einzelbesuche sind allerdings nicht gestattet, sondern nur geschlossene Führungen unter der Leitung eines einheimischen Wattkenners. Die notwendigen Prielüberquerungen sind nur zu bestimmten Zeiten und an bestimmten Stellen möglich. Wie gefährlich das bei Ebbe und Sonnenschein so friedlich aussehende Watt sein kann, zeigt das Schicksal von Jens Sörensen Wand, dem «König von Norderoog». Von 1909 bis 1950 lebte Wand mit kurzen Unterbrechungen auf «seiner» Insel. Man kann wohl sagen, dass er das Watt wie seine Westentasche kannte. Trotzdem verirrte er sich am 26. Mai 1950 im dichten Nebel auf dem Heimweg von Hallig Hooge nach Norderoog und ertrank wahrscheinlich in einem Priel.

Anders als Norderoog ist die 60 Hektar grosse Hallig *Süderoog* bewohnt und wird landwirtschaftlich genutzt. Seit 1971 ist die Hallig Staatseigentum und wird vom Verein Jordsand und dem Bund für Vogelschutz betreut. Trotz der landwirtschaftlichen Bearbeitung weist Süderoog einen beachtlichen Brutvogelbestand auf, unter anderem Brand-, Fluss- und Küstenseeschwalben. Die Gelege der auch hier zahlreichen Silber- und Lachmöwen werden abgesammelt, damit diese Arten nicht zu stark zunehmen, was das Verschwinden der Seeschwalben zur Folge hätte. Während des Frühjahrs- und des Herbstzuges rasten grosse Scharen von Ringelgänsen auf Süderoog.

Die Hallig *Südfall* (45 ha) ist seit 1954 ebenfalls Staatsbesitz. Ornithologisch wird sie vom Verein Jordsand betreut, der sich vor allem um die kleine Kolonie von Zwergseeschwalben bemüht. Südfall wird als Schafweide landwirtschaftlich genutzt, aber wie auf Süderoog sind Landwirtschaft und Naturschutz hier eine friedliche Koexistenz eingegangen. Einzelbesuche sind aus Schutzgründen nicht gestattet. Man erreicht die Hallig bei Ebbe mit einem Wattwagen oder einem Wattführer von Nordstrand aus.

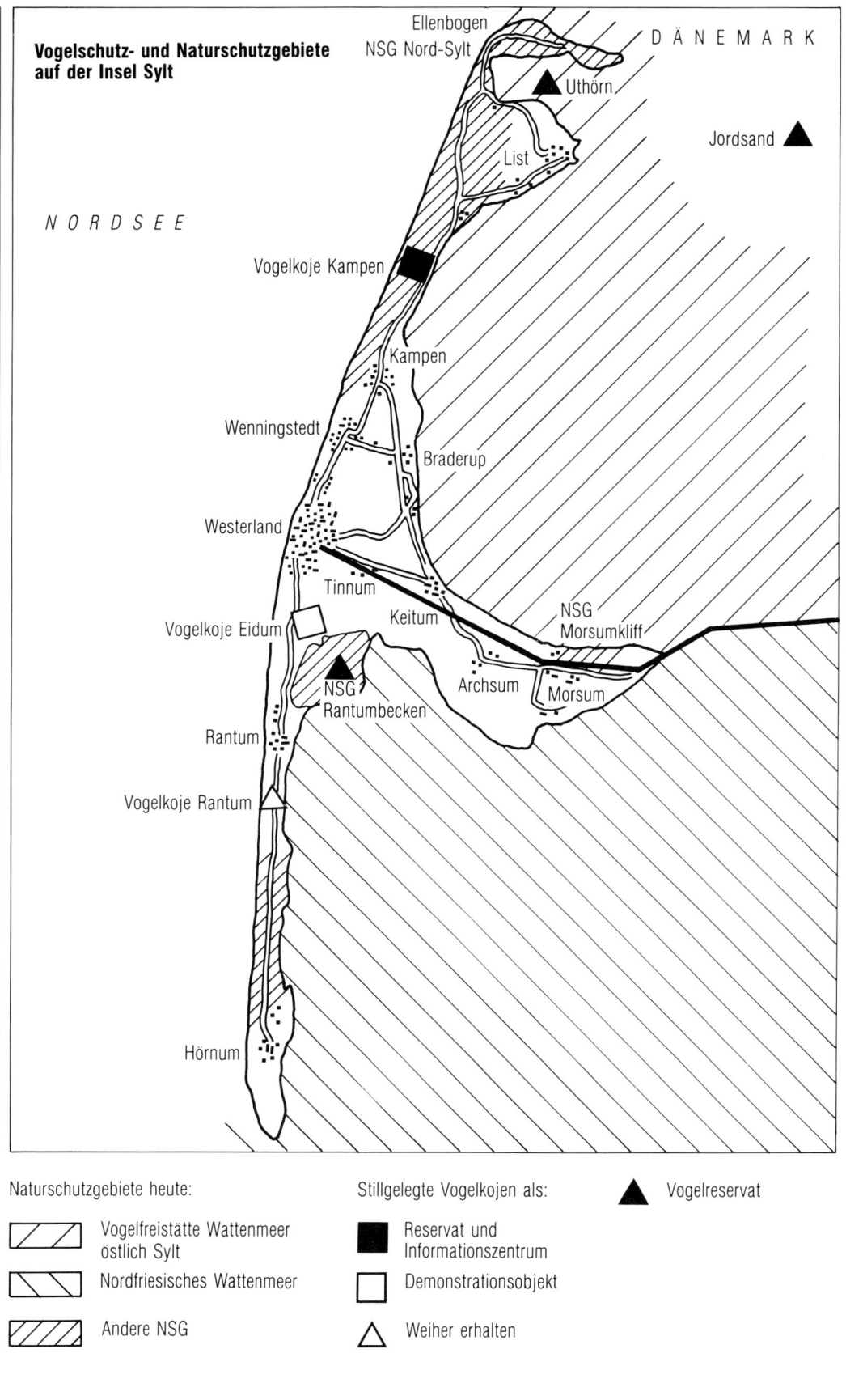

Die *Hamburger Hallig* ist über einen befahrbaren Damm mit dem Festland verbunden. Trotzdem konnte sie ihren Halligcharakter mit der Warft, dem kleinen Haus und den durch einen niedrigen Sommerdeich geschützten Wiesen weitgehend wahren. Früher war die Hamburger Hallig ein bedeutender Brutplatz des Säbelschnäblers. Diese Art hat sich inzwischen geeignetere Brutreviere gesucht, aber noch immer brüten hier andere Küstenvogelarten wie Seeschwalben, Austernfischer, Rotschenkel, Regenpfeifer und Kiebitze. Zur Zugzeit und im Winter trifft man häufig die Weisswangengans an.

Wenn auch die anderen Halligen vom naturschützerischen Standpunkt aus nicht im gleichen Mass schützenswert erscheinen wie die bisher genannten, sind sie doch allein vom Landschaftsbild und vom Erholungswert her erhaltenswert. Ein Tag oder gar ein Ferienaufenthalt auf einer Hallig vermitteln unvergessliche Eindrücke, vor allem ausserhalb der Besuchersaison.

Auf den Nordfriesischen Inseln gibt es ebenfalls Schutzgebiete von hervorragender Bedeutung. Sogar auf *Sylt,* dem Ferienziel Nummer eins im nordfriesischen Raum, konnten wichtige Brut- und Rastgebiete für Seevögel geschaffen werden. Vor allem im Vogelschutzreservat *Uthörn,* an der Nordspitze der Insel, und im Rantum-Becken mit der angeschlossenen *Eidum-Vogelkoje* kann man noch die Reste der einst über die ganze Insel verbreiteten artenreichen Vogelwelt beobachten. Die *Eidum-Vogelkoje* ist eine historische Entenfang-Anlage, wie sie einst auf allen Inseln verbreitet waren. Durch den schönen alten Baumbestand, in dem zahlreiche

Waldvögel brüten, führt ein ausgezeichneter Lehrpfad. Auf dem Gelände befindet sich ein ganzjährig geöffnetes Schulungs- und Informationszentrum. Führungen werden täglich, ausser montags, veranstaltet und führen sowohl durch das Vogelkojen-Areal als auch ins Rantum-Becken. Dieses 568 Hektar grosse Reservat wurde wegen seiner Bedeutung als Brut- und Rastplatz 1968 zum Europareservat erklärt. Da es im Rantum-Becken Salz- und Süsswasserbiotope gibt, findet man hier über 40 Brutvogelarten. Neben den «üblichen» Seevögeln wie Seeschwalben, Austernfischern, Säbelschnäblern, Regenpfeifern und Lachmöwen leben hier Schwäne, verschiedene Entenarten, Rallen, Rohrdommeln, Weihen und Sumpfohreulen.

Seit 1923 steht das sogenannte *Listland*, ein 1790 Hektar grosser Lebensraum im nördlichen Teil der Insel Sylt, unter Schutz. Das Landschaftsbild wird hier von grossartigen Dünenlandschaften mit den einzigen echten Wanderdünen des westlichen Mitteleuropa beherrscht. Auch das 2 Kilometer lange, bis zu 21 Meter hoch aufragende Morsum-Kliff steht unter Naturschutz.

Ebenfalls wichtige Schutzgebiete findet man auf der Insel *Amrum*. *Amrum-Odde* (150 ha) umfasst die Nordspitze der Insel mit einer beeindruckenden Dünenlandschaft. Neben Eiderenten und Brandgänsen brüten hier Silber-, Herings- und Sturmmöwen, zudem Austernfischer, verschiedene Seeschwalbenarten und der Mittelsäger.

Es ist sehr bedauerlich, dass bisher im ganzen Küstengebiet von St. Peter auf der Halbinsel Eiderstedt so gut wie keine naturschützerischen Massnahmen getroffen wurden. Zwar wurden die Vorländer, die Dünen hinter und vor dem Deich, die Heidemoore in den Dünen sowie die hundertjährigen Forstflächen durch eine Verordnung des Kreises Nordfriesland vom 25. Juni 1981 «einstweilig sichergestellt», aber diese Massnahme reicht angesichts der intensiv betriebenen Landwirtschaft und des überbordenden Fremdenverkehrs nicht aus. Dabei ist gerade die Region St. Peter mit den weiten Marschen vor den Deichen, den vorgelagerten Sandbänken, den ausgedehnten Schlickwattflächen und den Dünen nicht nur landschaftlich von besonderem Reiz, sondern auch ökologisch ausserordentlich interessant. Hier brütete lange Zeit der Alpenstrandläufer *(Calidris alpina)*, der sonst nur in nördlicheren Regionen seine Jungen aufzieht. Auch der Seeregenpfeifer, die Zwergseeschwalbe und der Säbelschnäbler nisten in den Biotopen um St. Peter. Innerhalb der letzten zwanzig Jahre hat St. Peter eine sehr starke Zunahme des Fremdenverkehrs erfahren. Die negativen Auswirkungen zeigen sich nicht nur im Ortsbild, sondern auch im Ökosystem des Deichvorlandes, der Dünen, der Strände und der Sandbänke. Es ist zu hoffen, dass die verantwortlichen Kommunal- und Landesbehörden die dringend notwendigen naturschützerischen Massnahmen ergreifen, bevor die Naturlandschaften um St. Peter vollständig zerstört sind.

Insel Helgoland (BRD)

Grün ist das Land, rot ist die Kant, weiss ist der Sand! Das sind die Farben von Helgoland. Helgoland ist etwas ganz Besonderes. Das betrifft nicht nur die Farben der Insel und die Menschen, sondern in gleichem Mass die Tierwelt und den Naturschutz. Streng genommen gehört die rote Sandsteininsel nicht mehr zum Wattenmeer, aber ihre Fauna, die im wattenmeernahen Raum zum Teil einzigartig ist, darf nicht unerwähnt bleiben. Vom naturschützerischen Standpunkt aus ist Helgoland in zweierlei Hinsicht bemerkenswert: Hier befindet sich erstens der einzige Vogelfelsen im Bereich der deutschen Nordseeküste; und zweitens hat dieser Vogelfelsen die grösste Brutvogeldichte der Bundesrepublik. 1979 brüteten hier 1250 Brutpaare der Trottellumme *(Uria aalge)*, 1660 Brutpaare der Dreizehenmöwe *(Rissa tridactyla)*, etwa 25 Silbermöwenpaare sowie 9 Paare Eissturmvögel *(Fulmarus glacialis)* und 3 Paare Tordalken *(Alca torda)*.

Die kleine Insel in der weiten Nordsee ist einer der wichtigsten Rastplätze für Zugvögel auf ihrem Weg in die Brutgebiete oder in die Winterquartiere. Seit auf Helgoland Beringungen durch die Vogelwarte Helgoland vorgenommen wurden, erhielten insgesamt weit mehr als hunderttausend Vögel Kennmarken aus Aluminium. Die nackten Zahlen der alljährlichen Beringungsaktionen vermögen den Arbeitseinsatz der Wissenschaftler und ihrer Helfer zwar nicht wiederzugeben, aber sie vermitteln doch ein beeindruckendes Bild: 1958 zählte man 8239 Beringungen bei 87 Arten, 1959 16 123 Beringungen bei 105 Arten, 1968 waren es sogar 18 624 Beringungen bei 95 Arten und 10 Jahre später, 1978, gingen den Vogelfängern 21 326 Vögel in 105 Arten in die Netze.

Zwar wurde nur ein winziger Prozentsatz später wieder gefangen oder rückgemeldet, aber nach und nach gelang es den Ornithologen dennoch, die Zugwege und die Winterquartiere und Brutgebiete der verschiedenen Arten ausfindig zu machen.

Dänemark

Die Vogelfreistätte *Vadehavet* (1055 km²) ist die Fortsetzung des nordfriesischen Wattenmeeres. Der südliche Teil des Schutzgebiets besteht aus Marschenland und dem anschliessenden Watt; dem nördlichen Teil, der sich fast bis zur Insel Rømø erstreckt, fehlen die Marschen. Stattdessen säumt ein flaches Kliff die Küste. Der Vadehavet ist das grösste Vogelschutzgebiet Dänemarks und zugleich eines der wichtigsten Rast- und Nahrungsreviere im skandinavischen Raum, vor allem für zahlreiche Enten-, Gänse- und Watvogelarten. Neben Stock-, Pfeif-, Krick- und Löffelenten finden sich hier Eider- und Trauerenten ein, dazu Ringel- und Kurzschnabelgänse. Scharen von mehr als hunderttausend Vögeln sind keine Seltenheit. Auf den niederen Sanden vor der Küste lebt eine kleine Seehundpopulation.

Obwohl die Insel *Rømø* (121 km²) als Naturpark bezeichnet wird, stehen nur wenige Regionen wirklich unter Naturschutz. Der grösste Teil Rømøs steht dem Tourismus offen oder wird landwirtschaftlich genutzt. Trotzdem finden sich im weiten Dünengelände auf der Westseite und in den Salzwiesen und Verlandungszonen der Ostseite zahlreiche Brut- und Rastvögel ein, die in den ruhigeren südlicheren Naturschutzgebieten fehlen. In den Schilfwäldern um den Lakolksee brüten Rohr- und Wiesenweihen, auf den von Rindern kurzgehaltenen Wiesen des Marschlandes sind Säbelschnäbler, Uferschnepfen, Alpenstrandläufer und Kampfläufer zu beobachten; in den mit höherem Gras bewachsenen Regionen nisten das Tüpfelsumpfhuhn (*Porzana porzana*), die Sumpfohreule und der Grosse Brachvogel (*Numenius arquata*). In den weiten Wattflächen rund um die Insel finden zur Zugzeit Millionen Vögel Nahrung.

Südlich von Rømø liegt die kleine Insel *Jordsand*. Jedes Jahr, kurz nach Beginn der Brutzeit, versammeln sich hier zahllose Eiderentenerpel, die die brütenden Weibchen verlassen, um zu mausern. Häufigster Brutvogel auf Jordsand ist die Silbermöwe, die durch ihr räuberisches Verhalten dafür sorgt, dass sich keine kleineren und physisch schwächeren Arten ansiedeln können. Jordsand und die umliegenden Marschflächen bilden ein Naturreservat mit einer Fläche von 10 600 Hektar, das vorwiegend aus bei Ebbe trockenfallenden Flachwasserseen besteht.

Literaturnachweis

DE HAAS U.A.: Was lebt im Meer?, Kosmos-Verlag, Stuttgart 1966

FIEDLER, WALTER: Sylt, Eiderstedt, beide Breklumer Verlag, Breklum

GERHARD, FRANK: Naturraum Wattenmeer, Meyster-Verlag, München

KOCH, K.: Das Watt – Lebensraum auf den zweiten Blick, Selbstverlag, Kiel 1983

KUCKUCK, DR. P.: Der Strandwanderer, Lehmanns Verlag, München 1957

MERIAN-HEFT 3/25: Ostfriesland und seine Inseln, Verlag Hoffmann & Campe, Hamburg

NORDSEESCHUTZ – Bericht der Bundesregierung vom September 1987

POLLEX, PROF. DR. W.: An der Meeresküste, Landbuch-Verlag, Hannover 1983

QUEDENS, GEORG: Strand und Küste – Wattenmeer, BLV, München 1984

–: Vögel der Küsten, Nordstrand, Die Halligen, Amrum, Föhr, alle Breklumer Verlag, Breklum

REINECK, H. E.: Das Watt, Ablagerungs- und Lebensraum, Kramer-Verlag, Frankfurt 1982

REINEKING, B.: VAUK, G.: Seevögel – Opfer der Ölpest, Niederelbe-Verlag, Otterndorf 1982

SCHIRRMACHER, GÜNTER: Hallig Hooge, Breklumer Verlag, Breklum

STREHLE, H.: Was finde ich am Strande?, Kosmos-Verlag, Stuttgart 1984

WATTENMEER, div. Autoren, Karl-Wachholtz-Verlag, Neumünster 1976

Register

Dieses Verzeichnis beschränkt sich auf die im Buch erwähnten Pflanzen- und Tierarten sowie gewisse übergeordnete Begriffe. Zum Artnamen gehörende Adjektive sind nachgestellt (z. B. Bohne, Rote). Seitenzahlen mit * beziehen sich auf den Standort der Bildlegenden.

Aalmutter (*Zoarces viviparus*) 82
Algen 13 52 62
–, Blaugrüne (*Schizophyceae*) 62
Alpenstrandläufer (*Calidris alpina*) 90* 101 137 141f
Andelgras (*Puccinellia maritima*) 62 65f 76
Auster (*Ostrea edulis*) 79* 80
Austernfischer (*Heamatopus ostralegus*) 83* 86 87* 90 90* 94 96 137f 140f

Bakterien 25 52 55 129
Bärentraube, Echte (*Arctostaphylos alpina*) 137
Bastardmakrele → Stöcker
Bäumchen-Röhrenwurm (*Lanice conchilega*) 54 70
Berg-Sandrapunzel (*Jasione montana*) 45
Bernhardskrebs (*Eupagurus bernhardus*) → Einsiedlerkrebs
Binsen-Quecke (*Agropyron junceum*) 42 43* 45
Birkenzeisig (*Carduelis flammea*) 137
Blasentang (*Fucus serratus*) 54
–, Gemeiner (*F. vesiculos*) 52 54 61* 62
Blässgans (*Anser albifrons*) 98
Blaualgen 59
Blaue Feuerqualle (*Cyanea lamarcki*) 68
Blaukrabbe (*Portunus holsatus*) 75
Blumenkohlqualle (*Rhizostoma octopus*) 68
Blumentiere (*Anthozoa*) 69
Bohne, Rote → Plattmuschel
Bohnenmuschel, Marmorierte (*Musculus marmoratus*) 80
Bohrmuschel, Amerikanische (*Petricola pholadiformes*) 80
Borstenwürmer (*Errantia*) 25 56* 57 69
Brachvogel, Grosser (*Numenius arquata*) 86 90* 101 141
Brandente → Brandgans
Brandgans (*Tadorna tadorna*) 86 95* 96 98* 99 137ff 141
Brandseeschwalbe (*Sterna sandvicensis*) 90 91* 94 96 137f
Braunalgen 62
Butterfisch (*Pholis gunnellus*) 82

Darmtang (*Enteromorpha* sp.) 52 54
–, Flacher (*E. intestinalis*) 62
Diatomeen → Kieselalgen
Dinoflagellaten → Panzergeisseltierchen
Dorsch (*Gadusu morhua*) 84 133
Dreikantwurm (*Pomatoceros triquer*) 70
Dreizehenmöwe (*Rissa tridactyla*) 141
Dünen-Pflanzengemeinschaft 46*
Dünenrose 66*
Dünnschnabel-Brachvogel (*Numenius tenuirostris*) 101

Eiderente (*Somateria mollissima*) 49 57 85ff 98* 98f 137f 141f
Einsiedlerkrebs (*Eupagurus prideauxi*) 74 78
Eisente (*Clangula hyemalis*) 99
Essturmvogel (*Flumarus glacialis*) 141

Färberginster (*Genista tinctoria*) 137
Feldlerche (*Alauda arvensis*) 138
Felsen-Zweigfadenalge (*Cladophora rupestris*) 62
Feuerquallen 68
Fischreiher (*Ardea cinerea*) 136
Flagellaten → Geisseltierchen
Flohkrebse (*Amphipoda*) 76
Flunder (*Platichthys flesus*) 57 82
Fluss-Seeschwalbe (*Sterna hirundo*) 90 101 138f

Gänsesäger (*Mergus merganser*) 99
Garnelen 49 53f 57 60 70f 73 133
Geisseltierchen (*Flagellaten*) 59
Gelbe Feuerqualle (*Cyanea capilluta*) 68
Ginster, Englischer (*Genista anglica*) 47
Gliederwürmer (*Annelida*) 69
Goldregenpfeifer (*Pluvialis apricaria*) 101
Granat → Nordseegarnele
Grasnelke, Gemeine (*Armeria maritima*) 66
Graugans (*Anser anser*) 98
Grünalgen 62
Grünschenkel (*Tringa nebularia*) 86 101

Heckenrose (*Rosa dumetorum*) 66*
Heidekraut, Gemeines (*Calluna vulgaris*) 47
Heilbutt (*Hippoglossus hippoglossus*) 84
Helm → Strandroggen
Hering (*Clupea harengus*) 57 84 133

Heringsmöwe (*Larus fuscus*) 93 141
Herzmuschel, Gewöhnliche (*Cardium edule*) 49 53ff 56* 79* 80
Hinterkiemenschnecke (*Retusa obtusa*) 77
Holoplankton 60
Hornhecht (*Belone belone*) 82
Hummer (*Astacus gammarus*) 71

Irisierender Seeringelwurm (*Nereis virens*) 69

Kabeljau → Dorsch
Käferschnecke (*Lepidochiton cinereus*) 79
Kampfläufer (*Philomachus pugnax*) 101 137 142
Katzenhai, Kleiner (*Scyliorhinus canuculus*) 84
Kegelrobbe (*Halichoerus grypus*) 101
Kiebitz (*Vanellus vanellus*) 95 137 140
Kiebitzregenpfeifer (*Pluvialis squatarola*) 101
Kieselalgen (*Diatomeen*) 52 54 59f
Klaffmuscheln (*Mya arenaria*) 53f 56* 80
Kliesche (*Limanda limanda*) 84
Knutt (*Calidris canutus*) 87* 97 101
Köcherwurm (*Pectinaria koreni*) 60 70
Köderwurm (*Arenicola marina*) 23* 25 53ff 56* 57 70 75*
Kompassqualle (*Chrysaora hysoscella*) 68 73*
Königsfarn (*Osmunda regalis*) 136
Kornweihe (*Circus cyaneus*) 137
Kotpillenwurm (*Heteromastus filiformis*) 70
Krabben (*Brachyura*) 60 70 75
Krähenbeere (*Empetrum nigrum*) 47 136
Kraushaaralge, Hellgrüne (*Ulothrix flacca*) 62
Krebstiere (*Crustacea*) 14 70
Krickente (*Anas crecca*) 142
Kriechweide (*Salix repens*) 45
Küstenhüpfer (*Orchestia gammarellus*) 76
Kurzschnabelgans (*Anser brachyrhynchus*) 98 138 142
Küstenseeschwalbe (*Sterna paradisaea*) 90 91* 96 101 138f

Lachmöwe (*Larus ridibundus*) 86 90 93 137 141
Löffelente (*Anas clypeata*) 142
Löffler (*Platalea leucorodia*) 136
Lungenenzian (*Gentiana pneumonanthe*) 137

Makrele, Gemeine (*Scomber scombrus*) 82 133
Makrophytobenthos 61
Meeräschen (*Mugilidae*) 82
Meerbarsch → Seebarsch
Meeresleuchttierchen (*Noctiluca miliaris*) 69
Meerforelle (*Salmo trutta*) 84
Meermaus (*Aphrodita aculeata*) 69
Meeres-Ringelwurm (*Nereis diversicolor*) 53f 56* 69f
Meersalat (*Ulva lactuca*) 52 54 61f
Meroplankton 60
Miesmuschel, Echte (*Mytilus edulis*) 49 53ff 60 62 76* 78f 79* 133
Mikrophytobenthos 52 61
Mittelsäger (*Mergus serrator*) 99 141
Mondraute (*Botrychium lunaria*) 136
Moostierchen (*Bryozoa*) 49 79
Muscheltang (*Fucus mytili*) 62

Nagelrochen (*Raja clavata*) 84
Natternzunge (*Ophioglossum vulgatum*) 136
Nesseltiere (*Cnidaria*) 68
Neuntöter (*Lanius collurio*) 136f
Nonnengans → Weisswangengans
Nordseegarnele (*Crangon crangon*) 54 71; → Garnelen

Ohrenqualle (*Aurelia aurita*) 60 68
Opalwürmer 57
Orchis sp. 137

Pantoffelschnecke (*Crepidula fornicata*) 79
Panzergeisseltierchen (*Dinoflagellaten*) 59
Pfeffermuschel, Grosse (*Scrobicularia plana*) 54f 56* 57 80
Pfeffermuscheln (*Scrobiculariidae*) 52
Pfeifente (*Anas penelope*) 90 142
Pfuhlschnepfe (*Limosa lapponica*) 101
Phytoplankton 52f
Pierwurm → Köderwurm
Pirol (*Oriolus oriolus*) 137
Plankton 52ff 57 60f
Plattfische (*Pleuronectiformes*) 57 84 133
Plattmuschel (*Macoma baltica*) 56* 80
Plattmuscheln (*Tellinidae*) 52 55
Porre → Nordseegarnele
Portulak-Keilmelde (*Halimione portulacoides*) 65
Posthörnchenwurm (*Spirorbis borealis*) 70
Prachttaucher (*Gavia arctica*) 99
Purpurrose (*Actinia equina*) 69

143

Quallen 49 60
Queller (Salicornia sp.) 54
Queller (Salicornia europaea) 61 63* 64f 76 137

Rallen 141
Rankenfüsser (Cirripedia) 60 70
Rasen-Ringelwurm (Pygospio elegans) 52 54 70
Regenbrachvogel (Numenius phaeopus) 86 101
Regenpfeifer 86 93 96 137 140f
Reisgras → Schlickgras
Ringelgans (Branta bernicla bernicla) 61 90 97 98 98* 138f 142
Rippenquallen 60 68f 73*
Rohrdommel (Botaurus stellaris) 141
Röhrenwürmer (Sedentaria) 70
Rohrweihe (Circus aeruginosus) 136
Rotalgen 62
Rotschenkel (Tringa totanus) 86 90 90* 93 101 137f 140
Rotschwingel (Festuca rubis) 62 66 137
Rotzunge (Microstomus kitt) 84
Ruderfusskrebse (Copepoda) 60

Saatgans (Anser fabalis) 98
Säbelschnäbler (Recurvirostra avosetta) 86 90 90* 94 95* 137 140ff
Sägetang (Fucus serratus) 62
Salzaster → Strandaster
Salzkäfer (Bledius spectabilis) 76f
Salz-Schuppenmiere (Spergularia salina) 65
Salzwiesen-Pflanzengemeinschaft 65*
Sandaal 133
Sandgarnele → Nordseegarnele
Sandhalm → Strandhafer
Sandregenpfeifer (Charadrius hiaticula) 90 90* 101 137f
Sandsegge (Carex arenaria) 45
Sandwurm → Köderwurm
Schafstelze (Motacilla flava) 136 138
Scharbe → Kliesche
Scheibenbauch, Grosser (Liparis liparis) 82
Scheidenmuschel → Schwertmuschel
Schellente (Bucephala clangula) 99
Schirmquallen (Scyphozoa) 69
Schlickgras (Spartina townsendi) 8* 64f 76
Schlickkrebs (Corophium volutator) 52ff 56* 76
Schmarotzerrose (Calliactis parasitica) 74
Schnecken (Gastropoda) 77

Scholle (Pleuronectes platessa) 54 56f 84 133
Schwan (Cygnus olor) 141
Schwarzkehlchen (Saxicola torquata) 137
Schwertmuschel (Ensis ensis) 79* 80f
Schwimmkrabbe, Gemeine → Blaukrabbe
Seeampfer, Blutroter (Delesseria sanguinea) 62
Seeanemonen 69 79
Seebarsch (Roccus labrax) 82
Seedahlie (Tealia felina) 69
Seegras, Gemeines (Zostera marina) 52 61
Seehund (Phoca vitulina) 101ff 102* 129 136f 142
Seeigel 57 81
Seemaus → Meermaus
Seenadel, Kleine (Syngnathus rostellatus) 82
Seepocke, Gemeine (Balanus balanoides) 60 70f 79
Seequappe, Dreibärtelige (Onogadus trivirratus) 82
Seeraupe → Meermaus
Seeregenpfeifer (Charadrius alexandrinus) 90 137f 141
Seeschwalben 26* 57 86 93f 136 140f
Seespinne (Maja squinado) 76
Seestachelbeere (Pleurobrachia pileus) 69 73*
Seestern, Gemeiner (Asterias rubens) 81
Seesterne 57
Seeteufel (Lophius piscatorius) 82
Seezunge (Solea solea) 57 82 84
Siebenstern (Trientalis europaea) 137
Silbergras (Corynephorus canescens) 45
Silbermöwe (Larus argentatus) 49 76 78 85f 90 91* 93 93* 95* 137ff 141f
Spartinagras (Spartina sp.) 61
Speer-Anemone (Peachia hastata) 69
Spiessente (Anas acuta) 136f
Sprotte (Sprattus sprattus) 84 133
Stachelhäuter (Echinodermata) 81
Star (Sturnus vulgaris) 138
Steinbutt (Scophtalmus maximus) 57
Steinpicker (Agonus cataphractus) 82
Steinschmätzer (Oenanthe oenanthe) 136
Steinwälzer (Arenaria interpres) 86 97 101
Sterntaucher (Gavia stallata) 99
Stichling, Gemeiner (Gasterosteus aculeatus) 84

Stint (Osmerus eperlanus) 57 82f
Stintdorsch (Trisopterus esmarkii) 133
Stockente (Ana platyrhyncha) 138 142
Stöcker (Trachurus trachurus) 82
Strandaster (Aster tripolium) 66
Strandbeifuss (Artemisia maritima) 66
Stranddistel (Eryngium maritimum) 45 66*
Strandflieder (Limonium vulgare) 65
Strandfloh, Gemeiner (Talitrus saltator) 76
Strand-Grasnelke → Grasnelke
Strandgrundel (Gobius microps) 82
Strandhafer (Ammophila arenaria) 44* 45ff
Strandkrabbe (Carcinus maenas) 49 53f 57 75f 79
Strand-Milchkraut (Glaux maritima) 65
Strandnelke → Strandflieder
Strandroggen (Elymus arenarius) 45
Strand-Salzmelde → Portulak-Keilmelde
Strandschnecke, Dunkle (Littorina saxatilis) 77
–, Gemeine (L. littorea) 77
–, Stumpfe (L. obtusata) 77
Strandschnecken (Littorinidae) 54 56 77
Strandseeigel (Psammechinus miliaris) 81
Strandsode (Suaeda maritima) 63* 65
Strandweizen → Strandquecke
Strandwermut → Strandbeifuss
Sturmmöwe (Larus canus) 90 93 137 141
Sumpf-Herzblatt (Parnassia palustris) 136
Sumpfohreule Asio flammeus) 100 136ff 141f
Sumpfohrsänger (Acrocephalus palustris) 137

Taschenkrebs (Cancer pagurus) 76
Tellmuscheln (Tellinidae) 55
Tordalk (Alca torda) 141
Trauerente (Melanitta nigra) 99 141
Trottellumme (Uria aalge) 135* 141
Tüpfelsumpfhuhn (Porzana porzana) 142
Turmschnecke, Gemeine (Turritella communis) 78

Uferborstenhaar (Chaetomorpha aerea) 52 62
Uferschnepfe (Limosa limosa) 101 137 142

Vielborster (Polychaeta) 69

Wasserläufer, Dunkler (Tringa erythropus) 86
Wasserralle (Rallus aquaticus) 136
Wattkrebs → Schlickkrebs
Wattschnecke, Gemeine (Peringia ulvae) 54 77
–, Hängende (Hydrobia ventrosa) 54
Wattschnecken 49 53f 56 56* 57 76*
Wattwurm → Köderwurm
Weisswangengans (Branta leucopsis) 98 140
Wellhornschnecke, Gemeine (Buccinum undatum) 74 78
Widerstoss → Strandflieder
Wiesenpieper (Anthus pratensis) 138
Wintergrün (Pirola sp.) 136
Wolfsbarsch → Seebarsch
Wurzelmundqualle → Blumenkohlqualle

Zehnfusskrebse (Decapoda) 71
Zooplankton 60
Zweigfadenalge (Cladophora rupestris) 61* 62
Zwergseegras (Zostera nana) 52 61f
Zwergseeschwalbe (Sterna albifrons) 90 96 138 141